サッカー戦術の教科書

プレーモデルが試合を決める

Periodista 小澤一郎 著

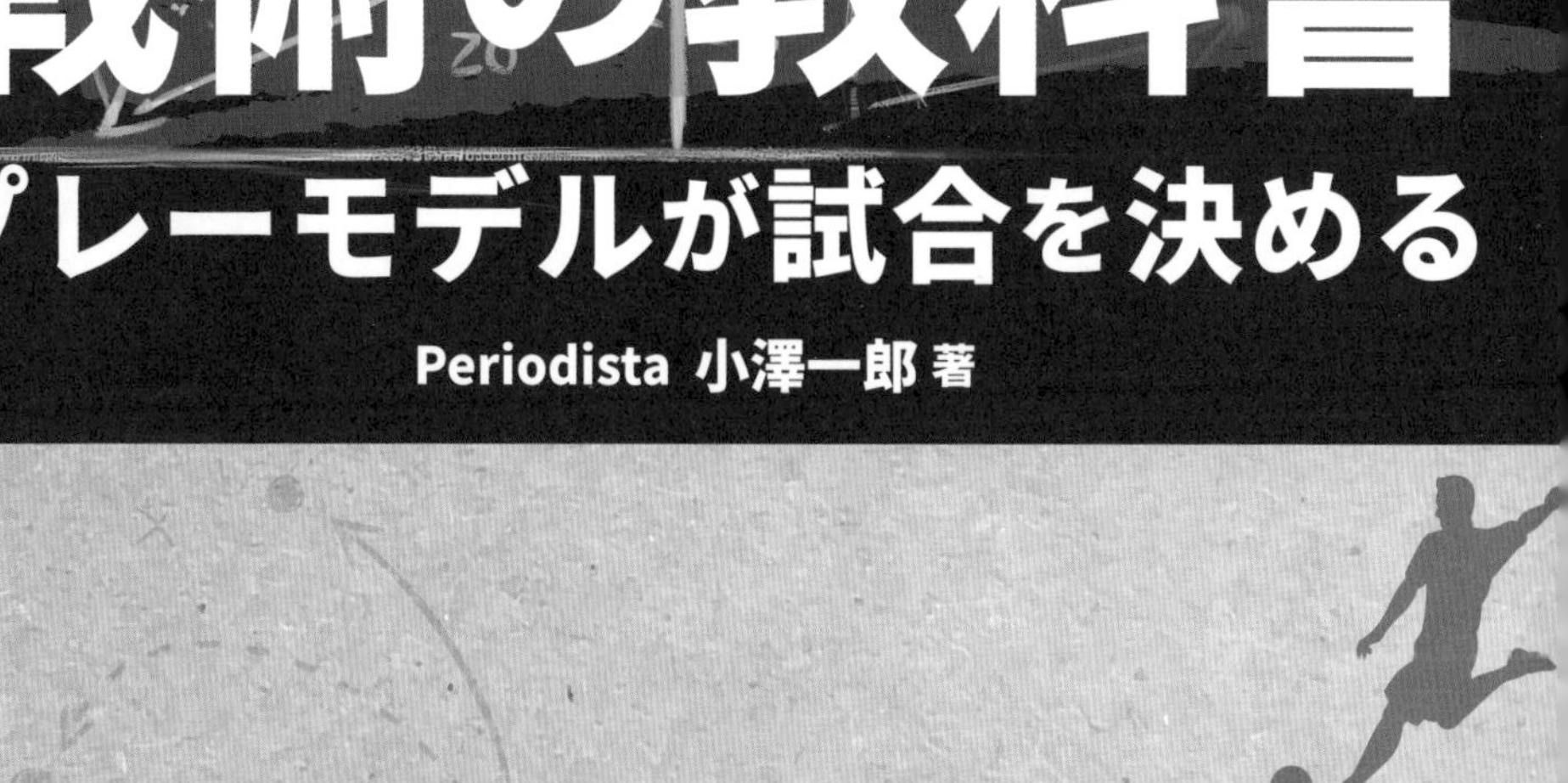

マイナビ

はじめに

本書の目的

本書は**サッカーの3要素である「技術」「戦術」「フィジカル」のうち、「戦術」について解説する本です。**技術やフィジカルをうまく使うためにも、土台となる「戦術」は重要な要素になります。

個人の戦術ももちろんですが、チームとしての戦術（プレーモデル）がないと、試合で技術やフィジカルを有効に活用できません。もちろん、3つそれぞれ重要なのですが、その中でも**戦術は日本のサッカーにおいて足りていない**と考えています。

本書の特徴

難しくなりがちな戦術について、できる限りやさしい文章で解説します。私は元サッカー選手や監督ではなく、プロのサッカー解説者です。サッカーの現場にいない人たちにも戦術を理解してもらう仕事をしています。あまりにも現場の話ばかりではサッカー観戦を楽しんでいる人たちには理解できないこともありますし、机上の空論的な戦術論ばかり話すと現場では運用できないということもあります。その両者に対して**戦術の面白さを伝える「橋渡し役」が解説者である私の役割**だと思っています。

サッカー戦術

本書ではサッカー戦術をチーム戦術、グループ戦術、個人戦術に分けて解説している（10ページ参照）。

QRコード

書籍の内容を、動画でさらに詳しく解説している（左のQRコードは30ページに掲載しているものと同じ）。

本文だけでは理解が難しい用語や重要なキーワードは脚注で解説することで、そのページの中で理解できるようになっています。戦術ボードを模した図版では本文の内容を掘り下げた具体的な戦術解説や、海外サッカーにおける具体的事例を実在のチームや選手名を挙げて紹介していますので、サッカー経験者の方でも納得する深い知識を得ることができます。また、QRコードがある箇所は動画解説もご覧いただけます。

本書の見方

本書では、サッカーのピッチ（フィールド）をゴール方向に向かって横に分割する**3つのゾーン**に分けて解説します。自陣ゴールから近い順にゾーン1、ゾーン2、ゾーン3と呼び、それぞれのゾーンで攻撃、守備の戦術が変わってきます。

また、ゴール方向に向かって縦に**5つのレーンとして分割する「5レーン」**という考え方も解説の中で紹介します。中央のレーンを「センターレーン」、両端の2つのレーンを「サイドレーン」と呼び、センターレーンとサイドレーンに挟まれた2つのレーンを「ハーフスペース」と呼びます。それぞれ4ページの図版を参照してください。

なお、サッカーは4バック、3バックなどのシステム（フォーメーション）によってポジションの名称が異なります。本文や図版の中で使われる代表的なポジション名を5ページに挙げておきました。**本文では「センターバック」のようにカタカナ表記で、図版の中では「CB」のように略称のローマ字で表記**します。

戦術ボードを模した図版

ポジション名を略称のローマ字で表記するが、必要な場合には実在の選手名も入れている。攻撃、守備ともに色がついている方が味方、白い方が相手チーム。

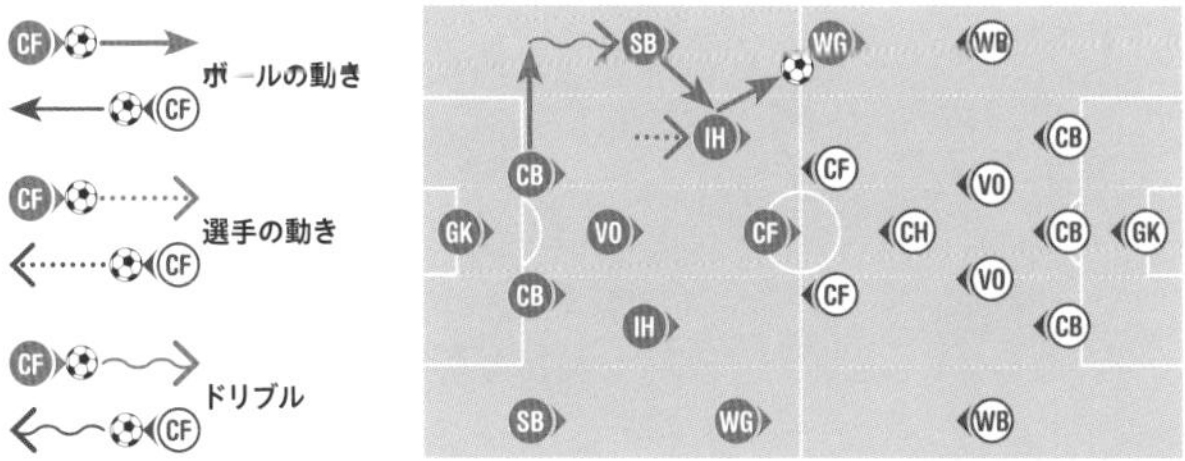

【図1】3つのゾーン

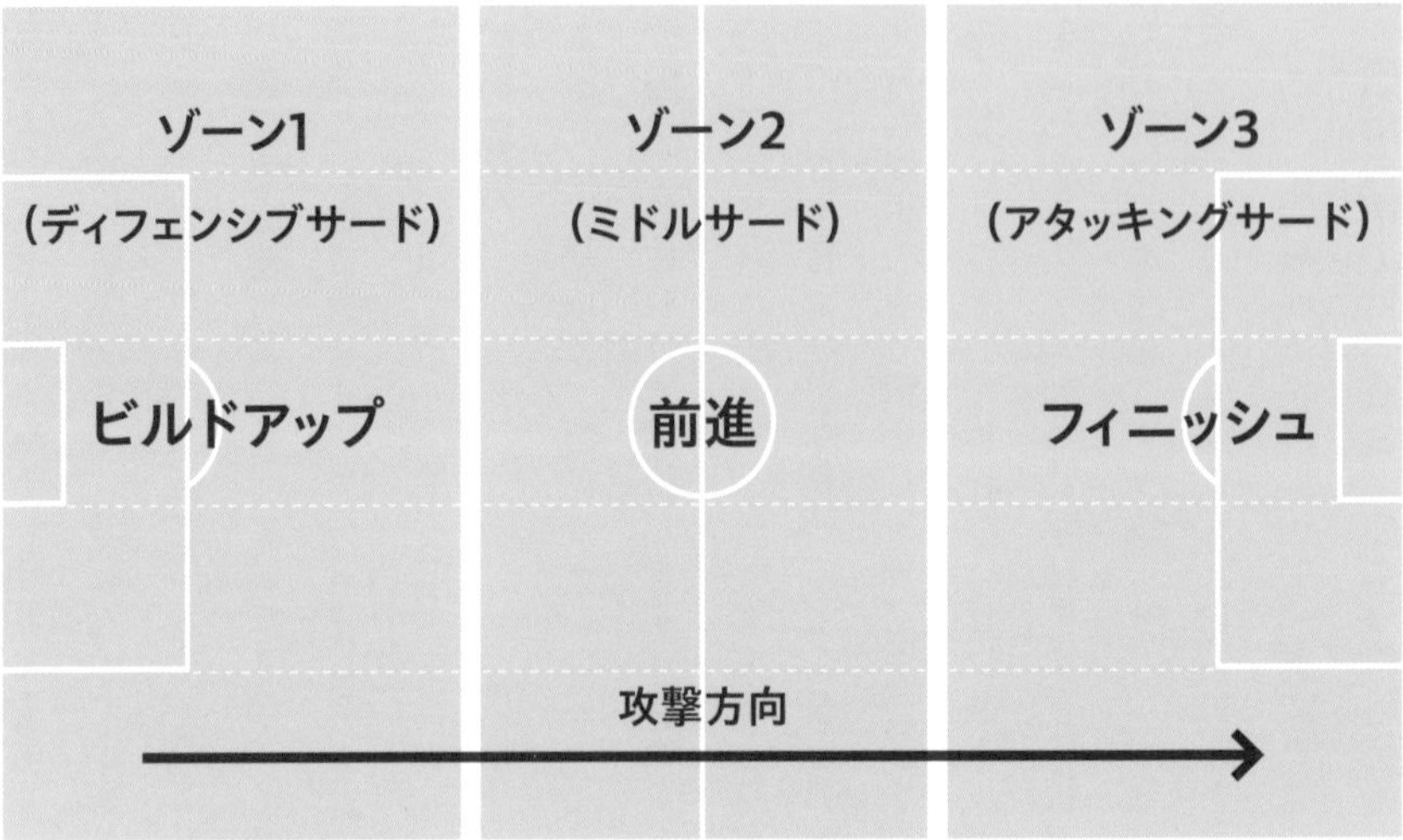

ピッチを3分割し、自陣からゾーン1(ディフェンシブサード)、ゾーン2(ミドルサード)、ゾーン3(アタッキングサード)と数える。ゾーン1は攻撃のフェーズとしては「ビルドアップ」。ゾーン2は攻撃のフェーズとしては「前進」。相手ゴールに近いゾーン3は攻撃のフェーズとしては「フィニッシュ」となる。

【図2】5レーン

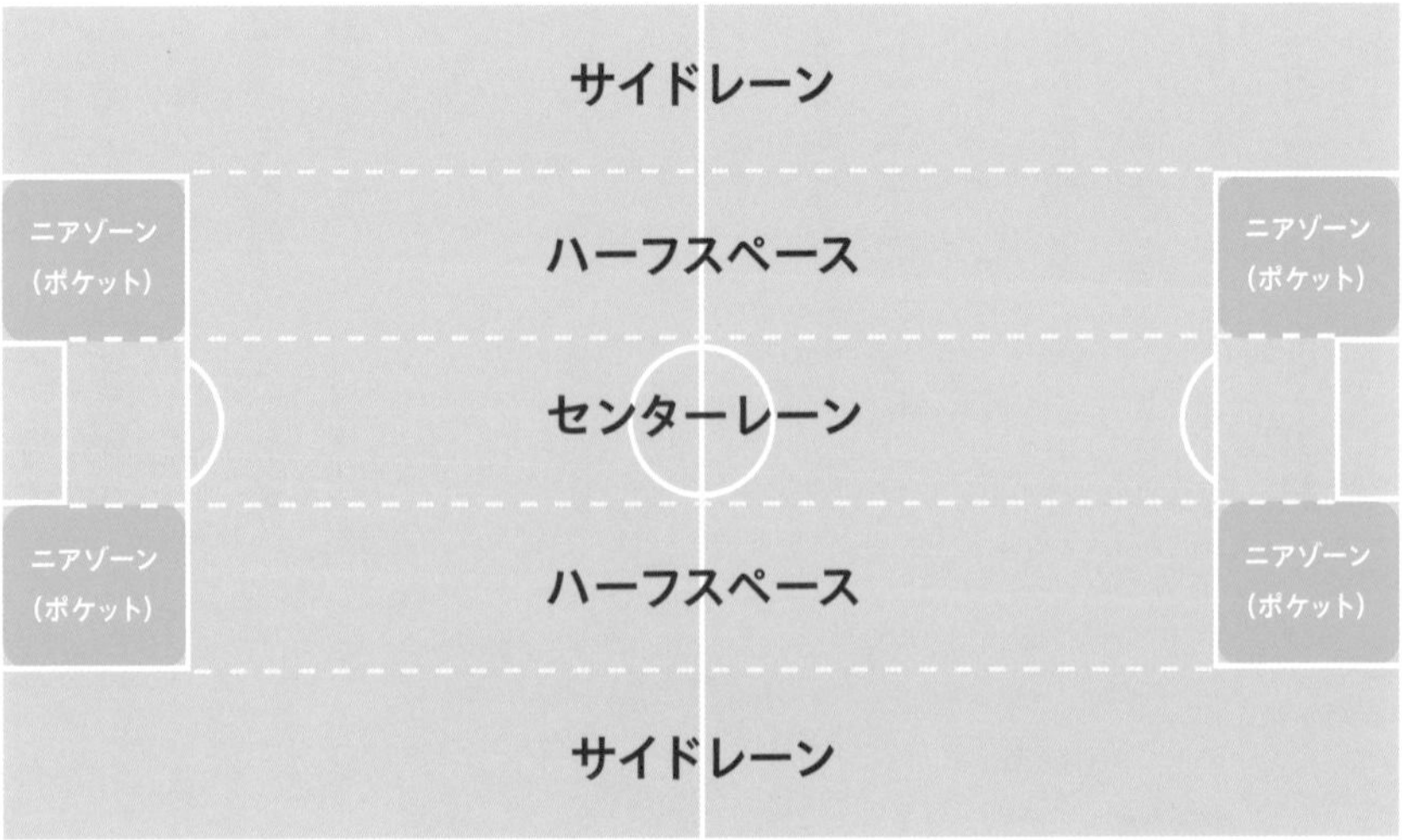

ピッチを5分割することにより味方の選手との距離感が理解しやすく、自分が担当するべきエリアが分かりやすくなる。もちろん、ボールの動きによってプレーしなければならないエリアは移動するが、基準となるレーンを守ることで戦術を実行しやすくなる。

本書で使うポジションの名称

サッカーのポジションはゴールキーパー、ディフェンス、フォワードについては下図のような略称（読み方は図のキャプションを参照）で統一できますが、ミッドフィルダーと呼ばれる中盤の各ポジションは、採用するシステムやチーム戦術、選手の特性などによって呼び方が異なる場合があります。

守備的な中盤のポジション名について、**本文では「ボランチ」**、**図版では「VO」**と表記します。攻撃的な中盤のポジション名については、**本文では「オフェンシブハーフ」「インサイドハーフ」「サイドハーフ」「センターハーフ」**の4つで表記し、**図版では「OH」「IH」「SH」「CH」**と表記します。

なお、ミッドフィルダーを総称する場合、本文では「中盤」の選手と表記することがあります。また、中盤のポジション名として「トップ下」「シャドー」「アンカー」などもありますが、必要に応じて該当箇所には解説を入れてあります。

【図3】サッカーのポジションの名称

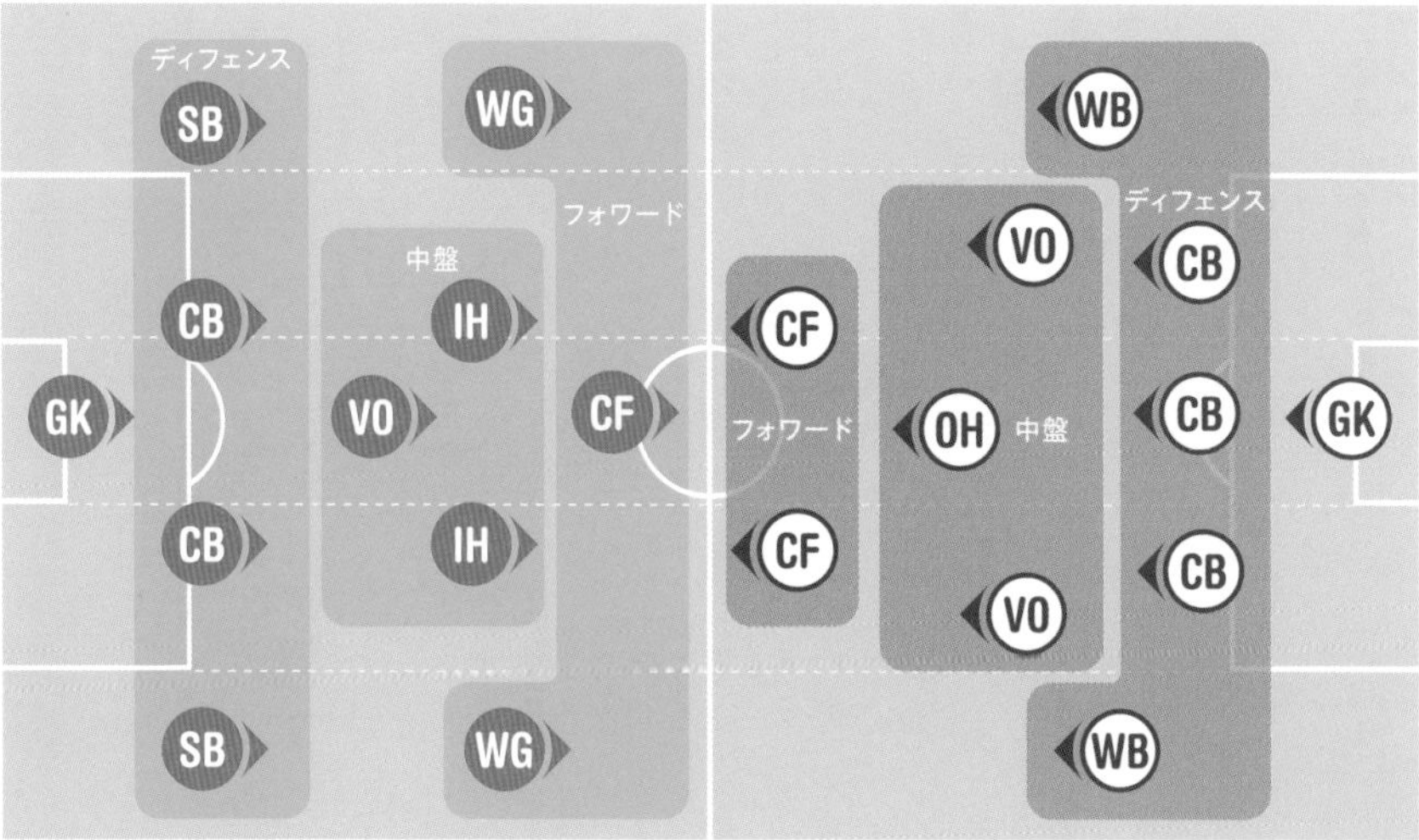

緑色が4バック、灰色が3バックの代表的な形。ポジション名は自陣から**GK**（ゴールキーパー）、ディフェンスは**CB**（センターバック）、**SB**（サイドバック）、**WB**（ウイングバック）、守備的中盤は**VO**、攻撃的中盤は**OH**、**IH**、**SH**、**CH**。フォワードは**CF**（センターフォワード）、**WG**（ウイング）と本書の図版では表記する。

目次

はじめに 2
本書の目的 2
本書の特徴 2
本書の見方 3
本書で使うポジションの名称 5

Introduction
サッカー戦術とは 9

サッカー戦術とは 10
なぜ、スペインのサッカーに興味を持ったのか 10
スペインでは小学生年代から戦術的な評価が行われている！ 10
サッカーは知的な習い事 11
フィジカル的なポテンシャルがなくても世界一に！ 12
戦術とプレーモデルの関係 13
個人戦術 14
グループ戦術 15
チーム戦術 16

サッカーにおける4局面 18
攻撃 18
ネガトラ（ネガティブ・トランジション） 19
守備 20
ポジトラ（ポジティブ・トランジション） 21

サッカーにおける4つの優位性 22
4つの優位性とは 22
①個人の質的優位 22
②数的優位 22
③ポジション優位 23
④グループ優位 24

Chapter 1
攻撃 25

攻撃のプレーモデル 26
保持型とカウンター型でプレーモデルは異なる 26

ビルドアップ 28
ビルドアップとは 28
保持型のビルドアップのポイント 28
カウンター型のビルドアップのポイント 28
可変システム① ボランチが最終ラインに下がる 30
可変システム② 片方のサイドバックが上がる 31
可変システム③ ボランチがサイドバックの位置に入る 32
可変システム④ 偽サイドバック 33
可変システム⑤ 偽センターバック 34
可変システム⑥ ゴールキーパーを使う 35
可変システム⑦ 3バックではほとんど可変しない 36
可変システム⑧ 3バックでの偽センターバック 37
グループで確実に数的優位を作る 38
マンツーマンディフェンス対策 39
運ぶドリブルで引きつける 40
相手の選手をピン留めする 40
ライン間と中間ポジション 41

前進 42
保持型の前進のポイント 42
カウンター型の前進のポイント 42
保持型の中央からの前進 44
保持型のサイドからの前進 46
カウンター型のポストプレー（疑似カウンター） 48
カウンター型で裏抜けを狙う 49
カウンタープレスからセカンドボールを回収 50

Contents

サイドチェンジ 51
幅と深さを取る動き 52
ボールを相手にさらす 52
前進でのマークを外す動き 53

フィニッシュ 54
フィニッシュのポイント 54
中央突破からの崩し(裏抜け) 56
クロスを上げるためのサイドでの崩し 57
サイドからのクロス 58
ニアゾーン(ポケット)への侵入 59
スルーパス 60
くさびのパス 60
ワンツーパス 61
フリック 61
フォワードの動き 62
ミドルシュート 62
コラム スペインメディアで戦術的質問はNG?! 63

セットプレーの攻撃 64
セットプレーの攻撃のポイント 64
ターゲットの選手に合わせるコーナーキック 66
ニアに合わせるコーナーキック 67
ファーに合わせるコーナーキック 68
ショートコーナー 69
スローイン 70
ロングスロー 70
直接フリーキック 71
コラム ペップバルサvs.現在の戦術 72

Chapter 2
ネガトラ 73
ネガトラのプレーモデル 74
カウンター対策のポイント 74
カウンター対策 76
プレッシング(即時奪還) 76
リトリート(撤退の守備) 78
守備の局面よりも強くプレッシングにいく 79
タクティカルファール 79
コラム カウンタープレスはネガトラ? ポジトラ? 80

Chapter 3
守備 81
守備のプレーモデル 82
守備の基本的な考え方 82
ゾーンディフェンス 84
マンツーマンディフェンス(マンマーク) 85
ゾーン3での守備 86
ビルドアップに対しては数を合わせる 86
プレッシングは正面から 86
4バック(4-3-3)でのプレッシング① 88
4バック(4-3-3)でのプレッシング② 89
4バック(4-4-2)でのプレッシング③ 90
4バック(4-4-2)でのプレッシング④ 91
4バック(4-2-3-1)でのプレッシング⑤ 92
3バック(3-5-2)でのプレッシング 93
5バック(5-3-2)でのプレッシング 94
5バック(5-4-1)のゾーン1での守備 95

目次

サイドへの誘導 96
ゴールキーパーを使われた場合 97

ゾーン2での守備 98

前進に対する守備のポイント 98
中盤を経由する攻撃に対する守備 100
中盤を省略した攻撃に対する守備 101
カバーリング 102
ペルムータ（カバーリングのカバーリング） 104
スライド（横スライドと縦スライド） 105
マークの受け渡し 106
ビヒランシア（守備の警戒） 107
同一視野と背中で消すポジショニング 108
マークする相手にボールが渡った場合の対処 109

ゾーン1での守備 110

フィニッシュに対する守備のポイント 110
中央突破への対応 112
サイドアタックへの対応 114
ライン間のスペースを消す 116
クロスへの対応 117
ニアゾーン（ポケット）へ侵入された時の対応 118
スローインへの対応 119
シュートブロック 120
ドリブルやカットインの止め方 121

セットプレーの守備 122

セットプレーの守備のポイント 122
コーナーキックに対してストーンを置く 124
コーナーキックに対してフリーマンを置く 125
ショートコーナーに対するディフェンス 126
直接フリーキックの守備 127

コラム これから先、サッカー戦術はどうなるのか 128

Chapter 4 ポジトラ 129

ポジトラのプレーモデル 130

ポジトラとは 130

カウンターアタック 132

カウンターアタックのポイント 132
カウンターアタックで大事なのは周辺状況 134
ショートカウンター 134
ミドルカウンター 134
ロングカウンター 135

組織的な攻撃への移行 136

組み立て直しのポイント 136

Appendix サッカー戦術のまとめ 137

試合実況・戦術解説 138

4局面を流れの中で見てみよう 138

サッカー戦術は育成年代から指導を！ 148

日本の育成年代の問題点 148
スペインでは全選手に出場機会がある！ 149
サッカーを続けてもらうために大切なこと 151
小さい頃はマルチスポーツを体験するべき 152
子供のサッカーにこそ戦術は必要 154
サッカーで学んだことを活かすために 156

Introduction

サッカー戦術とは

Introduction

サッカー戦術とは

なぜ、スペインのサッカーに興味を持ったのか

私はサッカー指導者になることを目指してスペインに留学し、何年かスペインに住みながらサッカーを学びました。最初に、スペインサッカーと日本のサッカーを比べて一番違う部分をお話しします。私は日本で指導経験があった上でスペインのサッカーの現場を見たのですが、一番感じた違いは、華麗なパスワークをはじめとした技術の高さはもちろん、**戦術的にしっかりとサッカーを理解している選手が多い**ということでした。そしてスタジアムで観戦した時に、ゴール前のシーン以外でのファン、サポーターの反応が驚くほど良かった。**観客も戦術に関する感度が高い**のです。

相手のプレッシングをうまくはがしてサイドチェンジしたり、ビルドアップで体の向きを変えてうまくかわしたり、そういうところで歓声や拍手が自然と出てくるのです。それを見て、**戦術的な見方がしっかりと整備された国**だな、という印象を持ちました。

スペインでは小学生年代から戦術的な評価が行われている!

そこから戦術に興味を持って長年スペインのサッカーを追いかけてきましたが、こ

プレッシング
ボールを奪いにいくアクションによって、相手から自由を奪い、プレーを制限すること(76ページ参照)。

はがす
相手をかわすこと。

サイドチェンジ
逆のサイドにパスを出すこと(51ページ参照)。

ビルドアップ
自陣から攻撃を組み立てること(28ページ参照)。

の**戦術の部分がスペインと日本の違い**だと感じています。日本代表はＦＩＦＡワールドカップカタール２０２２でスペイン代表に初勝利を収めはしましたが、未だに日本がベスト8の壁を越えられていない最大の要因だと個人的には思っています。

私はスペインでのサッカー指導を経験したあと、今は日本に戻ってきて子を持つ親として小学生年代の指導に関わっていますが、ここでもスペインと日本の間に大きな違いを感じています。小学生の頃から戦術的指導があるスペインと、戦術的指導がない日本。日本の小学生だと目に見える分かりやすいもの、例えばドリブルでいっぱい抜けた子がすごい！　と評価されます。一方スペインの場合は、チームの中で担うべき役割が明確化されており、それを戦術的にうまくクリアできている選手が評価されます。**小学生年代から戦術的な評価が行われている**のです。

サッカーは知的な習い事

スペインと日本の小学生年代における評価基準について述べましたが、もうひとつ違いを紹介します。スペインではサッカーはチェスに例えられます。日本ならば将棋に例えてもいいのですが、**サッカーは知的なスポーツ**であり、社会活動であり、**サッカーを習っていると賢くなる**と捉えられています。

なぜならば、サッカーは広大なピッチの中で11対11という同数でスペースとゴールを奪い合うゲームです。ゴールを生むためにスペースを有効活用し、数的優位性を作っ

ピッチ（フィールド）のサイズ
ＦＩＦＡ（国際サッカー連盟）が定めるサイズは１０５ｍ×68ｍ。

数的優位
22ページ参照。

ていきます。ドリブルで何人か抜いただけでは、ゴールは生まれません。長いサッカーの歴史でも、それができたのはマラドーナとメッシくらいですよね（笑）。

フィジカル的なポテンシャルがなくても世界一に！

少し前の話になりますが、スペイン代表がワールドカップやユーロで優勝した時のメンバーは小柄な選手や足がそれほど速くない選手が多数いました。フィジカル的なポテンシャルのない選手たちでも成功を収められた理由は、スペインサッカーが戦術によって育てられたものだからと考えています。50メートルのスプリントでは勝てなくても、**常に展開を先読みし、状況に応じて的確なポジションを取り続けられる選手**が、スペインにおいては**「スピードのある選手」と評価される**のです。

スペインでは小学生年代からそのような価値観で指導が行われており、背の低い子、体の細い子、逆にふっくらしている子、身体的なバリエーションはさまざまです。スペインの子供たちは自分の強みを自分で認識し、どうすればチームの力になるかを考えながらサッカーをしています。足の速い子はスピードを活かしたドリブルをすればいいし、足が遅ければフライングをしてでも良いポジションを取ればいい。サッカーを戦術的にしっかりと捉えて、全員がチームとしてサッカーに関わるように指導されているのです。日本の小学生年代における指導や評価ではフィジカルの強さが優先される傾向にあるので、とても残念に感じています。

ディエゴ・マラドーナ
アルゼンチン出身のフォワード（1960年〜2020年）。

リオネル・メッシ
アルゼンチン出身のフォワード（1987年〜）。

ユーロ
4年に1度開催される、ヨーロッパのナショナルチームによる大会。欧州サッカー連盟（UEFA）が主催している。

戦術とプレーモデルの関係

私のバックボーンであるスペインサッカーの話が長くなってしまいましたが、サッカーは知的なスポーツであり、そのために戦術が必要であることはご理解いただけたと思います。

戦術に関わる重要なキーワードとして「**プレーモデル**」という言葉があります。「**我々のクラブは、こういうサッカーをします**」という宣言のようなものです。「ゴール（最終目標）は○○。なのでベースのシステムは4－4－2、各ポジションはそれぞれこういうタスクを担っています」というような約束事です。会社ならば経営計画があり、目標を実現するために部署を構成するための人事が行われ、個人単位で予算などのタスクが決められていると思います。学校ならば教育方針になるでしょうが、サッカーにおいてはプレーモデルが最も大事な約束事になります。

サッカーのゲーム中、ピッチ上ではうまくいかないこと、問題などが必ず発生します。そのうまくいかない**問題が起きた時に、それを処理するための手段や行為がサッカー戦術**であると私は定義しています。もちろん、うまく進めるための手段や行為でもあるわけですが。

本書では**攻撃、ネガティブ・トランジション（ネガトラ）、守備、ポジティブ・トランジション（ポジトラ）という4局面**に分けて、サッカー戦術を解説しますが、それらはすべてプレーモデルに従って決められ、イメージを共有されるべきものです。

システム
ベースとしての選手の配置。ディフェンスの人数によって、4バック、3バック、5バックの3つに大別される。3バックや5バックは、守備重視の戦術を用いることが多い。また、攻撃と守備で4バックと3バックを使い分ける戦術もある。

4-4-2
ディフェンスが4人、ミッドフィルダーが4人、フォワードが2人のシステム。

ネガティブ・トランジション（ネガトラ）
攻撃をしている時にボールを失った瞬間の局面。

ポジティブ・トランジション（ポジトラ）
守備をしている時にボールを奪った瞬間の局面。

個人戦術

サッカーは団体スポーツですが、いかに数的優位を作り出せるかという意味では、局地戦である1対1の戦術も大事になってきます。

例えば攻撃時、センターバックからのビルドアップで相手をうまく引きつけてパスを出す。そうすれば、その相手の背後で味方がパスを受けられるし、引きつけられた相手はパスの受け手にはプレッシャーをかけられない。そういうところで数的同数から**数的優位性やスペースを生み出す**ことができます。

代表的な個人戦術であるドリブルで言えば、スペインでは2つの単語に分けられています。**突破のドリブルである「レガーテ」**と、**運ぶドリブル「コンドゥクシオン」**です。センターバックが持ち上がる時はスピードを落としてコントロールしながら、相手に向かって運ぶドリブル（コンドゥクシオン）をすることが必要になります。そしてこの時、個人戦術として大切なことは、相手を引きつけながら運ぶドリブルをして、数的優位性やスペースを作ることです。突破のドリブル（レガーテ）はボールを失っても失点のリスクが低いシーン、フィニッシュのフェーズで使います。

重要なのは自分とボールの関係はもちろんあった上で、最低でも**相手の1人、欲を言えば相手の2人、3人を引きつける**ことです。自分に注意が向けば自分以外の選手がフリーになります。ボールを持っているだけで警戒されて2人、3人とディフェンダーがついてくる「戦術〇〇」と呼ばれるような選手になれば、最強の個人戦術と言

数的優位
22ページ参照。

ビルドアップ
28ページ参照。

レガーテ(regate)
スペイン語で「相手をかわすこと」という意味。

コンドゥクシオン(conducción)
スペイン語で「運転」という意味。

「戦術〇〇」
〇〇の部分に選手の個人名が入るほど、能力の高い選手がいる場合に使われる。

えるでしょう。
守備時では、**ボールを持っている相手に対して、パスコースを1つ消しながらプレッシャーをかける**。これができれば、一人二役になりますよね。パスコースを消された選手に対してはマークにいく必要がなくなります。

グループ戦術

攻撃時、いかに相手のゴール近くにボールを運ぶかを考えた時に、最も有効な手段は縦パスを入れることです。しかし、相手は簡単に縦パスを出させないようにプレッシングラインを作りながらポジションを取ってきますので、3人、4人と連動するグループ戦術が必要になります。パスを出させないように自分の前に立っている相手の両サイド、そこに味方がポジションを取ればトライアングル（三角形）を作れます。さらに4人目の味方が相手の背後にもいれば、2本の斜めのパスで一気に前進できます。相手がどこに立つかによって微妙に変化しますが、ベースとしてはトライアングルまたはダイヤモンド（菱形）になります。重要なことは、**パスによって相手のプレッシングラインを越えていく**ことです。

守備時のグループ戦術としては、2人あるいは3人の囲い込みでボールを奪う場合、味方の選手の動き方やボールに対するアプローチを見ながら、相手のボールホルダーの動きを止めることが重要になります。自分とボールホルダーの関係のみならず味方

縦パス
相手のゴール方向へ縦に出すパス。

プレッシングライン
20ページ参照。

トライアングル

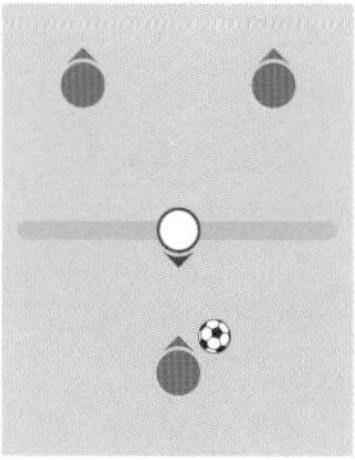

ダイヤモンド

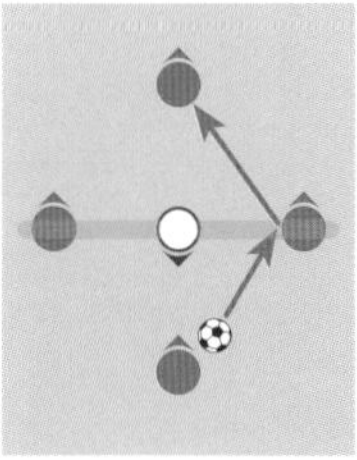

ボールホルダー
ボールを持っている選手。

の選手のポジションやプレッシングのコースを考えながら、**ポジションをうまく取ったりボールを止めたりする**ことが必要です。

チーム戦術

チーム戦術はプレーモデルと同じと考えてよいでしょう。先述の「我々のクラブは、こういうサッカーをします」という宣言ですが、その項目として「システム」があります。ディフェンダーの人数から3バック、4バック、5バックという呼び方をします。さらにディフェンダーから中盤、フォワードの順に選手の数を4-3-3、4-4-2、3-5-2、3-4-3のように、ゴールキーパーを除くフィールドプレーヤーの配置を記すことが一般的です。どの配置であっても、「どのようなサッカーを目指すのか」によってシステムが設定されており、**キックオフの時点にはあらかじめ決めておいたシステム（初期設定）でスタート**します。

なお、「**可変システム**」という言葉があるように、**局面や試合の状況に応じてシステムを変えることがトレンド**のひとつになっています。これもチーム戦術の約束事に従って決められているものです。可変システムに限らず、トップレベルのチームでは試合の中で3バック、4バック、5バックと選手の判断で変化させる時代になっています。これも戦術理解度の高さがある前提で、立ち返るべきベース（システム）がしっかり定められていることが重要になります。

4バックと3バック
左図で攻撃をしている赤色のチームは4バックの4-3-3、守備側の白色のチームは3バックの3-5-2のシステムが初期設定となる。なお、3バックのウイングバック（WB）をディフェンダーとして数える守備的なシステムが5バックとなる。

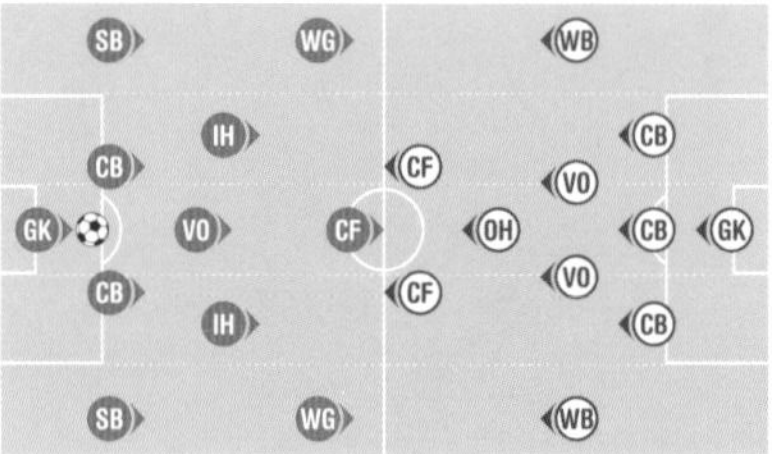

可変システム
30ページ参照。

【図】サッカーの4つの局面におけるプレーモデル

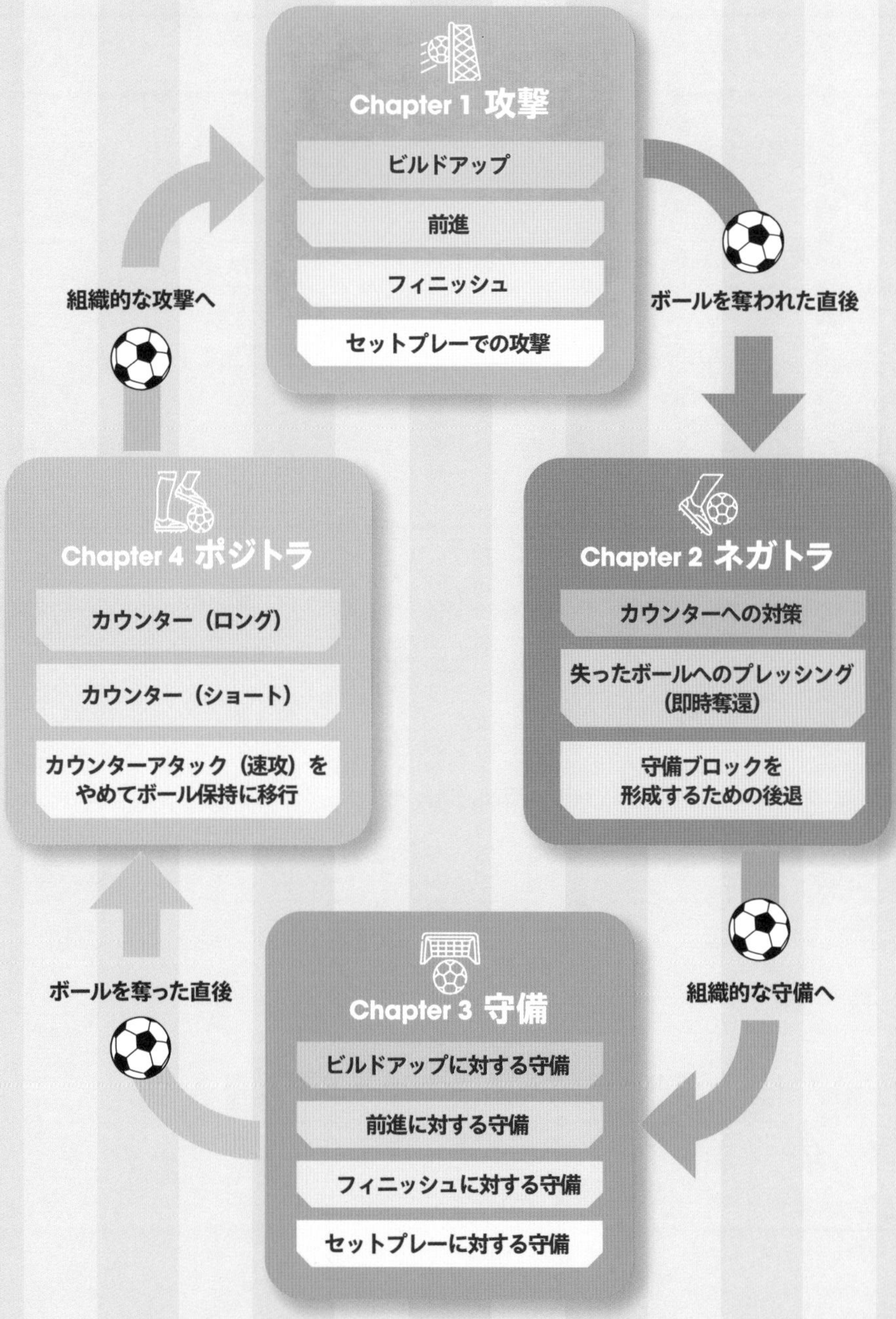
Chapter 1 攻撃
ビルドアップ
前進
フィニッシュ
セットプレーでの攻撃
ボールを奪われた直後
Chapter 2 ネガトラ
カウンターへの対策
失ったボールへのプレッシング（即時奪還）
守備ブロックを形成するための後退
組織的な守備へ
Chapter 3 守備
ビルドアップに対する守備
前進に対する守備
フィニッシュに対する守備
セットプレーに対する守備
ボールを奪った直後
Chapter 4 ポジトラ
カウンター（ロング）
カウンター（ショート）
カウンターアタック（速攻）をやめてボール保持に移行
組織的な攻撃へ

サッカーにおける4局面

攻撃

攻撃とは、**自チームがボールを保持している局面**になります。ビルドアップ、前進のフェーズによって相手ゴールに迫り、フィニッシュまたはセットプレーからのシュートによってゴールを挙げることが目的となります。

攻撃のプレーモデルには大きく分けて「**保持型**」と「**カウンター型**」の2つがあります。保持型はボールを握って、パスを繋いで、守備側の3つのプレッシングラインを一つひとつ突破してボールを前進させていく戦術です。相手ゴールに近づくまでに時間はかかりますが、選手間の距離を縮めながら適切な距離間でボールを運び、配置で押し込むことで、単発の攻撃にならず二次、三次攻撃をたたみかけることができます。選手間の距離も近いので、万が一ボールを失った場合（ネガティブ・トランジション）でもプレッシングをしやすくなります。

一方のカウンター型は逆に攻撃に手数をかけず、相手のゴールにダイレクトに、スピーディーに迫っていく戦術です。効率的に攻撃できるメリットがありますが、ゴールを奪えなかった場合、単発な攻撃になりやすくなってしまいます。

どちらも優劣はつけられず、選手の特徴やゲームの流れの中で使い分けていきます。

ビルドアップ
28ページ参照。

プレッシングライン
20ページ参照。

配置で押し込む
24ページ参照。

保持型を得意とするチーム
イングランドのマンチェスター・シティ、スペインのFCバルセロナなどが保持型を得意とするチームの代表。

カウンター型を得意とするチーム
イングランドのリバプールFC、スペインのアトレティコ・デ・マドリーなどがカウンター型を得意とするチームの代表。

ネガトラ（ネガティブ・トランジション）

自チームがボールを失った直後の局面。ネガティブ・トランジション（以下、ネガトラ）の目的は、相手のカウンターアタックをゴールに結びつけさせないことと同時に、失ったボールを素早く取り戻すことになります。そのためには2つのことを行います。

①失ったボールに対するプレッシング（即時奪還）

プレッシングすることによって、ボールを奪った相手チームのカウンターアタックを防ぎます。また、プレッシングがうまく機能すれば、ボールを再び奪い返して攻撃するポジティブ・トランジションも可能になります。

②自チームの守備組織を形成するための後退（リトリート）

基本的には攻撃の局面では幅と深さを取るため選手間の距離は開いています。また、ポジションバランスを崩して選手が動いていることが多いのでスペースを放置している状態になっています。そのため、選手間の距離を縮めて組織的な守備ができるように陣形を整えることが必要になります。

以前は即時奪還かリトリートか、どちらか一方を採用するチームがほとんどでしたが、最近はプレッシングをうまく回避するチームが出てきて、そのままハイラインの背後を突くカウンターアタックが増えてきました。なので、ボール周辺においてはプレッシングしつつ、それが回避される場合に備えて全員でプレッシングせずに、残りの選手はリトリートするミックス型の戦術を用いるチームが多くなっています。

リトリート
78ページ参照。

幅と深さ
左図参照。

ハイライン
ディフェンスの最終ラインが相手ゴールにより近い位置に設定される状態。

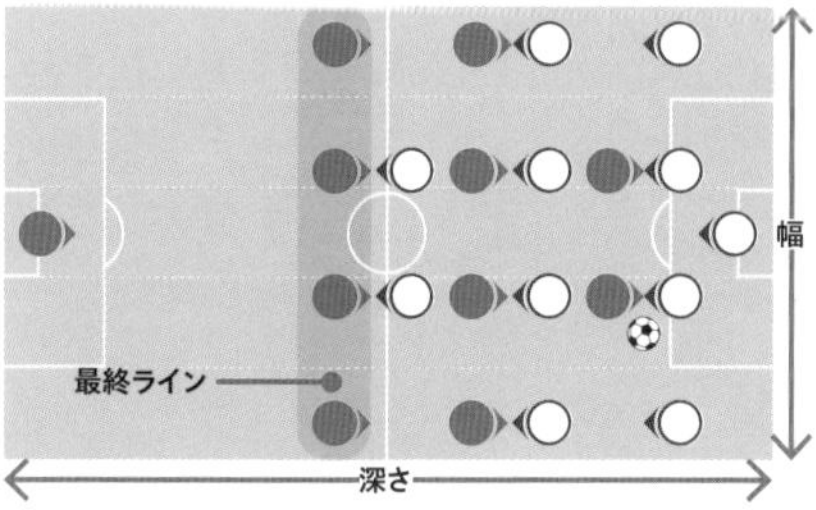

守備

守備とは、ネガトラ（ネガティブ・トランジション）において相手のカウンターアタックを阻止し、**陣形をコンパクトにした後に迎える組織的な守備の局面**。相手は攻撃の局面にあるので、その狙いを阻み、相手の攻撃が機能しないようにすることが目的となります。相手のビルドアップに対して前線（ゾーン3）からプレッシングをしにいく「ハイプレス」をするのか、中盤（ゾーン2）でブロックを作って前進を止めるのか、ゴール前（ゾーン1）で待ち構えてフィニッシュを阻止するのかなど、チームによって戦術が異なります。

守備においては**プレッシングライン**が重要になります。フォワードの選手が作る「**ファーストライン**」、中盤の選手が作る「**セカンドライン**」、ディフェンスの選手が作る「**最終ライン**」という3つのプレッシングライン（**3ライン**）を構成して守ります。

守備の方法には、「**ゾーンディフェンス**」と「**マンツーマンディフェンス**」があります。2つの違いは基準の違いになります。ゾーンディフェンスは自分の守るべきエリアが決まっていて、攻撃側が自分の担当エリアに入ってきた時は、そのエリアを守ることを基準とします。一方のマンツーマンディフェンスは、自分が担当する攻撃側の選手が決まっており、その選手が動けばそれに従って自分も動くことを基準とします。

ゾーンディフェンスとマンツーマンディフェンスのバランスについては、84～85ページで詳しく解説します。

ハイプレス
82ページ参照。

ブロック
組織的に自陣で構えて守ること。

3つのプレッシングライン（3ライン）

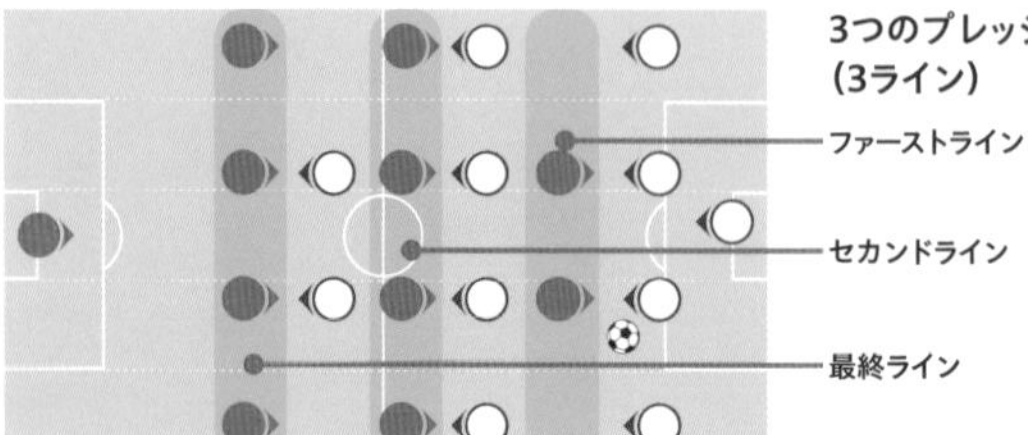

ポジトラ(ポジティブ・トランジション)

自チームがボールを奪った直後の局面。ポジティブ・トランジション（以下、ポジトラ）では相手の守備組織が整っていないので、カウンターアタックが有効な手段となります。時間をかけずに、少ない本数のパスで相手ゴールに向かってアクションを起こすことが重要になります。

相手ゴールまでの距離の違いによってアクションは変わってきます。味方のゴール近くでボールを奪った場合はロングカウンター、相手のゴール近くでボールを奪った場合はショートカウンターを仕掛けますが、カウンターアタックを実行できなかった場合は、ボールを保持したまま攻撃の局面に移行します。ポジトラで重要なことは、**奪った瞬間にボールの周辺状況と相手ディフェンスライン背後のスペースがどうなっているかを判断する**ことです。**サッカーにおいて一番重要なアクションは相手ゴールに対して直線的に向かうこと**なので、相手のディフェンスライン背後に広大なスペースがあるならば、そこを使ってゴールを奪うアクションが最優先になります。

しかし、奪った瞬間にボールの周辺状況が数的不利で、ゴールに前向きにプレーできない場合は組織的な攻撃に移行するために、ボールを奪い返されないためのアクションが重要になってきます。ボールを奪った選手だけではなく、チーム全体がボールの周辺状況を見極めて、どのようなアクションを取るかを瞬時に判断することがポジトラにおいては必要になります。

ロングカウンター
135ページ参照。

ショートカウンター
134ページ参照。

ボールを奪い返されないためのアクション
ボールを保持するだけではなく、横パスやバックパスのパスコースを作ることもアクションのひとつ。

サッカーにおける4つの優位性

Introduction

4つの優位性とは

サッカーは11人対11人の同数で行うスポーツです。その同数の中でゴールを奪う、守るという、局面において相手を上回るアクションやポジショニングによって、狭いエリアでの優位性を出すということが重要になります。戦術を理解する上で、以下の4つの優位性に着目しておきましょう。

①個人の質的優位

単純に個人の優位性なので、攻撃であれば1対1で仕掛けて相手を抜ける、突破できることになります。はがすだけでは相手のプレッシングラインを越えることにはならないので、結果として**ボールを前進させること**が個人の質的優位性になります。

一方、守備であれば1対1で**相手からボールを奪う**、**プレッシングによって相手の自由を奪う**ことが個人の優位性と言えます。

②数的優位

局面で**プラス1やプラス2を作ること**で、味方とうまく協調しながら数的な優位性

仕掛ける
突破のドリブル（レガーテ）で相手を抜くこと。

プレッシングライン
20ページ参照。

プラス1、プラス2
相手よりも1人、2人多い状況。

を出します。近年のトレンドとしては、ビルドアップにゴールキーパーが関わることが増えています。最近はゾーン1でのビルドアップ時に守備側が同数ではめ込んでくるので、ゴールキーパーを使ってフリーマンを作り、数的優位を作りながらビルドアップすることが多くなってきた印象があります。守備においても攻撃と同じように相手よりも1人多い状況を作ることが数的優位となります。

③ポジション優位

特にポジショナルプレーではポジション優位を出せる選手が非常に重宝されます。簡単に言うと、**ボールには全く関与していない場所に立っているだけで相手に影響を与えることがポジション優位**です。攻撃において、FCバルセロナ在籍時のメッシのように個人の質的優位性がとても高く、立っているだけでディフェンダーが2人、3人と引きつけられていましたが、引きつけられることによってスペースができたり、フリーになる選手が生まれたりしていました。守備では全盛期のファン・ダイクであれば1対1で確実に守れたので、味方の守備者は他の相手やスペースを守ることに専念できました。このように、よりレベルの高いチームになればなるほどポジション優位は個人の質的優位と密接に関係してきます。

ハーフスペース、つまり内側のレーンに立っているだけで、守備側が気にしてポジションを下げたり、ボールホルダーにうまく飛び込めないようにしたりする。そのよ

ゾーン1
4ページ参照。

フリーマン
相手にマークをつかれていない選手。

ポジショナルプレー
ピッチ上のどこにボールがあるかを踏まえて、選手たちが正しいポジションを取るサッカー。

フィルジル・ファン・ダイク
オランダ出身のディフェンダー（1991年〜）。

ハーフスペース
4ページ参照。

うにポジションで優位性を出すことを「**配置で押し込む**」と言ったりもします。守備側はボールホルダーに対してどんどんプレッシャーをかけたいのですが、ボールを持っていない選手をボールホルダーより前に置くことによって、守備側がボールホルダーに対してプレッシングできなくなるのです。ただ誰もができるというより、これも**個人の質的優位を取れる選手がポジション優位を取りやすい**と言えます。

④グループ優位

個人の質的優位を出せる選手に近い距離を取り、そのエリアでグループとして優位性を出すということになります。攻撃で個人の質的優位を出せない選手であれば、何人かでうまくコンビネーションを使って、グループとしての優位性を出します。グループ戦術でも説明しましたが、**３人または４人でうまくトライアングルやダイヤモンドを作ってグループとしての優位性を出す**ことが必要です。角度のついた位置にポジションを取ることによってプレーの選択肢を増やしていくことがグループ優位を作る上で重要になります。守備も同様に適切なポジションを取ってグループとして相手を囲い込むのですが、守備では選手間の距離がより大切になります。単純に近い距離を取るというより、適切な距離感が大事です。

しかし、グループ優位を生み出す方法はシステムや状況、局面の選手の配置によって変わりますので、戦術的には４つの優位性の中で最も難易度が高くなります。

グループ戦術
15ページ参照。

トライアングル
15ページ参照。

ダイヤモンド
15ページ参照。

角度のついた位置
図のような位置にポジションを取っておくと、斜めのパス２本で相手をかわすことができる。

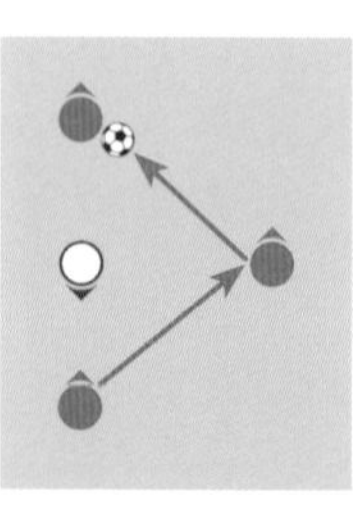

Chapter 1 Offense

攻撃

攻撃のプレーモデル

01

Offense

保持型とカウンター型でプレーモデルは異なる

攻撃のプレーモデルは、**保持（ポゼッション）型とカウンター型の2つに分けられます。**実際には保持すると見せかけ、相手を引き寄せてカウンターアタックに移行する**「疑似カウンター」を使うなど、2つをミックスさせたチームが多い**のですが、戦術として説明する上で、それぞれのプレーモデルの違いを挙げてみましょう。

保持型では、**ゾーン1のビルドアップ**においてゴールキーパーを含めて、いかにプラス1の数的優位を作ってゾーン2にボールを運ぶか。**ゾーン2の前進**では相手のセカンドラインをいかに越えるか。**ゾーン3のフィニッシュ**では相手が基本的に中央を締めているので、5レーンすべてに選手を配置して中央ないしサイドからのコンビネーションでいかに崩すか。のように**ゾーン1、2、3ごとにプレーモデルを設定します。**

カウンター型では、中長距離のロングフィードを使って中盤を省略するため、一気にゾーン3の最終ラインの裏にロングフィードを入れる場合は、**いかに裏を取るのか。**ゾーン2を飛び越してゾーン3に縦パスを出す場合は、いかに味方の足元に縦パスをつけて**ポストプレーを成功させるか。**ということがプレーモデルになります。

保持型、カウンター型ともに、**セットプレーのプレーモデルも設定**しておきます。

ビルドアップ
28ページ参照。保持型とカウンター型では同じ言葉でも概念が変わる。

ゾーン
4ページ参照。

5レーン
4ページ参照。

裏を取る
ディフェンスの最終ラインとゴールキーパーの間にパスを出し、そこへ走り込むこと。

ポストプレー
センターフォワードが相手ゴールに背を向けた状態で相手を背負いながら、味方からのパスを受けること。

足元でもらう
現在いる位置でパスを受けること。

攻撃のプレーモデル(例)

保持型

ビルドアップ→
前進→
フィニッシュで
相手のプレッシングラインを
越えながらボールを運ぶ

ビルドアップでは
「プラス1」の原則を持って
数的優位を作る

前線での5レーンを埋め
配置で押し込む

保持型の例

左SBを偽SBに可変して原則3枚でのビルドアップ

ボランチと偽SBは常に相手ファーストラインのゲート、
ギャップで顔を出し中央でビルドアップのパスを引き出す

インサイドハーフの2人は
原則ボールホルダーから離れるサポートを行う

マンツーマンで人をつかまれる守備に対しては
ワンツー、レイオフを用いた前進を行う

ウイングの2人は常にサイドに張り出すポジションを取り
パスを受ければ原則ゴールに向かうプレー選択を行う

積極的のボールホルダーを追い越し、クロスに対しては
最低3人がエリア内に入ってシュートを狙う

カウンター型

ビルドアップ局面の優先順位は
「相手DFライン背後」へのロングフィード

セカンドボールを拾える選手を作り、
拾えなければカウンタープレス

中盤を経由する場合でも原則FWへの
くさびのパスを用いたレイオフでの前進

カウンター型の例

両サイドバックを上げてボランチが
SBの位置に下がる「クロース・ロール」での
3枚ビルドアップ

ボランチにボールを集め
「疑似カウンター」につながる
相手DFライン背後へのパスを狙う

サイドハーフが中央に、
フォワードがサイドに流れる
ポジションチェンジを行う

ビルドアップ

01
Offense

ビルドアップとは

ビルドアップ（buildup）は英語で「構築」という意味で、サッカーの場合は、**「攻撃を組み立てる」**ことを指します。

保持型のビルドアップのポイント

保持型では数的優位を作り、パスを交換しながら前進へと繋げます。なお、30～37ページで**保持型のビルドアップに有効な「可変システム」**のパターンを紹介します。

カウンター型のビルドアップのポイント

一方、**カウンター型ではビルドアップと前進のフェーズが一体**となります。フィニッシュに繋がるラストパスを出せるならばベストです。

【図1】ビルドアップを行う位置

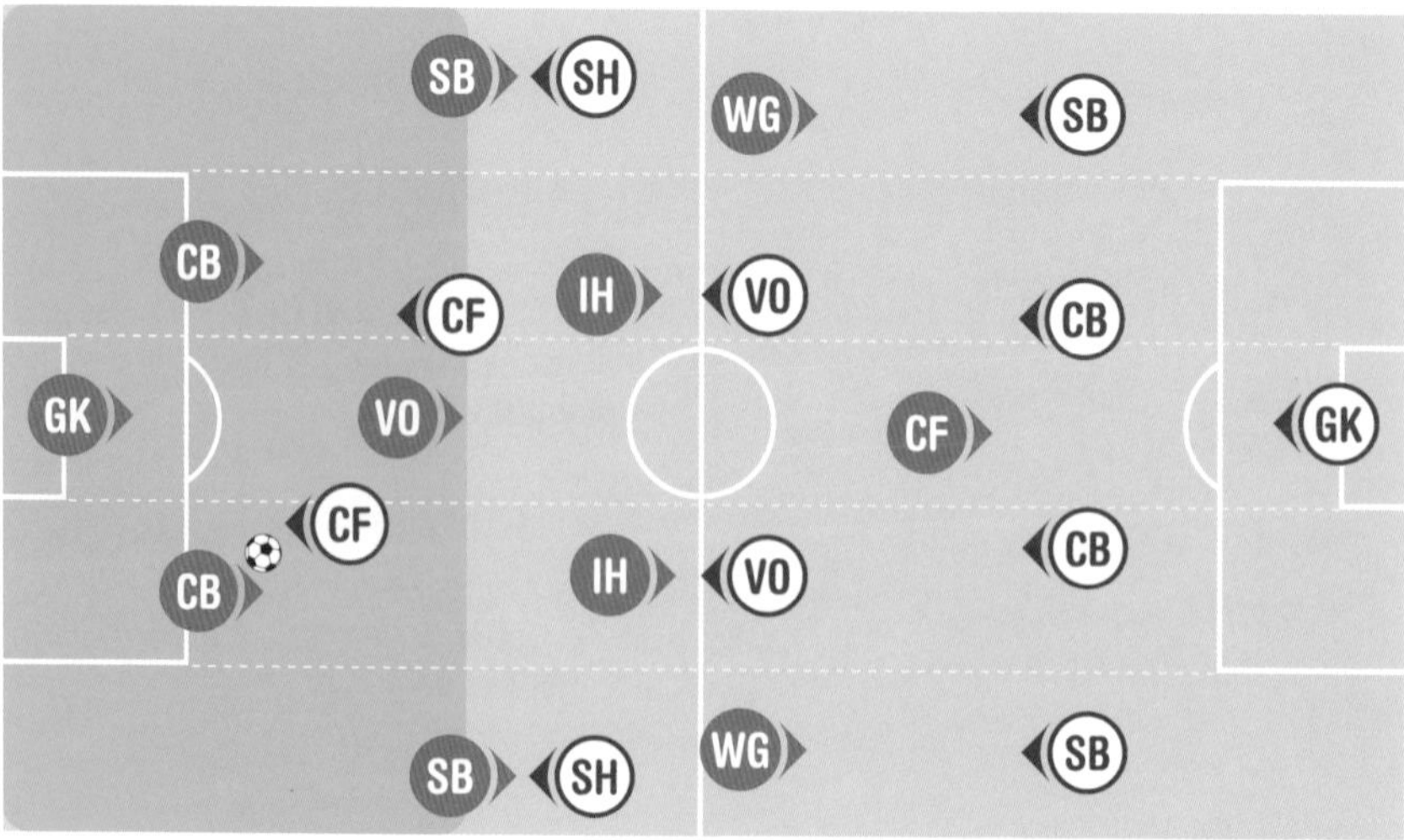

ビルドアップは通常ゾーン1で行う。保持型のビルドアップでは、ゾーン1でパスを回しながら、相手のプレッシングを回避して前進に繋げる。数的優位を作るために、ゴールキーパーも加わることが多くなっている。カウンター型ではロングパスを使うことによって、ビルドアップと前進が一体化する。

【図2】保持型のビルドアップ

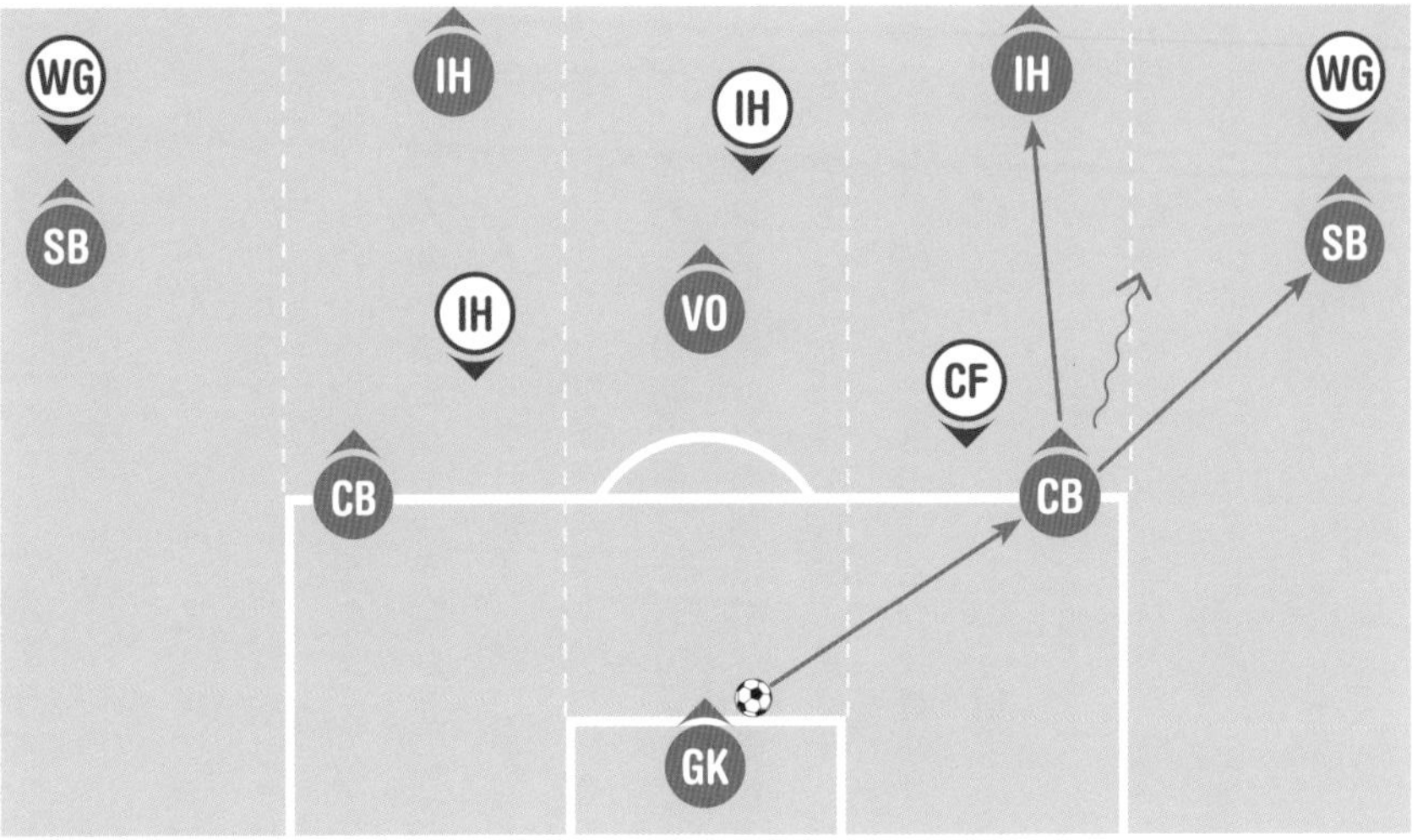

保持型ではゾーン1においてボールをしっかりと繋ぎながらチーム全体で押し上げ、前進のフェーズにボールを届けることを目的とする。ボールを運んだ先で優位性を確立することが重要。ゾーン2で優位な状況ができていないと、ゾーン3のフィニッシュでは優位性を作れない。

【図3】カウンター型のビルドアップ

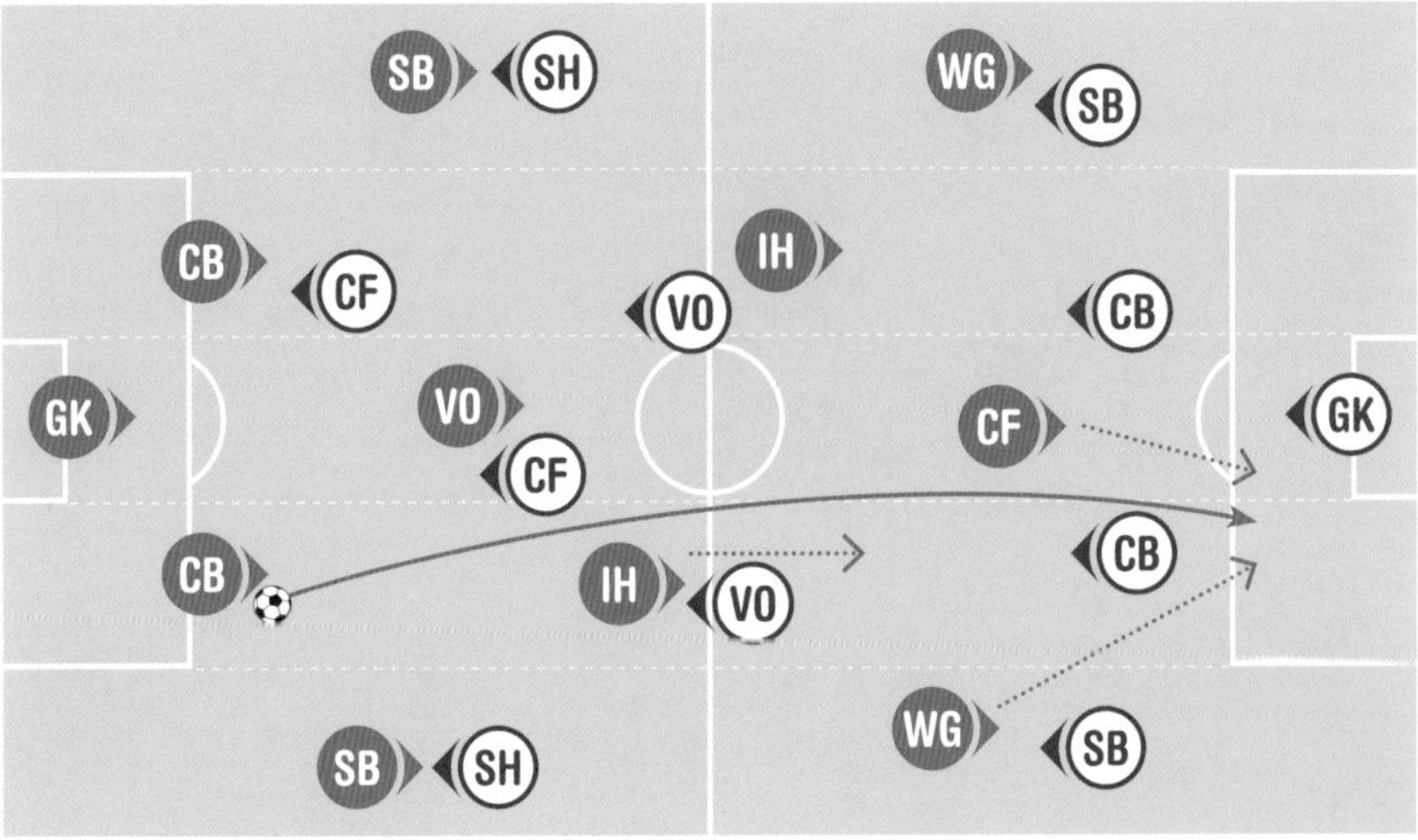

カウンター型のビルドアップでは、より遠くの味方を見て、そこにラストパスを出すことを考える。ラストパスが無理ならば相手の最終ラインの背後をつくパスを出すこと、それも無理ならば味方のフォワードにくさびのパスを入れられるか、というところがポイントになる。

可変システム① ボランチが最終ラインに下がる

保持型のチームは最終ラインからボールを繋いでいきますので、プレッシングにくる相手のファーストラインよりも数的優位を作らなければなりません。そのため、特に4バックのシステムのチームでは、**初期設定のシステムからポジションを動かす「可変システム」**を採用することが多くなります。ここでは4バックで6パターン、3バックで2パターンを紹介します。

まず、4バックの可変システムで最もオーソドックスな形は**センターバックの間にボランチが1人入る動き**です。相手が2トップならば、最終ラインを3枚にすることで数的優位を保つことができます。味方のサイドバックが、マークについている相手のウイングを引き連れてスペースを作ることで、その脇からセンターバックが運ぶドリブル（コンドゥクシオン）で持ち上がることが可能になります。また、ハーフスペースに中盤の選手が入ることで、そこに縦パスを入れて前進に繋げることもできます。

【図1】4バックでボランチが下がる形

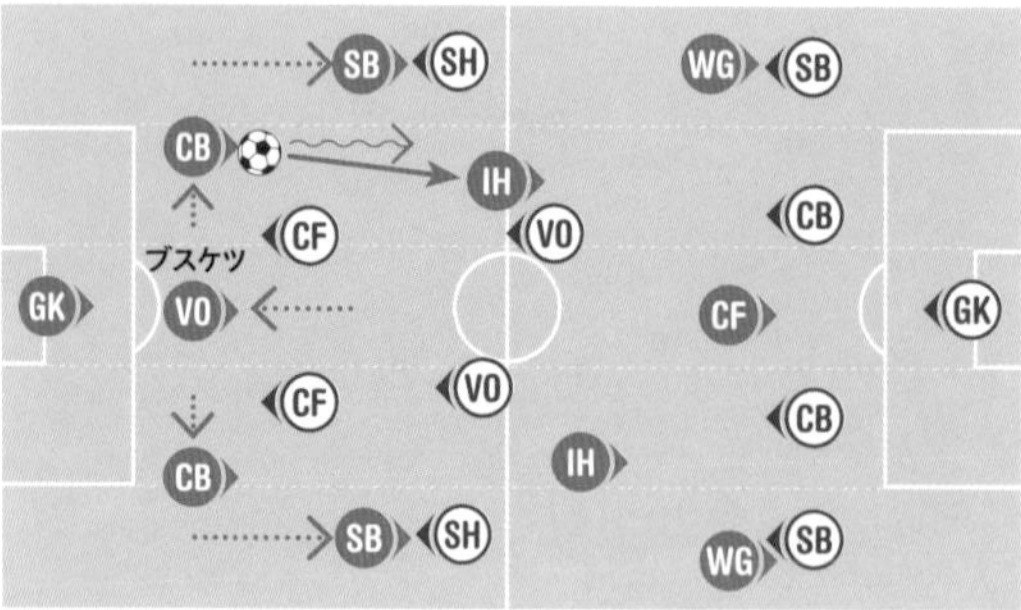

FCバルセロナをグアルディオラが率いていた2008年から2012年頃に、ブスケツをボランチとして確立したシステム。しかし、2人のセンターバックの位置が広がることで、ボールを失った時に本職のセンターバックではないボランチが中央で対応しなければならないことから、現在では採用するチームは減りつつある。

4バック
16ページ参照。

初期設定のシステム
16ページ参照。

2トップ
センターフォワードが2人いる状態。

枚数
人数は「枚数」という数詞を使うことがある。

ジョゼップ・グアルディオラ
スペイン出身のミッドフィルダー（1971年〜）。監督としても数々のタイトルを獲得。

セルヒオ・ブスケツ
スペイン出身のミッドフィルダー（1988年〜）。

可変システム② 片方のサイドバックが上がる

次に紹介するのが、4バックの**どちらかのサイドバックを上げることで右肩上がりまたは左肩上がりになる**形です。例えば左サイドバックを上げた時に2人のセンターバックと右サイドバックは左にスライドし、相手の2トップに対して3人で数的優位を作ります。ボランチは中央にポジションを取ったままなので、2トップの間に入ってパスを受ける動きで2トップの間隔を狭められれば、その脇のスペースを使うこともできます。味方の左サイドバックが上がると同時に左ウイングが下りてくると、相手はマークの受け渡しが難しくなります。

【図1】左サイドバックが上がり、左へスライドする

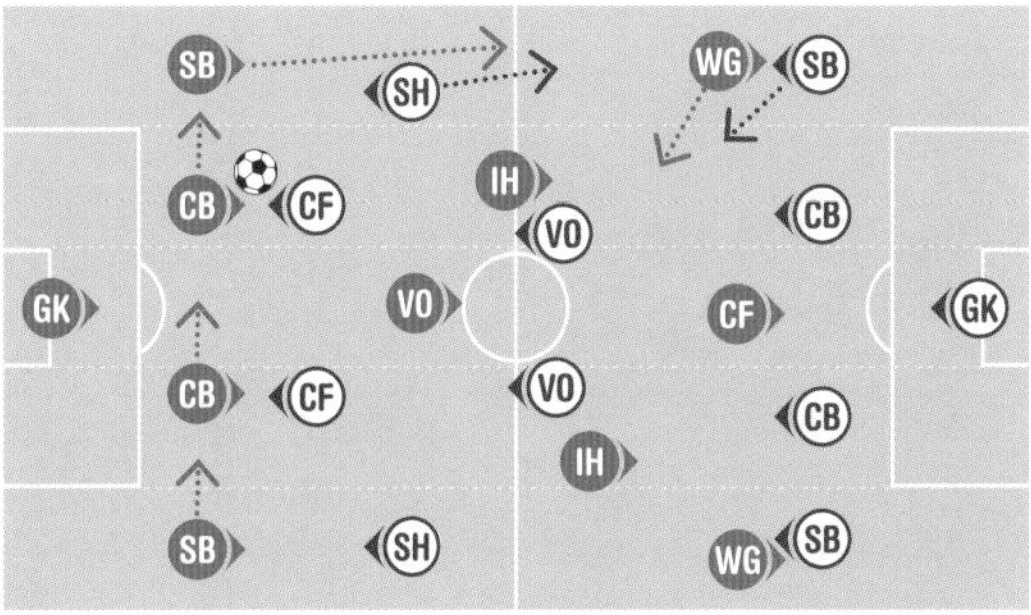

【図2】ボランチが2トップの間に入り、脇のスペースを使う

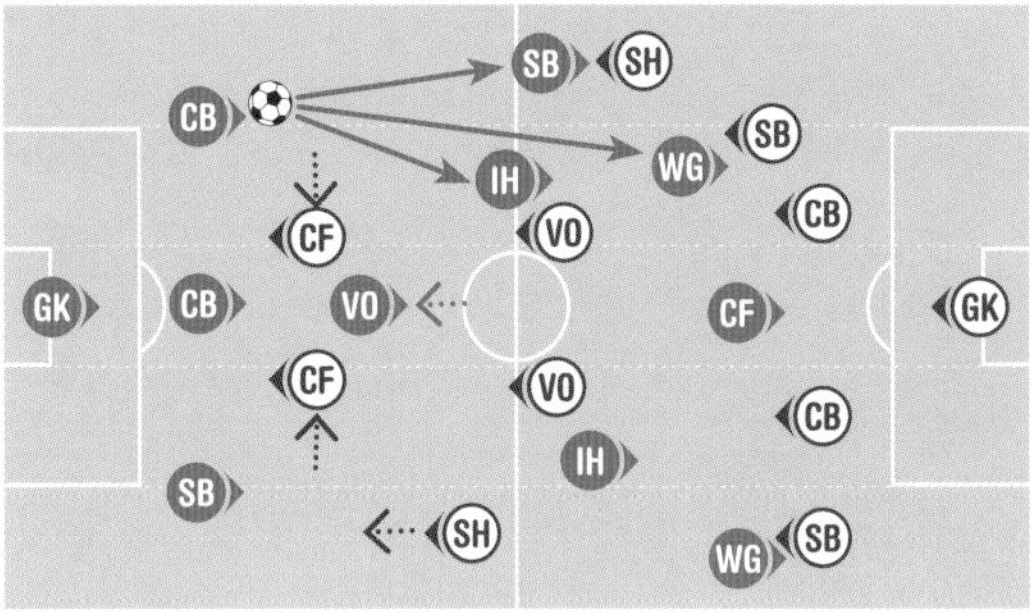

本来のポジションとは違う位置取りをすることで、相手がマークについていくのか、マークを受け渡すべきなのか迷い混乱する。このことがサイドバックが上がる可変システムの利点。サイドバックが上がる形は右でも左でもやり方は同じ。2023-2024シーズンのFCバルセロナではよく採用されている。

スライド
ボールの移動に合わせて横方向または縦方向でポジションを修正する動き。105ページ参照。

マークの受け渡し
106ページ参照。

インテリオール(interior)
スペイン語でインサイドハーフのこと。動画の中では「インテリオール」という言葉で解説している箇所がある。

ピボーテ(Pivote)
スペイン語でボランチのこと。こちらも動画の中では「ピボーテ」という言葉で解説している箇所がある。

可変システム③　ボランチがサイドバックの位置に入る

4バックでも特に4－4－2や4－3－3で見られる形ですが、**サイドバックを上げて相手のウイングが上がれないようにピン留めし、ミッドフィルダーをサイドバックの位置に下ろします。**下りた選手を相手がマークしたままつられてくると、パスコースを空けることができます。2人のセンターバックはペナルティエリアの幅に収めながら可変したい場合に使われる形です。相手としては分かっていても捕まえづらい可変システムで、配球の質が高い選手ならばウイングへのパスや、逆サイドへのロングパスを出すことによって攻撃の起点となります。

【図1】左サイドバックが相手のウイングをピン留めする

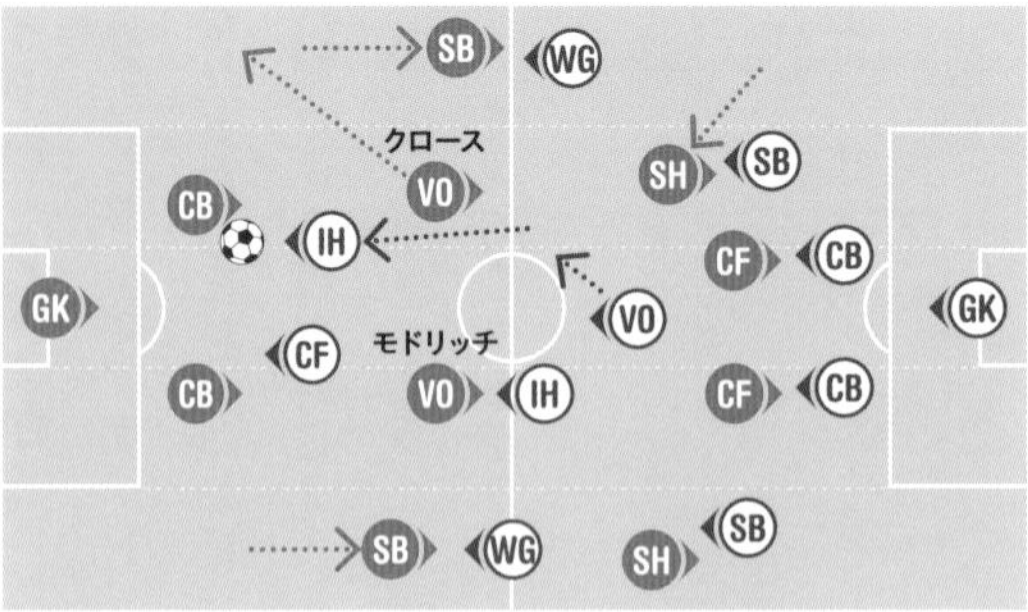

【図2】ミッドフィルダーが左サイドバックの位置に入る

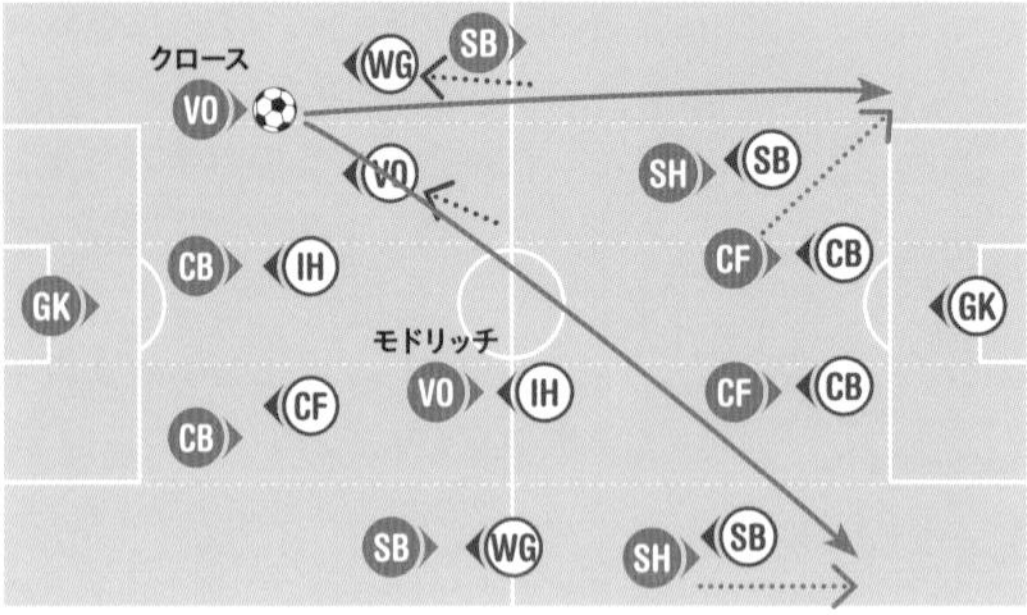

2センターバックはペナルティエリアの幅からは出さずに初期ポジションのまま。クロースが在籍中のレアル・マドリーでは左サイドバックのポジションにクロースが入るため、「**クロース・ロール**」とも呼ばれる可変システム。ちなみに逆の右サイドバックを上げた時にはモドリッチがサイドバックの位置に下りていた。

ピン留め
40ページ参照。

ペナルティエリア

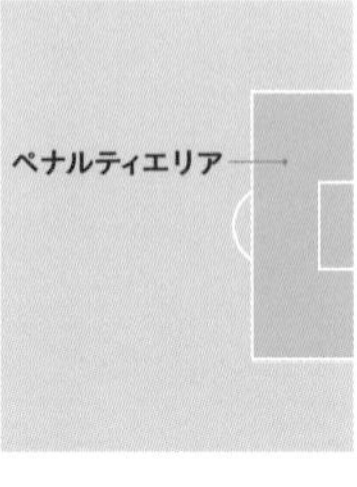

トニ・クロース
ドイツ出身のミッドフィルダー（1990年～）。

ルカ・モドリッチ
クロアチア出身のミッドフィルダー（1985年～）。

可変システム④　偽サイドバック

サイドバックを上げる形の進化形です。サイドレーンを上がるのではなく、**サイドバックがボランチの位置に斜めに上がるので「偽サイドバック」**と呼ばれます。センターバックと守備的な中盤がマンツーマンディフェンスされた場合に有効なシステムです。レーンを変えられると相手はついていくか、マークを受け渡すか迷います。ついてくればセンターバックからウイングへのパスコースが空き、ついてこなければ中央でフリーマンとなります。ただし、ハーフスペースに入ることが目的ではなく、相手やボールの周辺状況を見て判断することが重要です。

【図1】右サイドバックがハーフスペースに入る

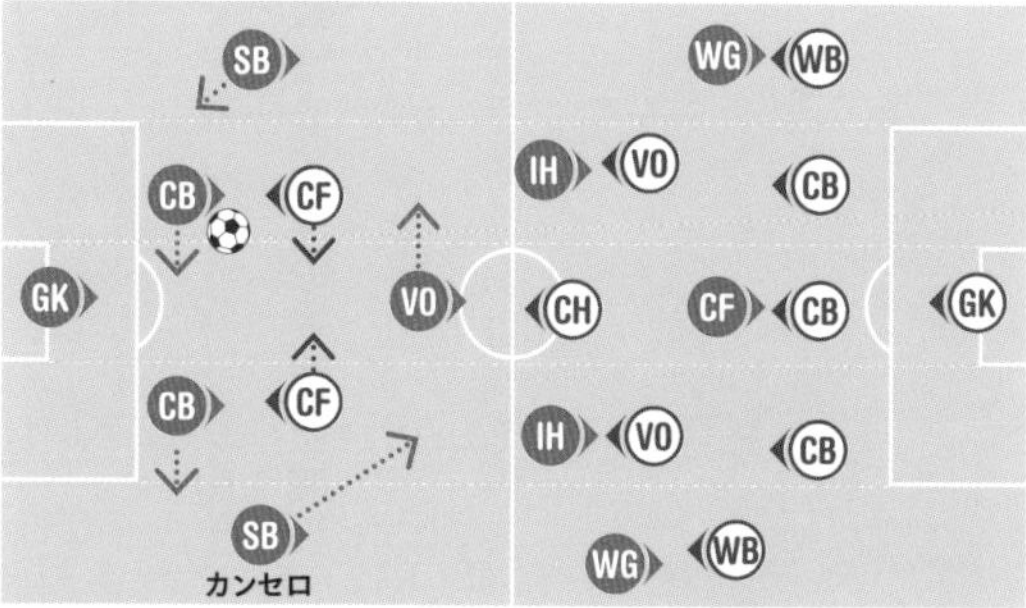

【図2】できたスペースを使ってウイングにパスを通す

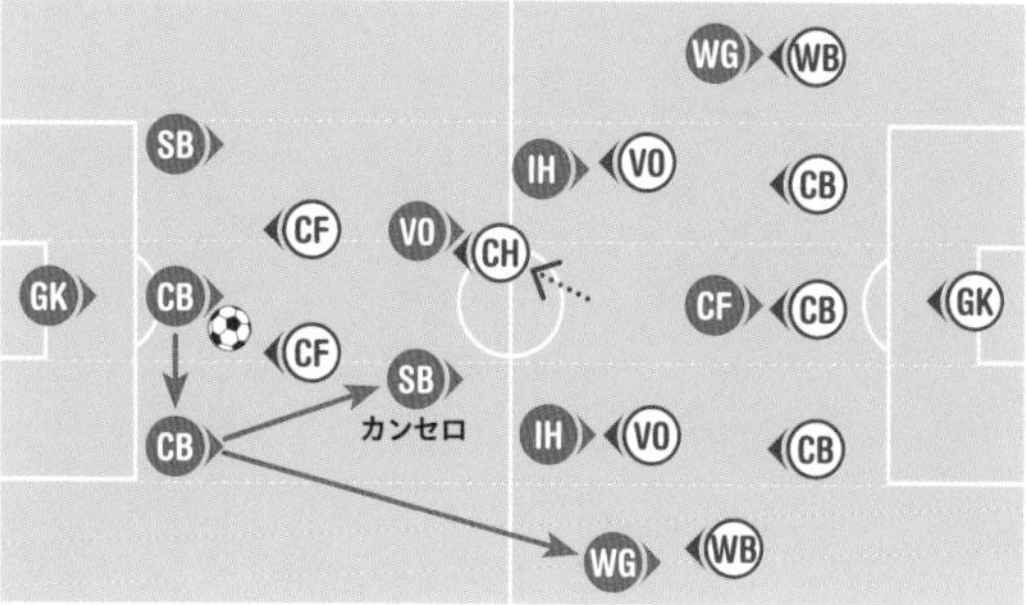

偽サイドバックは、マンチェスター・シティ在籍時のカンセロが広めたことから「カンセロ・ロール」とも呼ばれる可変システム。当時のマンチェスター・シティはカンセロが作ったスペースを使い、ウイングの選手がパスを受けてから仕掛けることで圧倒的な個人の質的優位性を発揮した。

レーン
14ページ参照。

ジョアン・カンセロ
ポルトガル出身のディフェンダー（1994年〜）。

個人の質的優位性
22ページ参照。

可変システム⑤　偽センターバック

ビルドアップに対し、相手がマンツーマンでプレッシングにきた場合、対応策として**センターバックの1人をボランチの位置に上げて最終ラインの枚数を減らす「偽センターバック」**という形があります。相手のセンターフォワードを釣り出してプレッシングを軽くするのです。ただし、実現するには、サイドバックの選手にセンターバック的な能力があることが前提になります。両サイドバックは中央に位置することで相手ウイングが外を切ってくれれば内側にパスコースができますし、逆に内側を締めてきたらサイドのウイングにパスコースができます。

【図1】センターバックが相手フォワードを引き連れて上がる

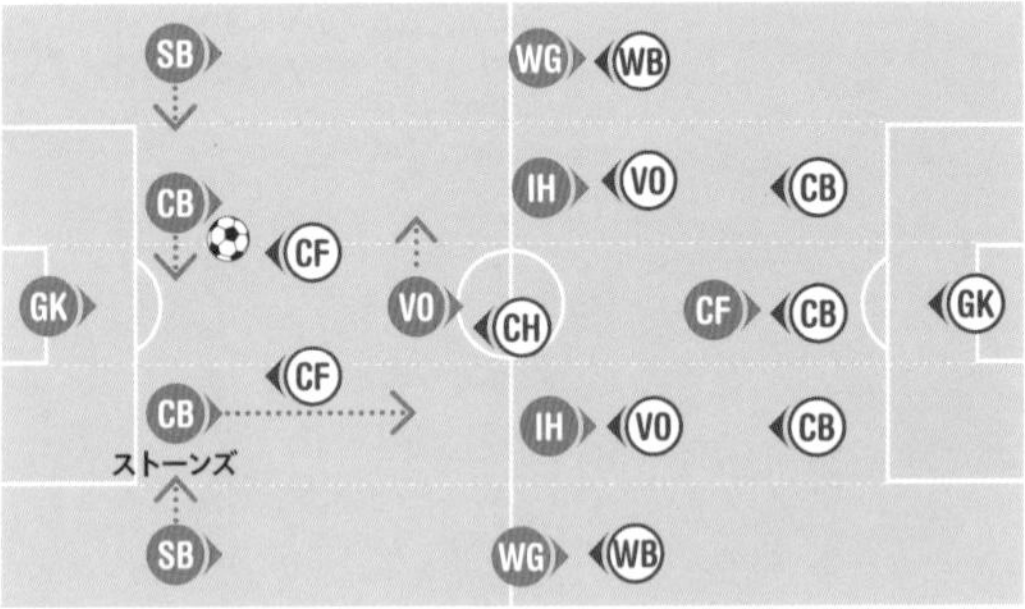

【図2】サイドバックは相手の出方を見てパスを配球する

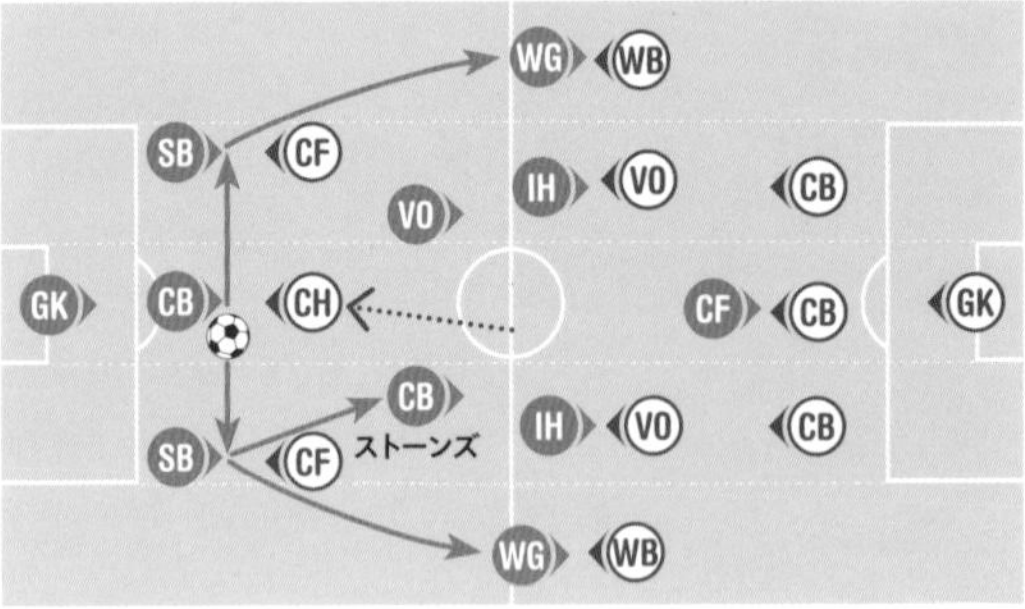

偽センターバックは、グアルディオラ監督がマンチェスター・シティで始めた形。サイドバックに能力の高い選手がいることと、展開によってはアタッキングサードまで攻め上がる可能性があるので、ジョン・ストーンズのようにボランチの役割を果たせるセンターバックがいることが前提の最先端の戦術となる。

ジョン・ストーンズ
イングランド出身のディフェンダー（1994年～）。

外切り
外側のパスコースを消すこと。

可変システム⑥　ゴールキーパーを使う

オールコートマンツーマンでプレッシングされた場合でも、ゴールキーパーだけはフリーマンになれます。**サイドバックがサイドレーンで上がり、センターバックは多少広がりを持たせて、ゴールキーパーがディフェンスの最終ラインまで上がります。**さすがに相手も数的同数を作れなくなります。

相手がゴールキーパーへプレッシングをしてくれば守備的な中盤の選手がフリーになるので、そこへパスを出せます。さらに、ゴールキーパーやセンターバックのいずれかが深さを取れば、さらにパスコースを増やすことができます。

【図1】サイドバックが上がり、センターバックが広がる

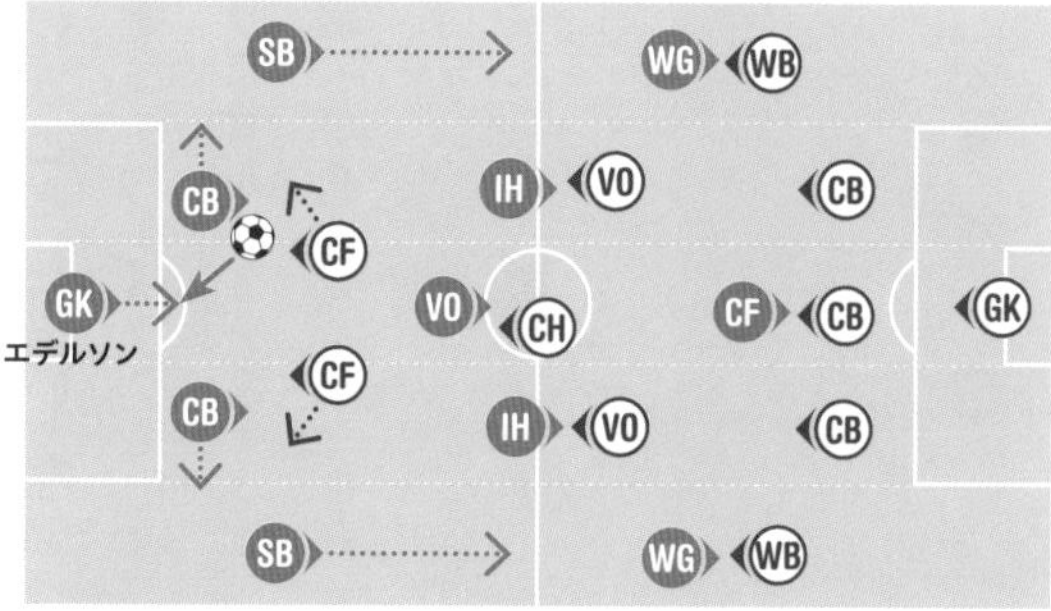

【図2】ゴールキーパーからパスを出す

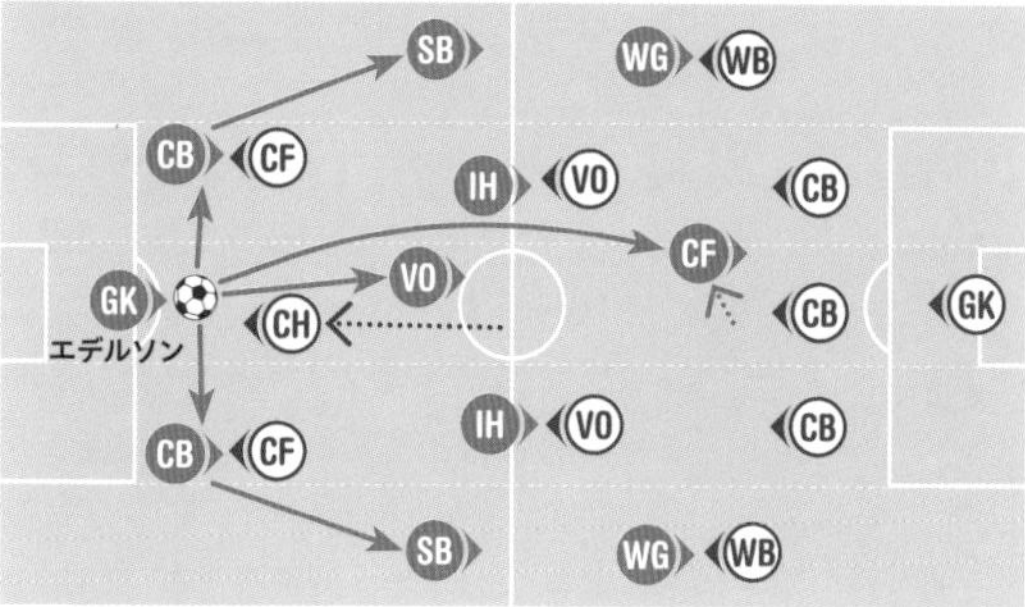

マンチェスター・シティのエデルソンやFCバルセロナのテア・シュテーゲンなどが得意としており、今後各チームでも標準装備されていくであろうビルドアップの形。ゴールキーパーは自分にプレッシングがくるかを見極め、味方がモビリティ（動き）をつけることが絶対条件だが、ロングパスを狙うこともできる。

オールコートマンツーマン
すべてのエリアでマンツーマンディフェンスを行うこと。

深さを取る
左図のようにポジションを取ることでスペースができ、パスコースを作りやすくなる。

エデルソン・サンタナ
ブラジル出身のゴールキーパー（1993年〜）。

テア・シュテーゲン
ドイツ出身のゴールキーパー（1992年〜）。

可変システム⑦　3バックではほとんど可変しない

3バックまたは5バックの場合は、**4バックに比べてそれほど可変する必要はありません。**3−3−2−2でビルドアップする時に、相手が4−4−2ならば両ウイングバックが相手サイドハーフを押し下げ、相手2トップの脇からサイドへ侵入コースを作ります。

【図1】相手サイドハーフがプレッシングにきた場合

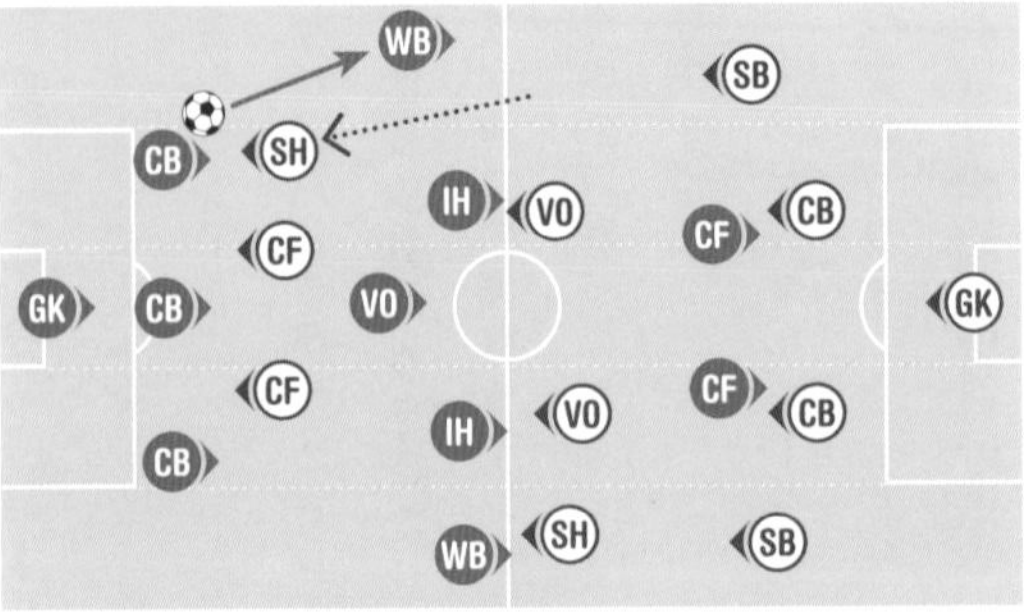

【図2】相手センターフォワードがプレッシングにきた場合

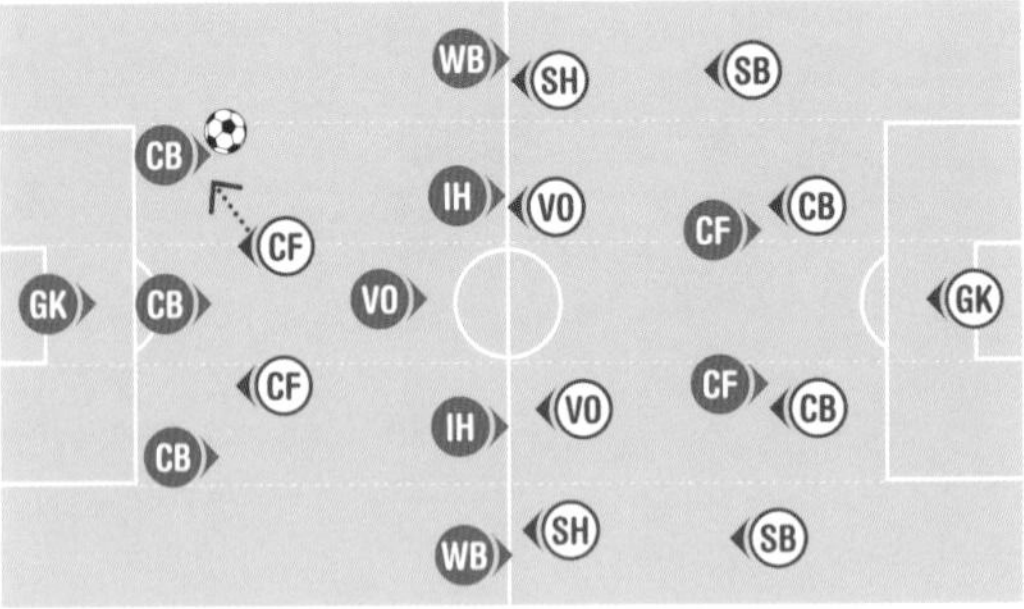

【図3】数的優位の状況でパスや運ぶドリブルができる

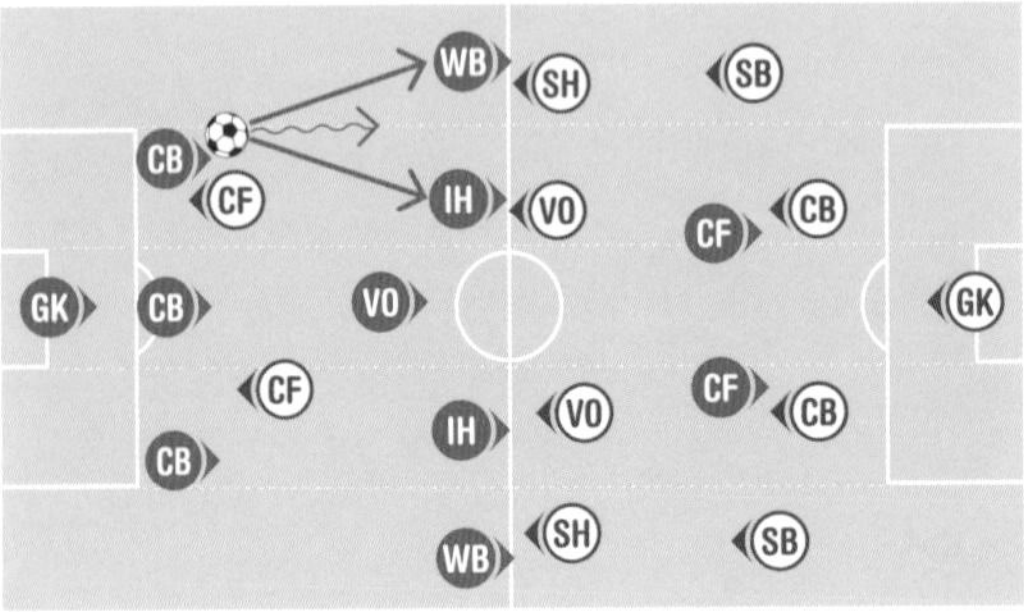

3バック（5バック）で左センターバックに対して相手の右サイドハーフがプレッシングにきたら、味方ウイングバックがフリーになるのでパスが通る【図1】。相手センターフォワードがプレッシングにきても【図2】、そもそも数的優位が作られているので運ぶドリブル（コンドゥクシオン）、フリーの選手へのパスを選択できる【図3】。

3バック
センターバックを3人置くシステム。

5バック
3人のセンターバックに加え、両サイドのウイングバックがディフェンダーとして守るシステム。

コンドゥクシオン
14ページ参照。

可変システム⑧　3バックでの偽センターバック

3バックでも唯一可変するケースがあります。相手が**3トップでプレッシングにきた場合、センターバックの1人が偽センターバックとして上がり、**守備的な中盤の選手と2人で中央に数的優位を作ります。この時、ほぼ4バックと同じ形になります。

【図1】相手が3枚でプレッシング

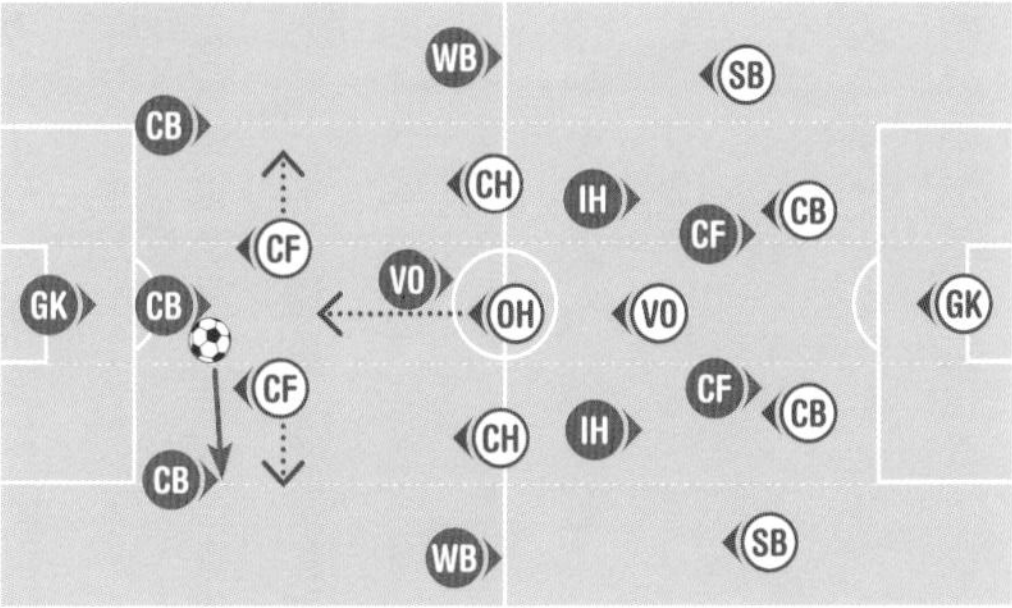

【図2】センターバックの1人が上がる

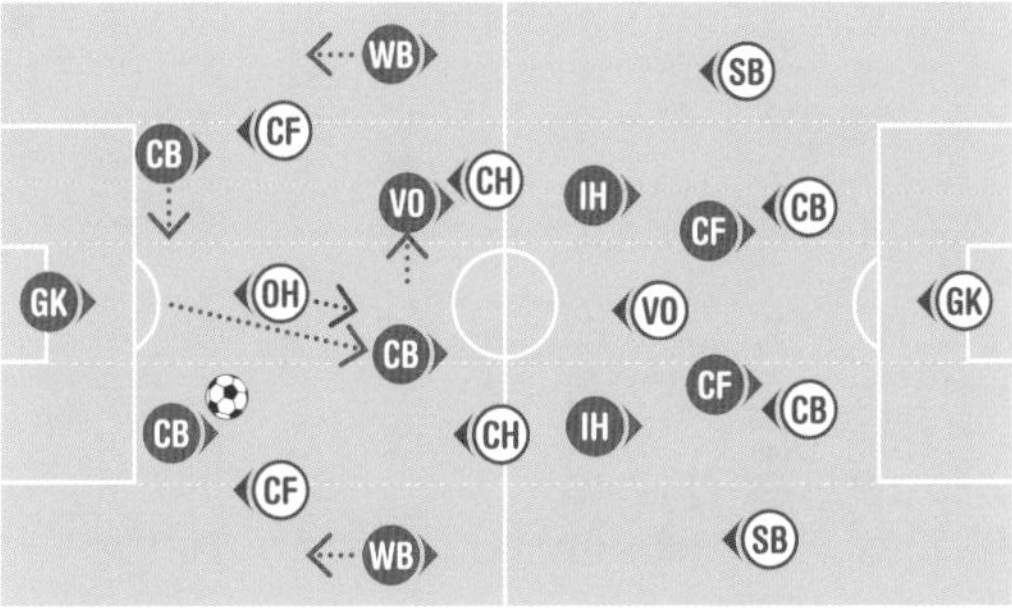

【図3】動きをつけ、他の選手が前進のサポートをする

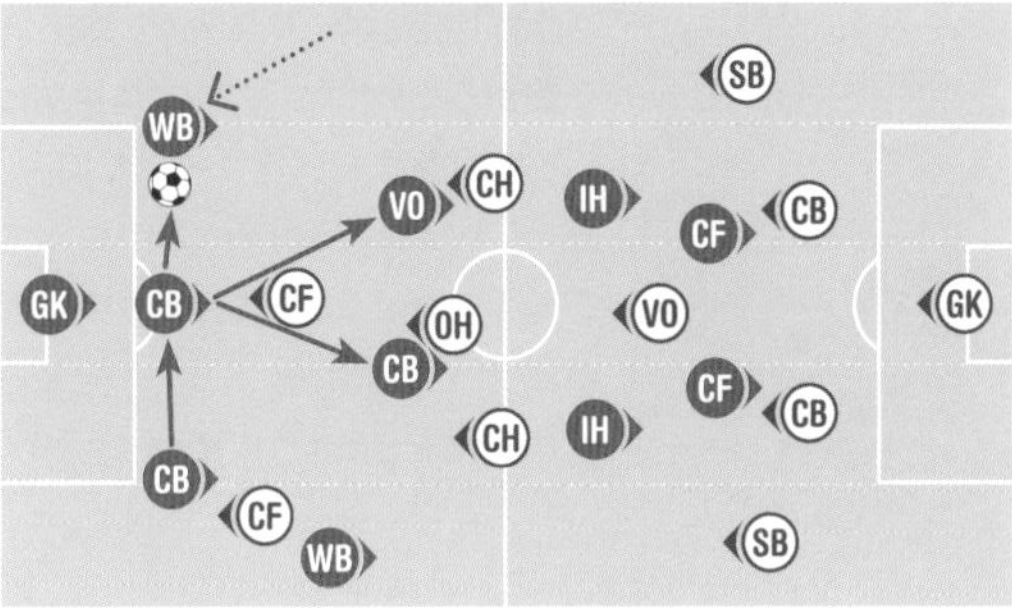

3バックの場合でも、相手が3トップでプレッシングにくると圧力がかかってしまう。その時のビルドアップとして、隣のセンターバックに横パスを出している間【図1】、ボランチの位置まで上がり、4バックの形にする【図2】。さらにウイングバックがサポートに入り、動きをつけた上で3バックでのビルドアップを図る【図3】。

偽センターバック
34ページ参照。

グループで確実に数的優位を作る

プレーモデルやシステムによって関わるポジションに違いはありますが、守備側のファーストラインに対して、**数的優位を確実に作る**必要があります。ここでボールロストすると、すぐに失点に繋がってしまうからです。基本的には最低でも1人、ゴールキーパーも含めると2人、守備側よりも多くなるような数的優位を作りつつ、ビルドアップする必要があります。自陣ゴールに近いエリアでボールを回すのでリスクは高いのですが、ビルドアップを成功させると、次の前進に結びついて一気にチャンスを広げることができます。

数的優位を作る方法はいくつかありますが、守備側の出方によって柔軟に変えていきます。30〜37ページで紹介した**可変システムはビルドアップにおいて数的優位を作る有効な手段です。**特にゴールキーパーをビルドアップに加えると、確実に数的優位ができます。ただし、ゴールキーパーに足元の技術がないと一気に失点してしまうリスクもあります。

【図1】守備側のファーストラインに対し、数的優位を作る

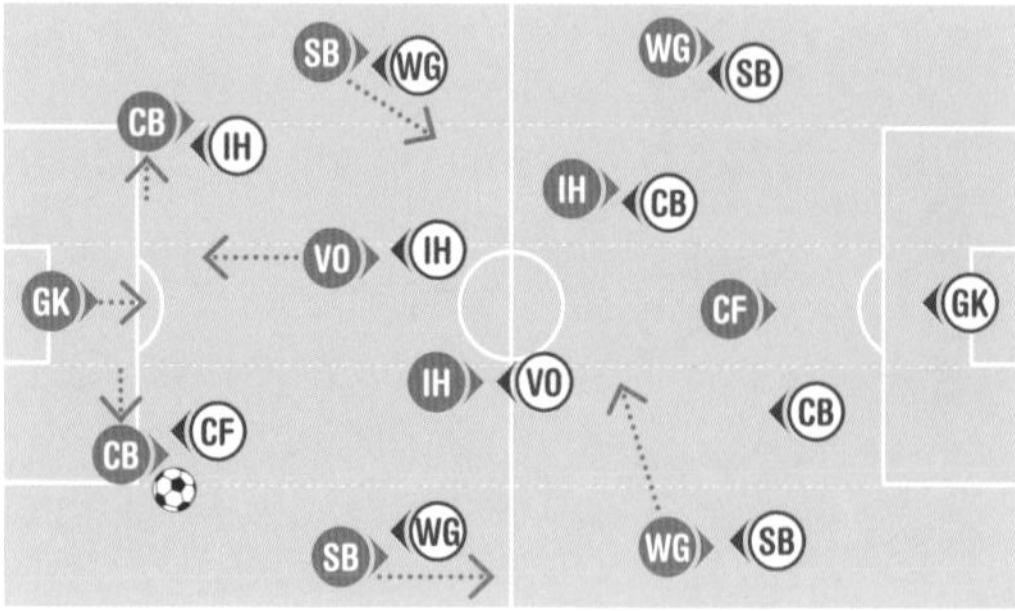

このエリアでボールを失うと即失点に繋がるため、ビルドアップは原則として数的優位を確実に作りたい。ただ、相手のファーストラインの組み方が分からないため、試合の中で相手の出方を見ながら、プラス1以上の数的優位を作るようにする。

ファーストライン
20ページ参照。

数的優位
22ページ参照。

可変システム
30ページ参照。

足元の技術
パスのキック精度やドリブルの能力のこと。

マンツーマンディフェンス対策

ビルドアップに対してマンツーマンディフェンスをされた場合はどうすればよいでしょうか。グループ戦術での対応策としては、2つの方法があります。1つ目は**関わる枚数を減らして、ビルドアップを軽くする**ことです。ビルドアップのところに人が多過ぎると、マークも寄せつけてしまうことになります。**サッカーにおける4つの優位性**で「**配置で押し込む**」という言葉を紹介しましたが、前に味方を配置することで守備側もボールホルダーから遠ざけてしまう方法です。

もう1つは、**両サイドバックを上げずにビルドアップする方法**です。サイドバックはセンターバックからのボールを受けやすいポジションです。ただ、横パスになりますので、守備側は狙いどころになります。そこをあえて食いつかせ、かわすことで意図的なカウンターのような形ができます。サイドバックからスピーディーな展開に持ち込めるので「**疑似カウンター**」という言葉で呼ばれています。

【図2】配置で押し込む例

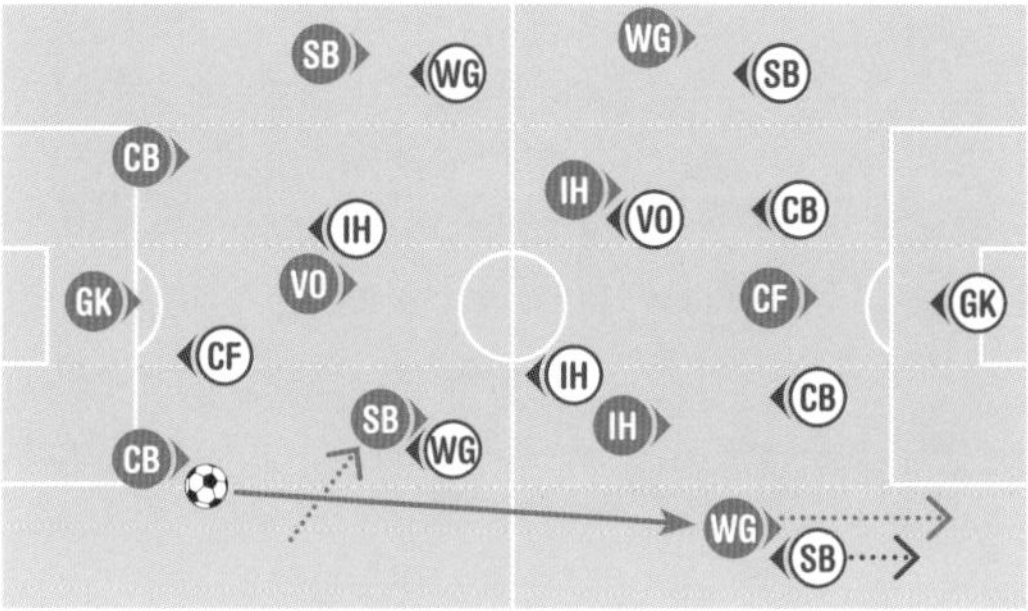

相手がマンツーマンディフェンスをしてくるということは、ポジションを上げた選手にもそのままついてくる。そのため、ビルドアップのところから選手を上げてしまえば、ビルドアップ付近での相手の枚数を少なくできる。

配置で押し込む
24ページ参照。

疑似カウンター
48ページ参照。

運ぶドリブルで引きつける

個人戦術としては、相手を引きつけることで数的優位性やスペースを生み出すことが重要になります。**相手を引きつけるということは、相手の視界やエリアに入っていくこと**なので、ひとつは相手に対して運ぶドリブル（コンドゥクシオン）で向かう方法があります。主にセンターバックが運ぶドリブルを使いますが、絶対にボールロストしないようにスピードを上げ過ぎず、ボールをコントロールします。そして、必ず相手の正面に向かって近づき、右にいくのか、左にいくのかという選択肢を持った上で、数的優位を作るような運び方が重要になります。相手のディフェンスラインを下げてスペースを作ることもできますので、運ぶドリブルは有効な個人戦術になってきます。

相手の選手をピン留めする

ボールを持っていない中盤の選手が、**相手の背後にポジションを取るだけで、相手を前向きにプレーでき**

【図1】ピン留めの動き

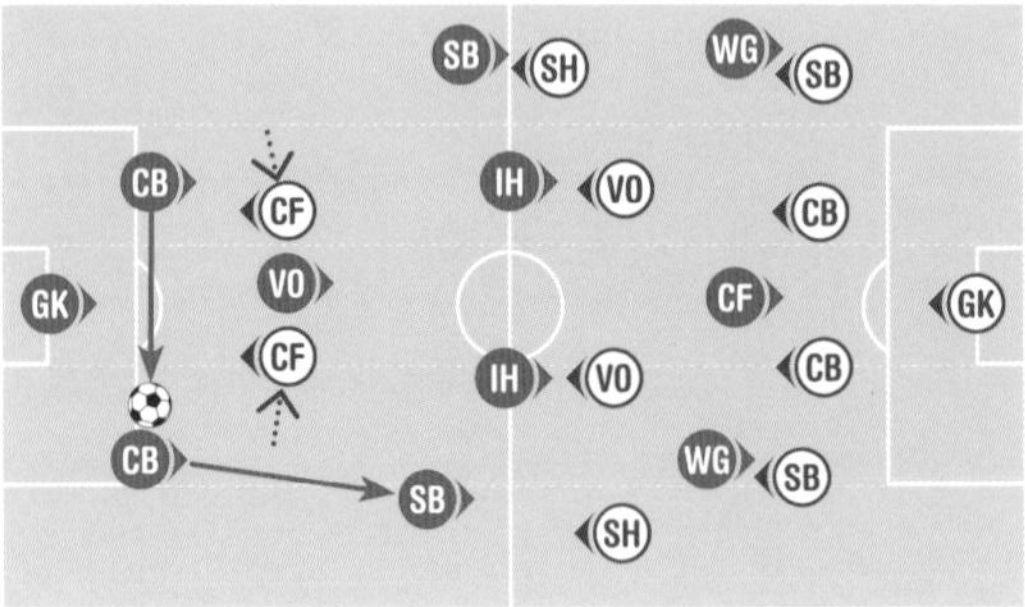

図ではボランチが相手の2トップの間に入ることで、味方のセンターバックに対する前向きのプレッシングを阻止している。脇にできたスペースを利用してパスを通せる。FCバルセロナ在籍時のセルヒオ・ブスケツが、よく見せていたポジショニングだが、ピン留めの動きとして分かりやすい。

運ぶドリブル（コンドゥクシオン）
14ページ参照。

なくする個人戦術があります。この引きつける動きは「**ピン留め**」と呼ばれます。いったん相手の視界に入れた上で背後に入ることで、背後の気配は感じますが視界に入っていないため、相手は気になってピンで留められたように持ち場を離れられなくなります。

ライン間と中間ポジション

ポジショニングによって守備組織を撹乱することも攻撃での個人戦術になります。特にゾーンディフェンスに対しては、相手のマークをつかせないようなポジショニングが重要になってきます。相手の守備のプレッシングラインは、「フォワードのファーストライン」「中盤のセカンドライン」「ディフェンスの最終ライン」の3つのラインがあり、ライン間は2カ所存在します。ライン間にポジションを取ることを「**ライン間を取る**」、なおかつ相手から離れてフリーのポジションを取ることを「**中間ポジションを取る**」と呼びます。

【図2】ライン間と中間ポジション

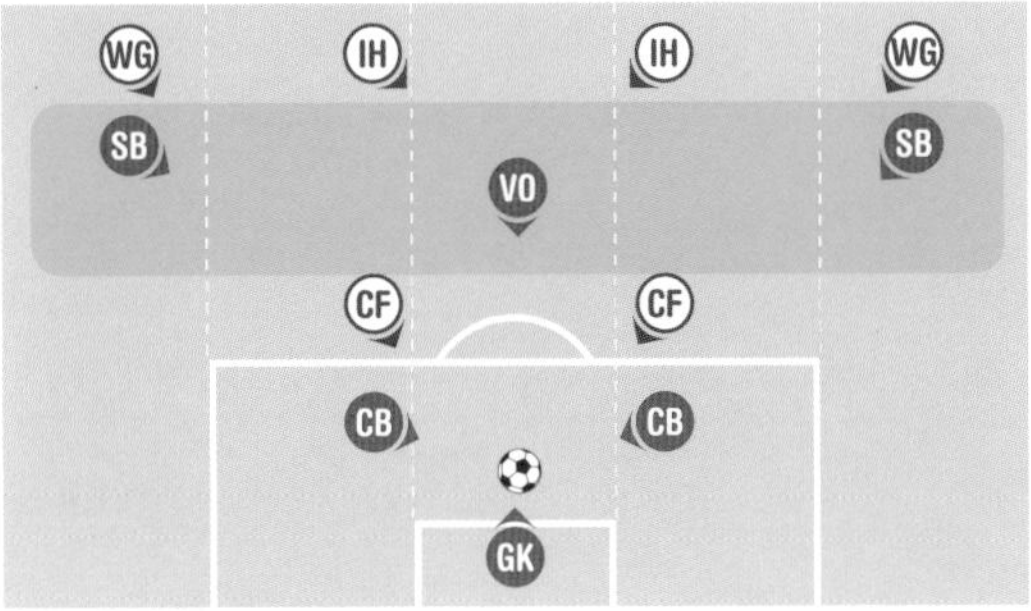

図の中で濃い色になっている部分、相手フォワードのファーストラインと中盤のセカンドラインの間がライン間だ。さらに味方のボランチが取っているポジションが中間ポジション。ライン間で、なおかつ複数の相手からフリーになっていることで複数の相手を引きつけ、守備組織を撹乱できる。

ゾーンディフェンス
84ページ参照。

3つのライン
20ページ参照。

保持型の前進のポイント

保持型の前進では、**ビルドアップから中盤で有利な状況でボールをもらう**ことが前提になります。パスを受けたところからフィニッシュに繋がるような前向きなプレーアクションを行います。それはパスでもドリブルでも構いません。

カウンター型の前進のポイント

中盤を省略する攻撃になるので、**ビルドアップと一体**となります。フィニッシュに繋がるパス、次に相手の裏へのパス、くさびのパスを出します。

別の考え方として、ボールロストを覚悟で意図的にアバウトなボールを前線に蹴り込み、セカンドボールを拾って前向きになる「**カウンタープレス（ゲーゲンプレス）**」という戦術もあります。

【図1】前進を行う位置

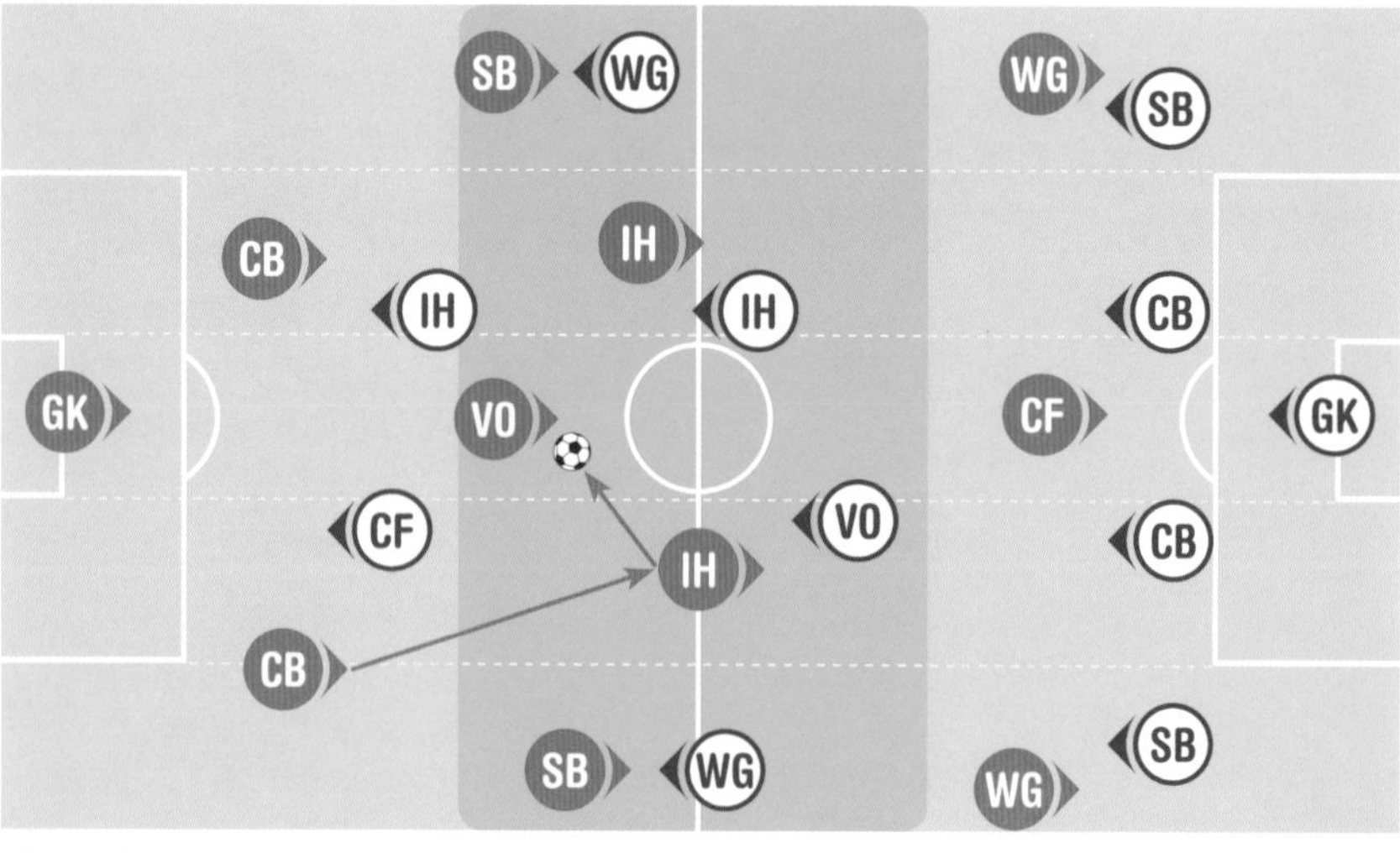

ゾーン2（ミドルサード）では、フィニッシュのフェーズである次のゾーン3（アタッキングサード）に入っていくための前進が必要となる。そのため、できる限り有利な状況、つまり相手ゴール方向を向いた状況でボールをもらうことが前提となる。

【図2】保持型の前進

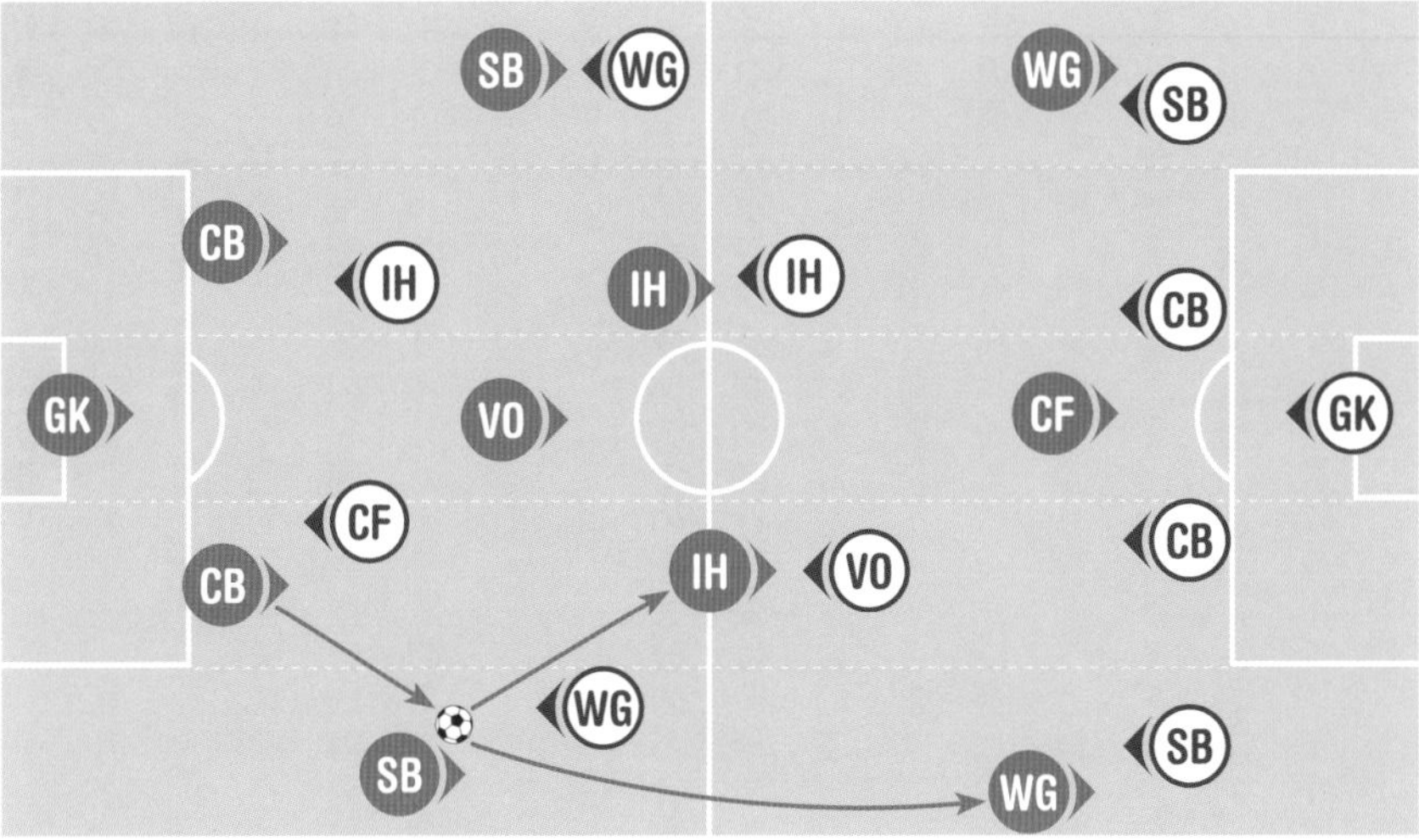

中央が固められてパスコースがない場合は、サイドから前進することが多くなる。サイドで前進する場合もインターセプトされたくはないので、サイドレーンとハーフスペースには1人ずつ配置しておく。中央で受ける場合は縦パスを前向き、ゴール方向を向いた状態で受けるようにする。

【図3】カウンタープレスを使った前進

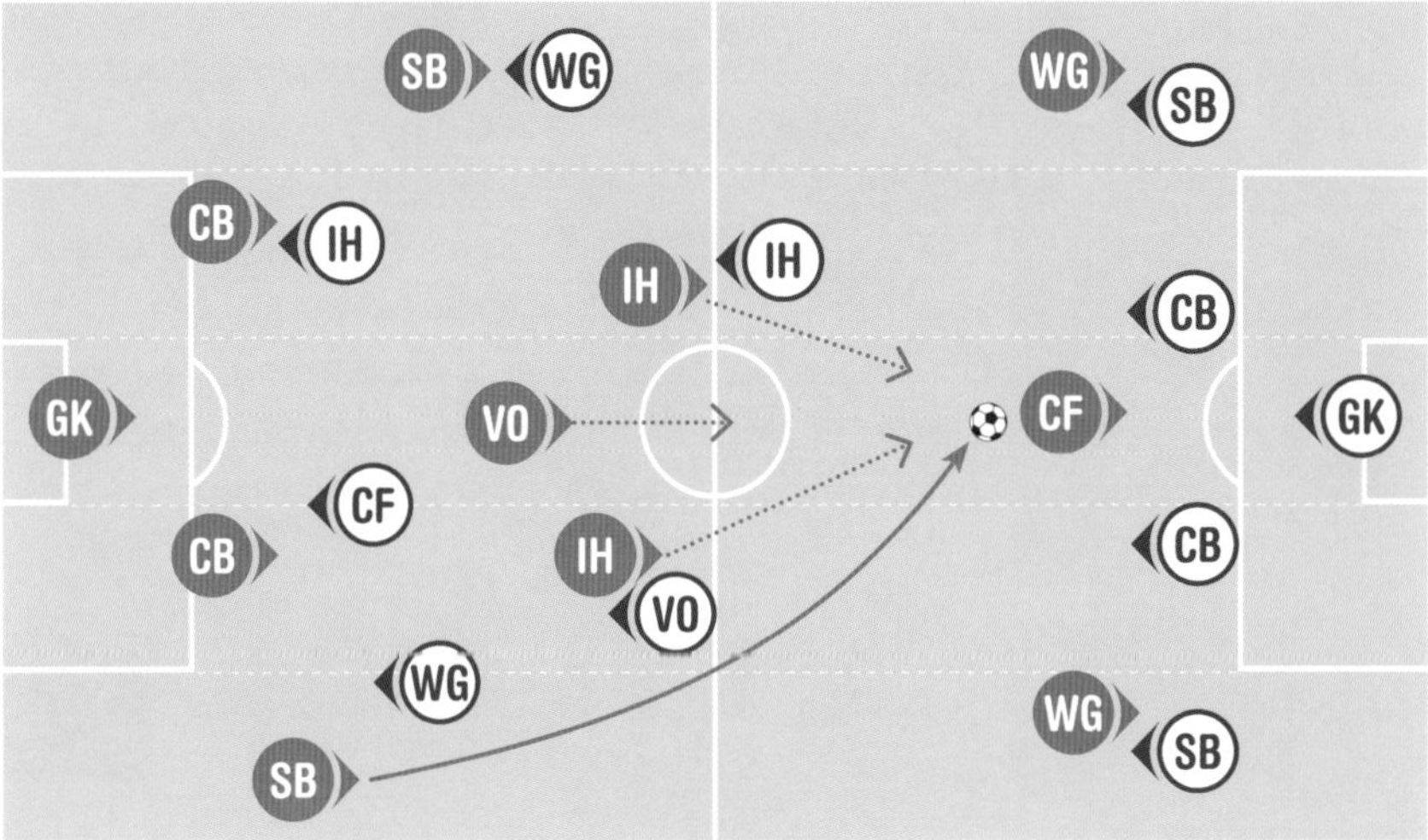

カウンタープレス（ゲーゲンプレス）はむやみに蹴り込むのではなく、カウンタープレスをどの状況で行うのかを、チームとしてプレーモデルを決めておく。そうすることで味方は連動しつつ、相手の攻守を分断してセカンドボールを取ることができる。

保持型の中央からの前進

中盤の選手がゾーン2において、**ビルドアップからのパスを前向きに受ける**ことがベストです。相手のフォワードの間にパスを通し、中央にいるボランチが受けながら反転して前を向ければいいのですが、相手も中央はしっかりと締めてきますので、そこを回避する形を考えなければなりません。

最も理想的なのは、センターバックからセンターフォワードに**グラウンダーのくさびのパスを通し、レイオフからボランチが前向きに受ける**形です。ただし、狭いエリアを通さなければならないので、タイミングとパスのスピードが重要になってきます。

その他、いったんサイドバックに回してサイドバック→ボランチ→センターフォワードと斜めのパスを繋ぐ形や、サイドに相手を引きつけて、開いたところでボランチにパスを入れて中央から前進する形、「可変システム① ボランチが最終ラインに下がる」で紹介した中盤にパスを届ける形もあります。

【図1】センターフォワードにくさびのパスを入れてレイオフ

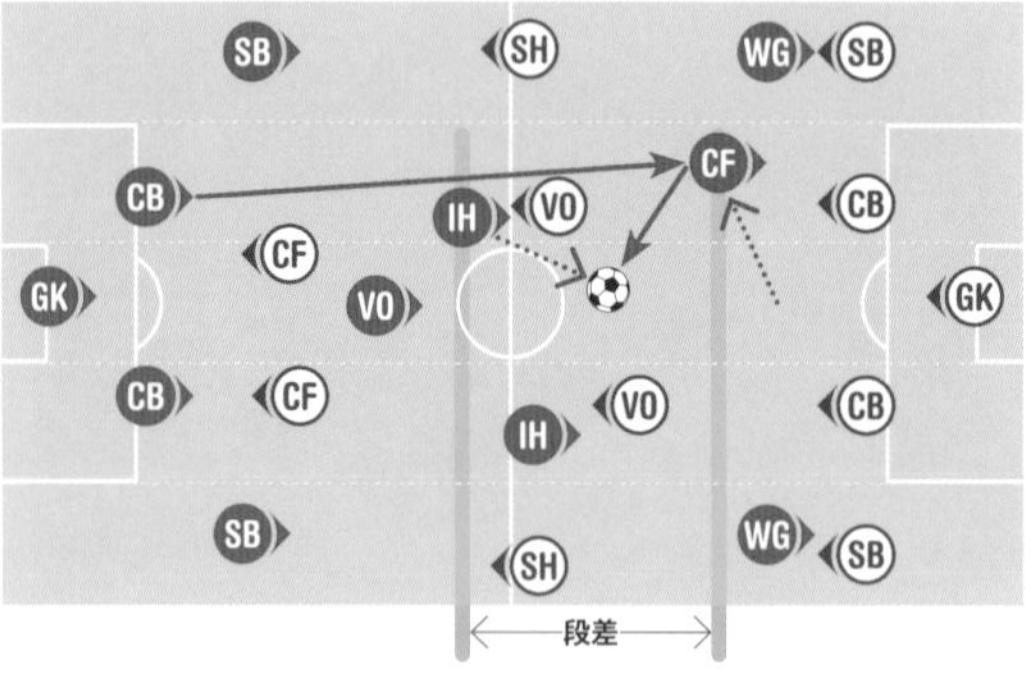

ビルドアップでセンターバックとサイドバックでパスを交換し、相手のセンターフォワードの位置を動かして、間が空いた時にセンターフォワードにくさびのパスを入れる。その瞬間、インサイドハーフが上がってレイオフで前向きにボールを受ける。センターフォワードと受け手の段差があると、前向きで受けやすい。

くさびのパス
ポストプレーをするフォワードに出す縦パス。

レイオフ
くさびのパスを受けた前線の選手が3人目の選手にパスを出すこと。

可変システム① ボランチが下がる
30ページ参照。

ファルソ・ヌエベ (Falso Nueve)
スペイン語で「偽9番」(センターフォワードが中盤まで降りてくる戦術)のこと。「ゼロトップ」とも言われる。動画の中ではファルソ・ヌエベという言葉で解説している箇所がある。

【図2】サイドから中央へ斜めのパスを2本繋げる

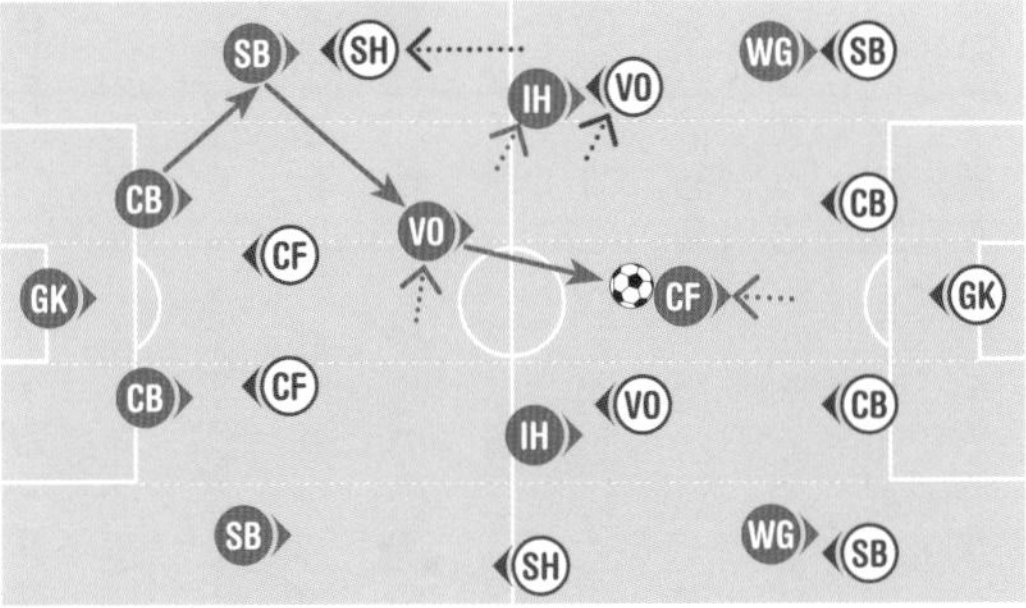

ビルドアップではいったんサイドに開き、サイドバックからボールを迎えにいったボランチへ斜めのパス。そこからさらにセンターフォワードに斜めのパスで中央から前進をする形。サイドを経由しながら中央で前進をする中ではオーソドックスな形だ。この場合も、できる限り前向きにボールを受けられるようにする。

【図3】サイドに相手を引きつけてから中央へのパス

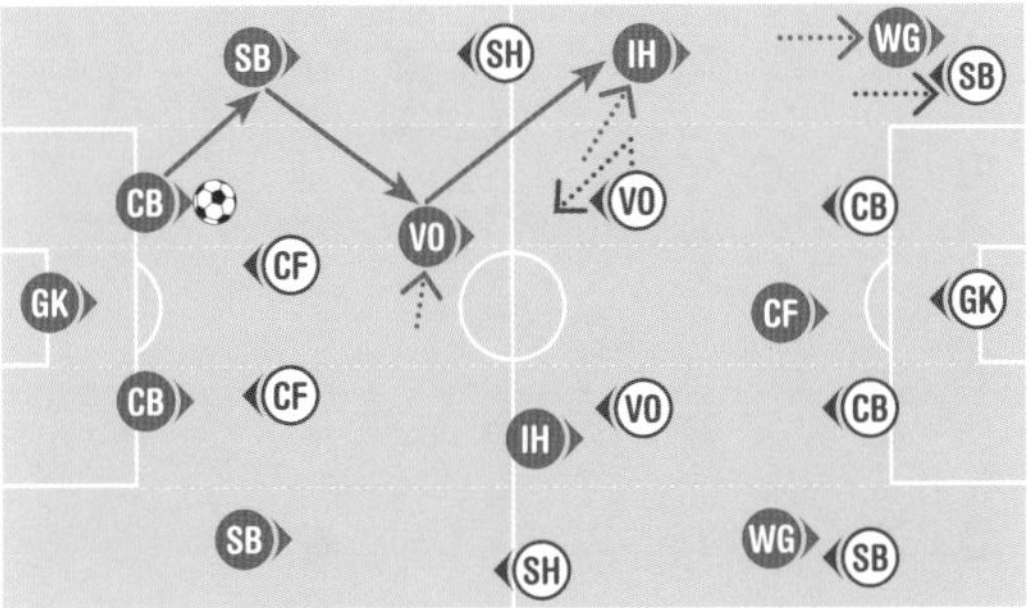

【図2】と同様に、いったんサイドに開き、インサイドハーフがサイドに流れて、ウイングが深い位置まで上がる。相手ボランチがインサイドハーフについていきかけながら中央のボランチへのマークにきた場合、サイドに流れたインサイドハーフにパスを通す。

【図4】ボランチが最終ラインに下がるビルドアップからの前進

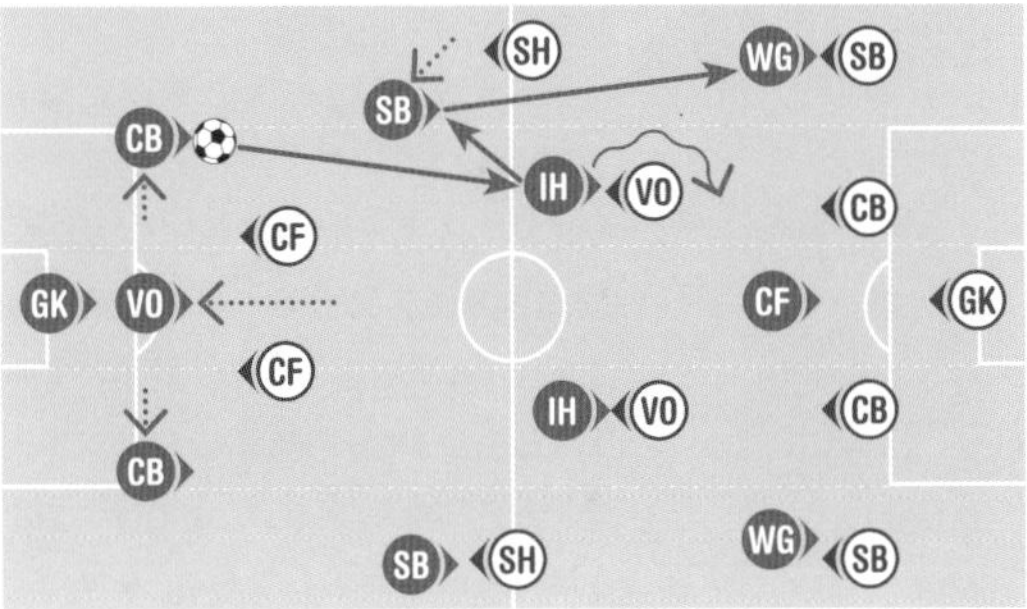

30ページで紹介した「可変システム① ボランチが最終ラインに下がる」からの前進。ボールを受けたインサイドハーフからサイドバックへのフリック、またはパスで前進をはかる。また、インサイドハーフの能力が高くボールを受けながら反転してかわせるならば、そのまま前進できる。

フリック
61ページ参照。

保持型のサイドからの前進

相手が4－4－2で組織的な守備をセットしていると、ゾーン2の中央を経由することは難しくなります。その場合は、**ビルドアップでサイドバックにボールを預け、サイドからの前進を狙います。**

サイドバックに対し、相手のサイドハーフが中央へのパスコースを消しにくるならば、ウイングへのパスを選択します。ただし、単純な動きでは相手に読まれてしまうことがあるので、味方のインサイドハーフがサイドに開いてサイドバックからの縦パスを受ける形があります。動きをつけることで、相手のマークを混乱させられます。

相手がゾーン2の中央で構えたままならば、サイドバックが運ぶドリブル（コンドゥクシオン）で持ち上がるのもサイドからの前進の形です。この場合でも相手のマークが遅れるならばそのままウイングへ縦パスを出し、マークについてくるならば中央でフリーになる味方のインサイドハーフにパスを出せます。

【図1】サイドバックからウイングへの縦パスによる前進

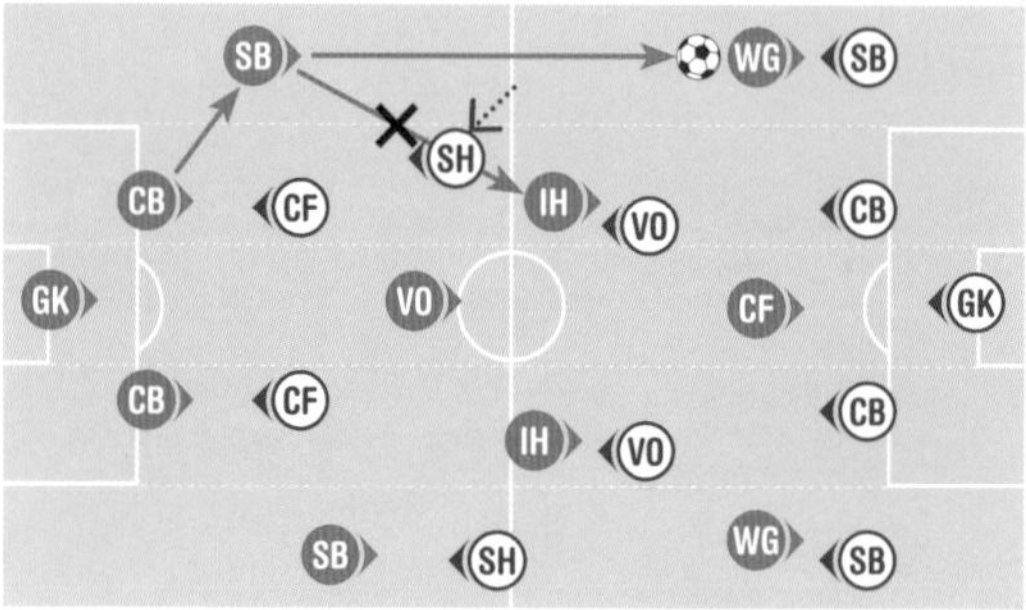

センターバック→サイドバックへのビルドアップから中央への前進が難しい場合、ウイングが上がってできたサイドのスペースを使ってウイングに縦パスを通す。サイドからの前進ではオーソドックスな形だが、読まれてしまうと相手のサイドバックにインターセプトされたり、前向きになれないように後ろにつかれたりしてしまう。

インターセプト
相手のパスを奪うこと。

運ぶドリブル（コンドゥクシオン）
14ページ参照。

【図2】インサイドハーフが動きをつけたサイドからの前進

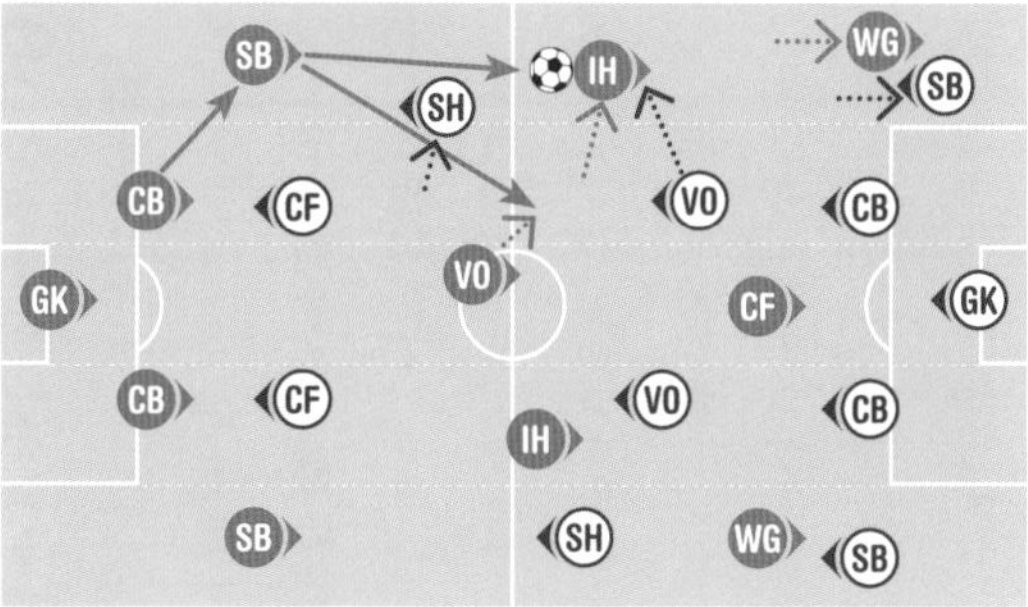

ウイングが相手のサイドバックを引き連れて上がり、できたサイドのスペースにインサイドハーフが入ってボールを受ける。相手のボランチがマークにつくのが遅れれば前向きにボールを持つことができ、マークにつかれた場合は味方のボランチが中央でフリーになるので、中央からの前進をすることができる。

【図3】サイドバックが持ち上がり、そこからのパス

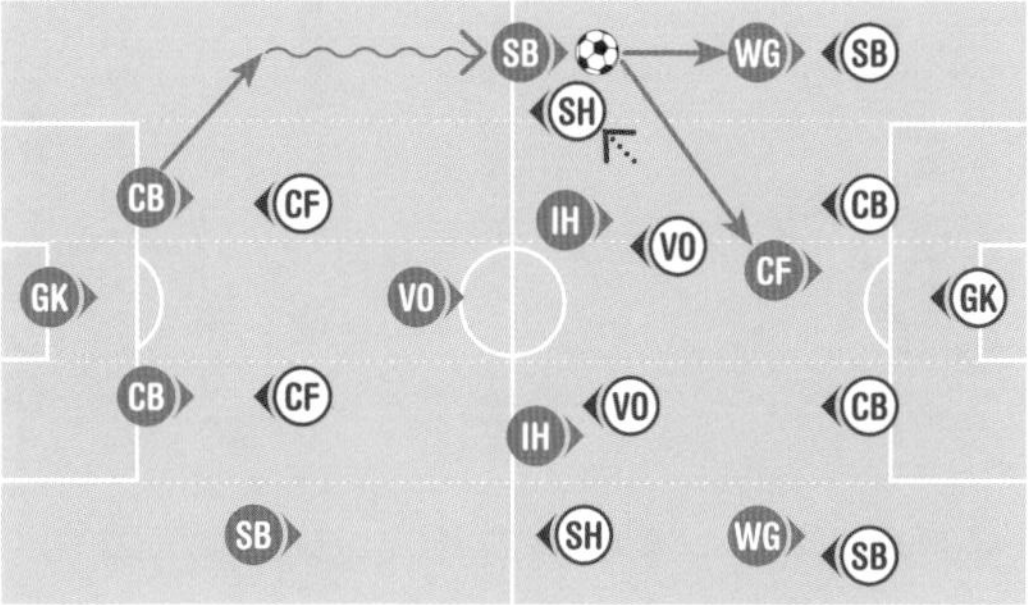

相手2トップの脇でボールを受けたサイドバックが、そのままサイドを運ぶドリブル(コンドゥクシオン)で持ち上がる前進の形。相手サイドハーフのマークが遅れるならば、中央のセンターフォワードへスルーパス、またはウイングに縦パスを入れることができる。

【図4】サイドバックが持ち上がり、3人目の動きを使う

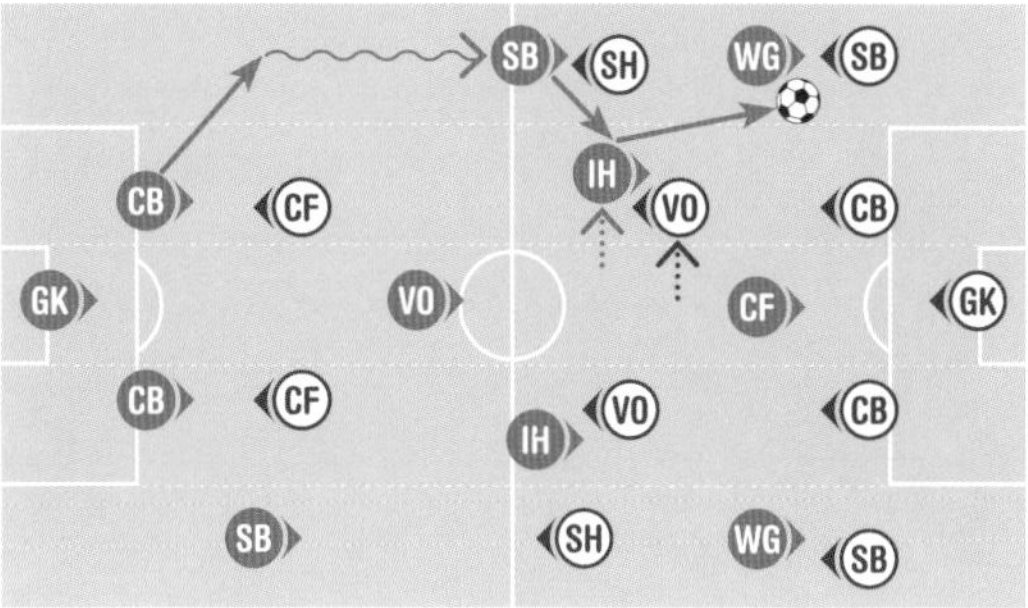

【図3】の形でサイドバックに相手サイドハーフがマークについた場合、ハーフスペースのインサイドハーフがフリーになるので、そこにパスを出す。インサイドハーフはウイングへのワンタッチパスを使ってサイドからの前進を狙う。このように3人目の動きを使うと、ダイナミックで効果的な前進となる。

ハーフスペース
4ページ参照。

ワンタッチパス
61ページ参照。

カウンター型のポストプレー（疑似カウンター）

相手がハイプレスのマンマークをしてくるならば、ビルドアップで相手を十分に引きつけ、**味方のフォワードに対する守備の枚数を減らして、疑似カウンターを狙います。**

味方のセンターフォワードが強い選手ならば収めてポストプレーができますし、収めるのが難しい状況ならば、ウイングにフリックで出し、一気にフィニッシュに持っていきます。

相手のボランチも距離のあるロングパスに対して戻るのが難しいので、味方の方が早く対応できれば4対4の数的同数を作ることができます。

【図1】ポストプレーから4対4の状況を作る

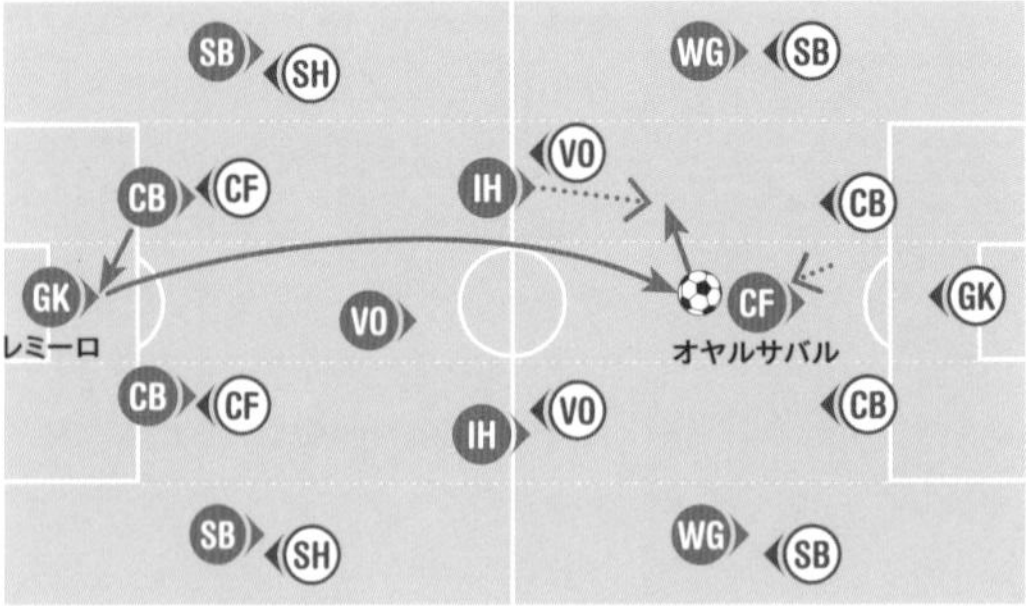

【図2】ロングボールをフリックでウイングに出す

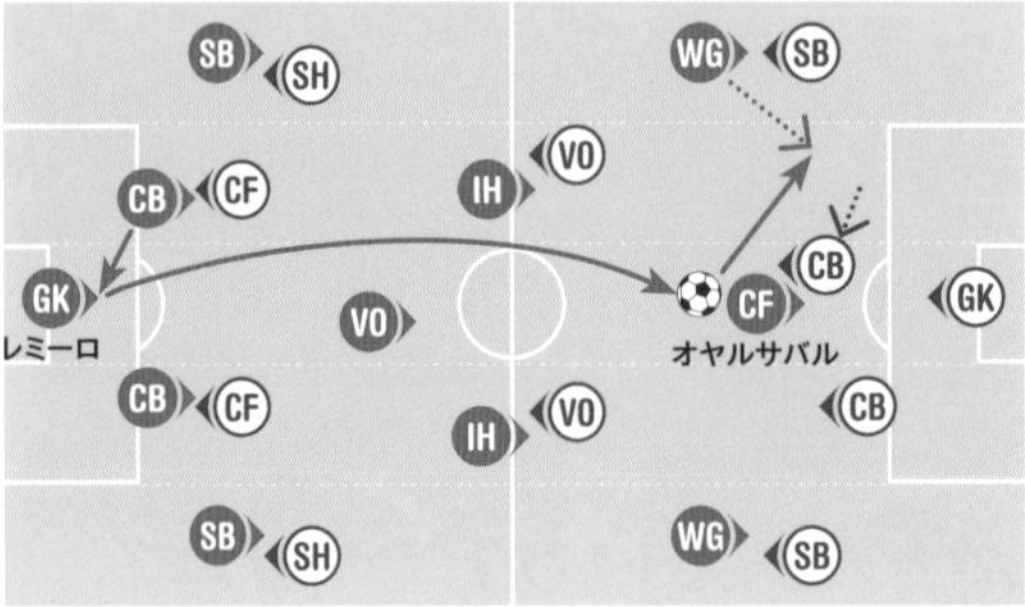

2023-2024シーズンのレアル・ソシエダ、特にUEFAチャンピオンズリーグにおいて多く見られる疑似カウンター。ゴールキーパーのレミーロからのロングパスをセンターフォワードのオヤルサバルは動きながら受けることで、ポストプレーで4対4の状況を作ったり【図1】、フリックでウイングに出したりできる【図2】。

ポストプレー
26ページ参照。

ハイプレス
82ページ参照。

マンマーク
85ページ参照。

フリック
61ページ参照。

アレックス・レミーロ
スペイン出身のゴールキーパー（1995年〜）。

ミケル・オヤルサバル
スペイン出身のフォワード（1997年〜）。

カウンター型で裏抜けを狙う

相手が**ハイプレス、ハイラインで守ってきた場合、狙うべきは相手の背後です。**例えばボランチが最終ラインに下りて数的優位を作り、センターバックが少し持ち出してから背後へのロングボールを入れます。

相手が**ハイプレスにこない場合は、逆サイドにロングボールを蹴ります。**同サイドへのロングボールは裏に通そうとすると引っかかりやすいためです。相手はボールサイドに寄せるので、逆サイドの裏は通しやすくなることと、ドリブルで前進のフェーズまで進出し、動きをつけてから対角の裏にロングボールを入れることがポイントです。

【図1】ハイプレスにこられた場合の裏へのロングボール

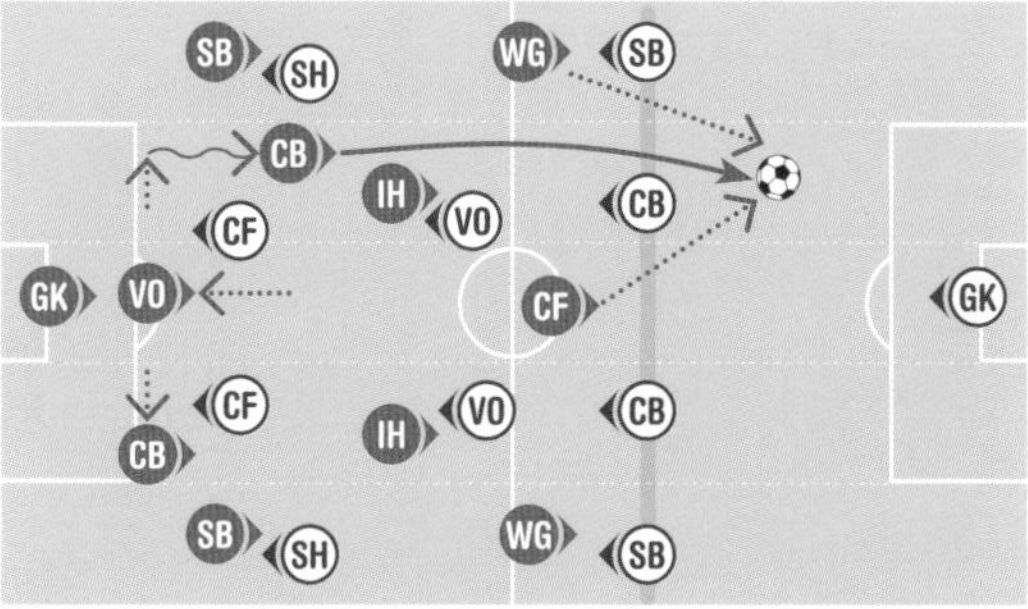

【図2】ハイプレスにこない場合の逆サイドへのロングボール

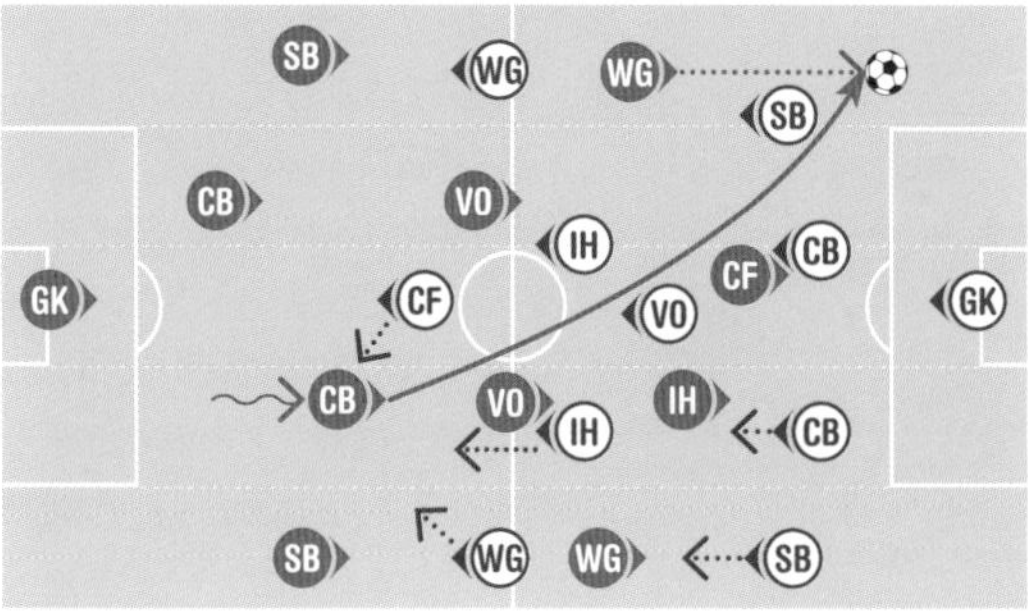

【図1】は30ページで紹介した「可変システム①　ボランチが下がる」からセンターバックがドリブルで持ち出してからのロングボール。【図2】は、相手がハイプレスにこないケース。センターバックがドリブルで持ち出して動きを読めなくさせた上で、逆サイドの裏、ゴールキーパーが出てこられない位置にロングボールを入れる。

裏抜け
56ページ参照。

ハイライン
19ページ参照。

可変システム①　ボランチが下がる
30ページ参照。

カウンタープレスからセカンドボールを回収

相手がハイプレスにきた場合、**意図的にボールを失う前提のロングボールを入れる「カウンタープレス（ゲーゲンプレス）」という戦術**があります。一見、疑似カウンターに似ていますが、ボールを奪われることを想定していない疑似カウンターに対して、カウンタープレスはあえて相手にボールを渡してハイプレスをかけ、高い位置で奪ってショートカウンターに移るという違いがあります。

セカンドボールを回収するためにボール位置を察知する認知能力と、回収位置まで走るスプリント能力が求められますので、実行できるチームは限られてきます。

【図1】相手を間延びさせてから前線にアバウトなボールを入れる

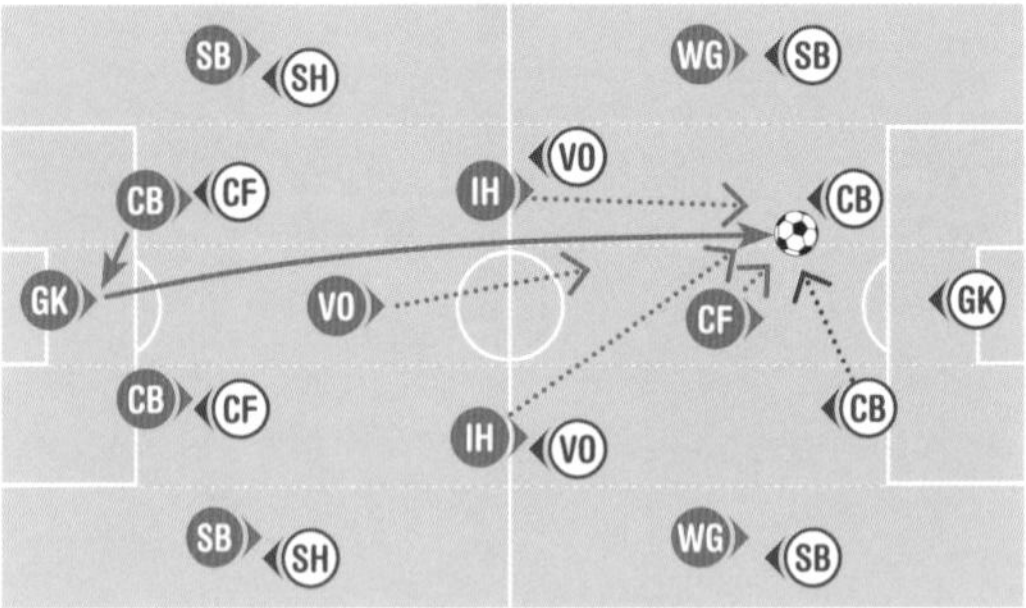

【図2】ハイプレスからセカンドボールを回収

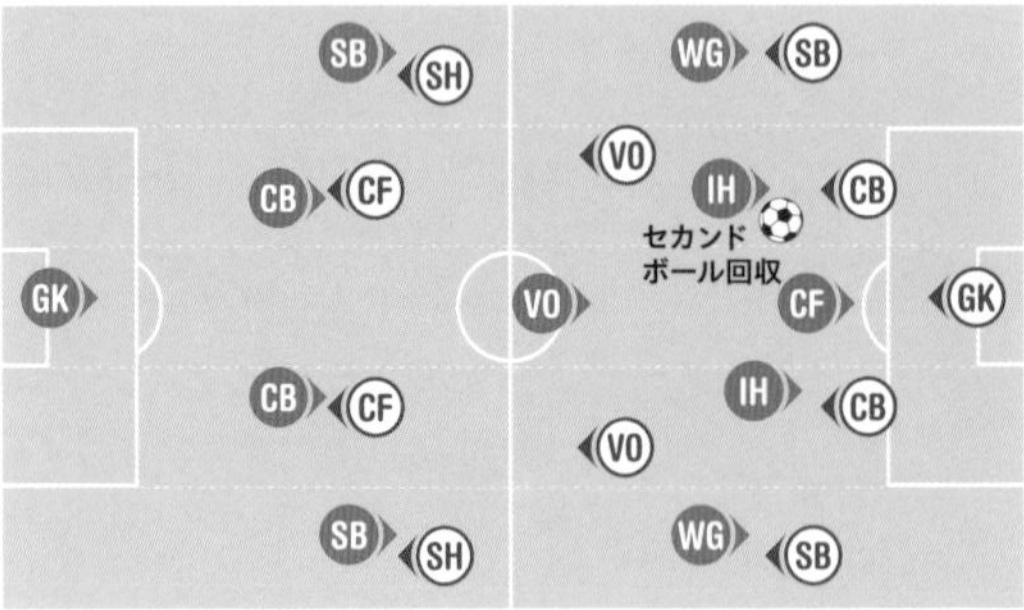

相手にボールを奪われネガトラの局面になることを前提に、ロングボールを入れる【図1】。セカンドボールが出る位置を判断し、ハイプレスをかけて回収することでポジトラの局面を作るという戦術【図2】。カウンタープレスはドイツ国内で確立された歴史があるため、ゲーゲンプレスというドイツ語で呼ばれることもある（80ページ参照）。

疑似カウンター
48ページ参照。

サイドチェンジ

攻撃時に左右どちらかのサイドに密集させておいて、**逆のサイドにパスを出すことをサイドチェンジ**と呼びます。相手をスライドさせて揺さぶる目的もあるのですが、何度も繰り返すと味方の体力も消耗してしまいます。それよりも重要なことは**一方のサイドに相手を集める**こと、戦術用語では「**オーバーロード**」と言いますが、そうすることによって**意図的に逆サイドにスペースを作る**ことができます。

ロングパスで一気にサイドチェンジできれば理想的ですが、周辺状況によって難しい場合は、ショートパスを繋いでサイドチェンジを行います。早いパス回しによって相手のスライドが追いつかなければ、サイドチェンジの途中で縦パスを入れることもできます。

いずれにせよ、どちらかのサイドが詰まったから仕方なくサイドチェンジするのではなく、準備したプレーモデルに従ったサイドチェンジを行うことで、効果的な前進になります。

【図1】左サイドに集めた上で右サイドへのサイドチェンジ

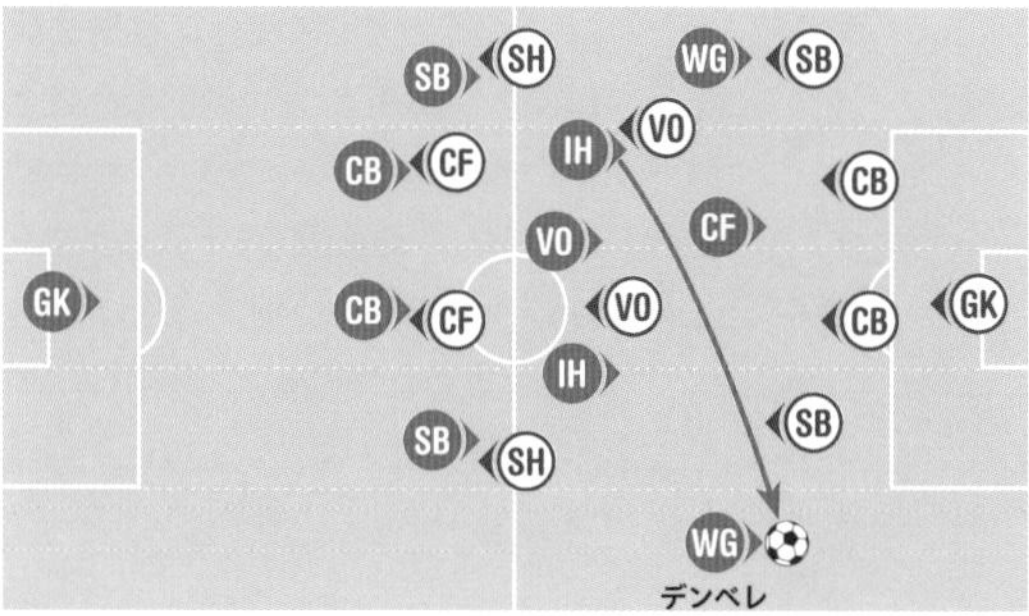

2022-2023シーズンのFCバルセロナでは圧倒的な個の力があるデンベレに、相手の人数が少ない状態でボールを渡すため、意図的に左サイドに相手を集めてサイドチェンジをしていた（アイソレーション）。なお、最近ではあえてサイドチェンジをせずに、オーバーロードをかいくぐる攻撃パターンも登場している。

オーバーロード
密集することで選手間の距離が縮まり、パス交換が容易になる。

ウスマン・デンベレ
フランス出身のフォワード（1997年～）。

アイソレーション
特定の味方選手を逆サイドなどに孤立させてスペースを作り、1対1で攻撃をさせる戦術。

幅と深さを取る動き

ウイングが開いてサイドで相手を引きつけると、中央を薄くすることができます。これを「**幅を取る**」と言います。ボールを持った時はもちろんですが、持っていない時も自分のポジショニングでうまく引きつけることが重要になります。

また、ディフェンスラインの背後にアクションを起こすことによって相手を縦方向に引きつけることができます。これを「**深さを取る**」と言います。

ボールを相手にさらす

そして、いかにボールをさらせるかが重要になります。もちろん、相手の届かないところにトラップしてコントロールすることも大事なのですが、さらすことによって相手が「取れる！」と思った瞬間に裏を取ることができます。**相手が飛び込みたくなるように誘う駆け引き**が、引きつける動きとしては最も重要になります。

【図1】幅を取る動き

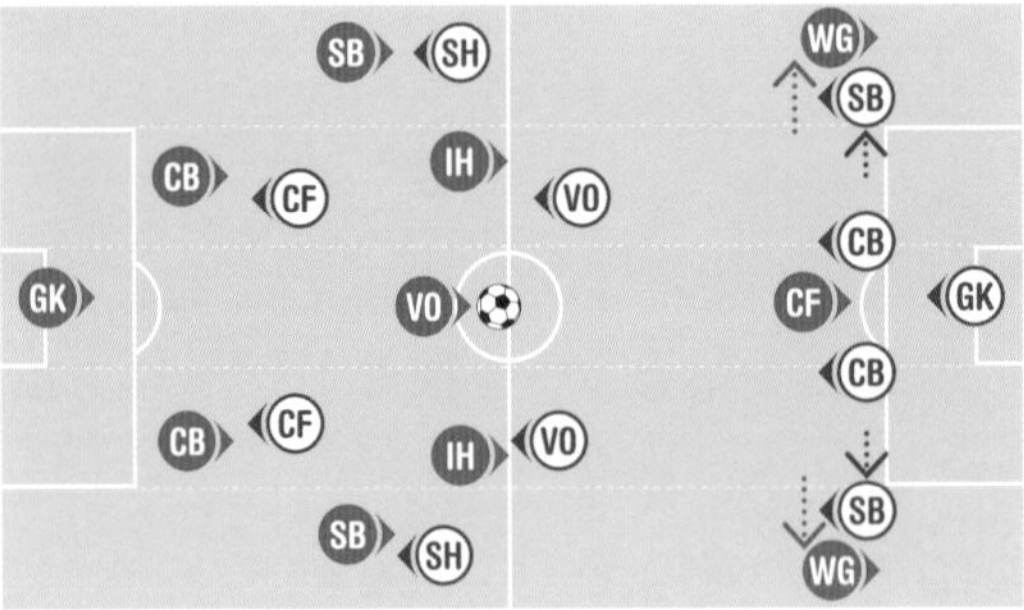

ウイングがサイドに張った状態で開き、マークを引きつけることができれば、相手のディフェンスラインは横に広がり、中央を薄くすることができる。これが幅を取る動き。逆サイドにボールがある時でも、ウイングは、サイドに張るようなポジションを取った方がよい。

トラップ
パスを受けた時、ボールを止めること。

前進でのマークを外す動き

中盤の選手であれば、**相手の選手の立ち位置に対して少し離れる動き**が求められます。あまり相手の目線を気にせず、1歩か2歩外すような動きです。特にビルドアップから前進のフェーズではそのような動きが必要です。

ミッドフィルダーの中でもワンボランチやアンカーならば、動きをつけるよりも体の向きや1歩2歩のポジション修正だけで外す必要があります。4-4-2のダブルボランチの1人でモビリティを求められる場合は、動きの中で外していきます。

ウイングはマークがついていることが多いので、いかにフリーでボールを受けられるか考えます。まずは相手の最終ラインの背後に抜ける動きである「**裏抜け**」を狙います。裏にボールが出てこなければ、いったん裏抜けをして相手を押し下げておいてから足元でもらい直す動きをします。これを「**チェックの動き**」と呼びます。

【図2】深さを取る動き(=裏抜けの動き)

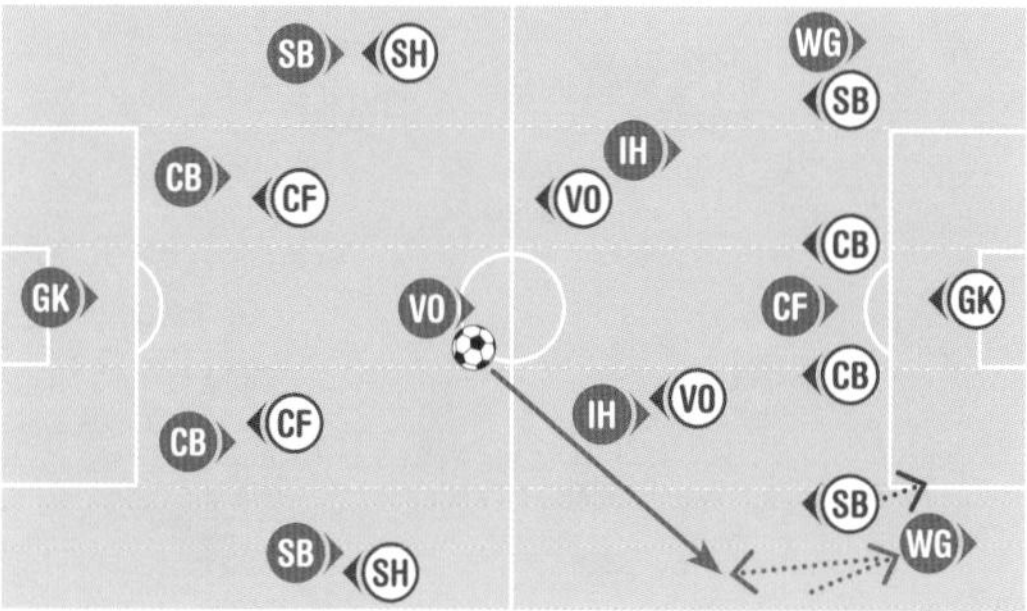

ウイングがマークされている場合、そのまま足元で受けようとすると、インターセプトでボールを失うリスクもある。そのため、できれば相手の最終ラインの背後に対して動きをつけ、裏抜けを狙う。裏にボールが出てこなければ、足元でもらい直すような動き(チェックの動き)が効果的。

ワンボランチ
ボランチが1人の状態。

ダブルボランチ
ボランチが2人の状態。

アンカー
4-3-3システムの時のワンボランチ。

フィニッシュ

01
Offense

フィニッシュのポイント

フィニッシュのパターンは**「崩し」**と呼ばれるショートパスを繋いでからのシュート、**クロス（センタリング）**に合わせるシュートに分けられます。

中央突破から崩す形は、裏抜けしたフォワードへのスルーパス、くさびのパスを足元で受けたフォワードのシュート、カットインからのスルーパス、縦パスからフリックを使ったワンツー、中央からのミドルシュート、の5種類になります。

サイド攻撃からフィニッシュにいたる形は、サイドを突破して深い位置からのクロス、侵入したニアゾーン（ポケット）からマイナスのクロス、サイドを抜ききる前のアーリークロス、サイドからカットインしてから入れるアーリークロス、の4種類になります。

【図1】フィニッシュを行う位置

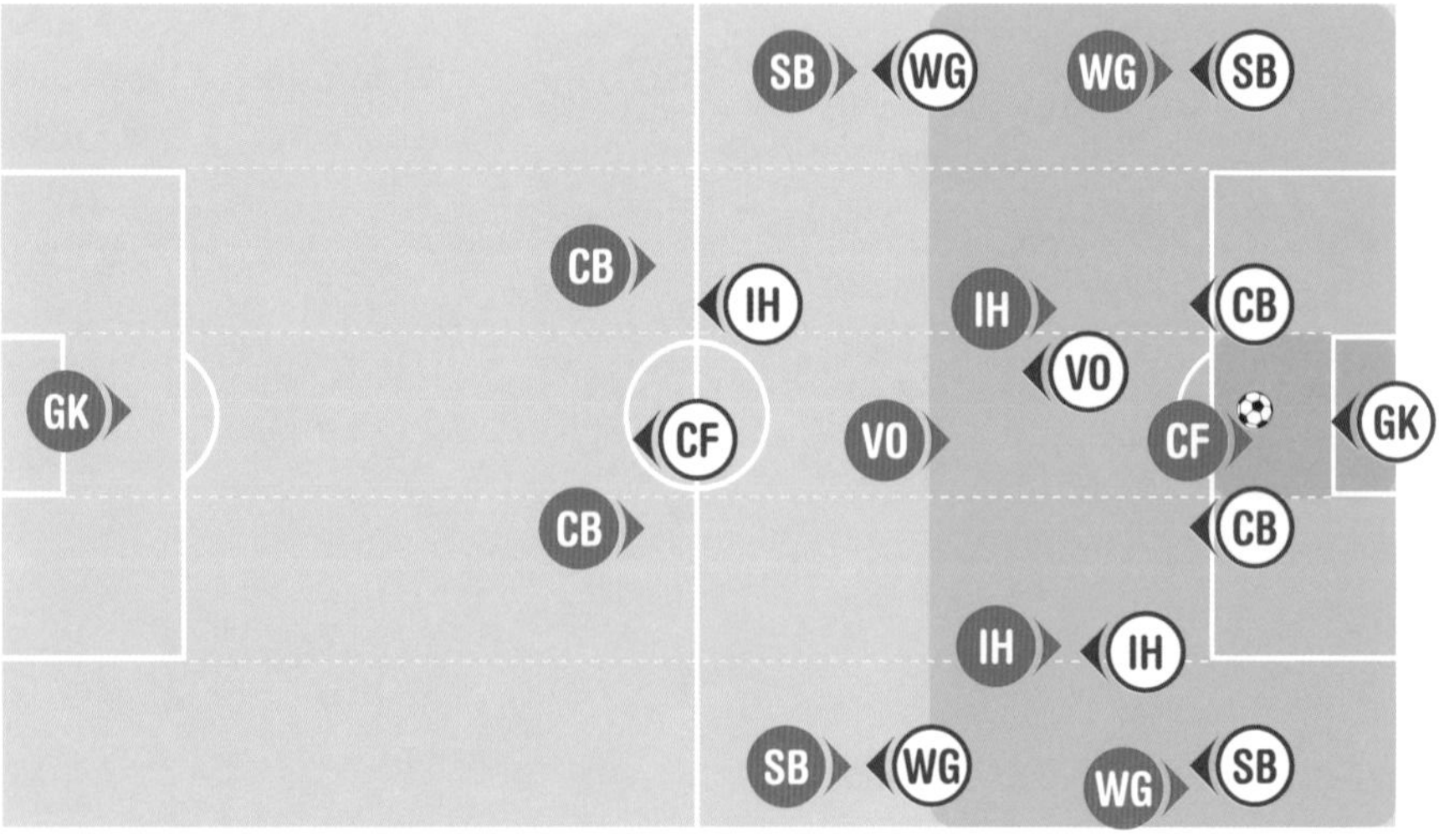

サッカーにおいてはゴールが中央にあるため、基本的にフィニッシュを行う位置は中央を基準にする。できればゴールエリアの幅（図の濃い色の部分）、それが難しければペナルティエリアの幅を中央と考えてフィニッシュを行いたい。

【図2】中央突破からの崩し

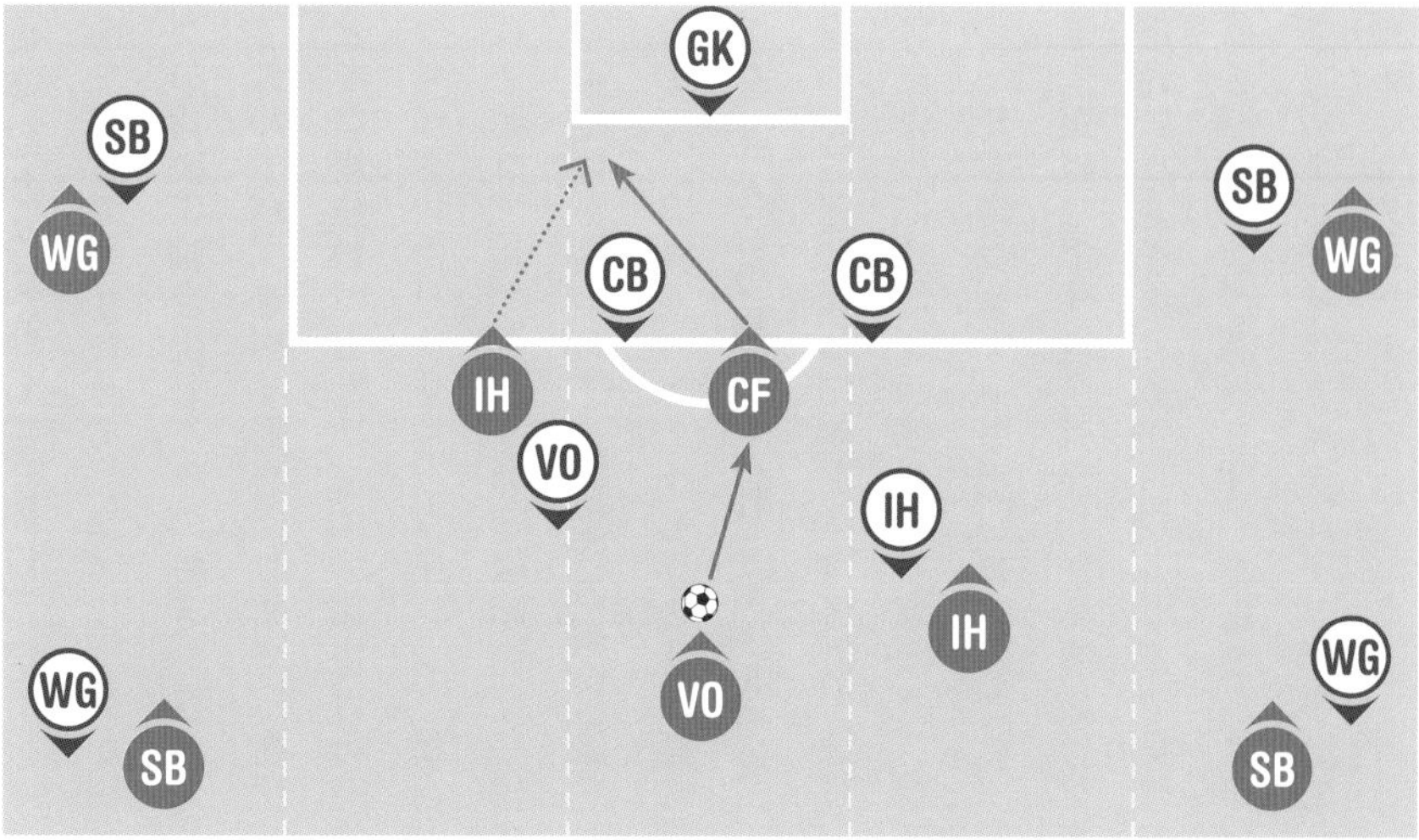

相手も中央に人を配置して守備を固めてくるため、中央突破からの崩しの難易度は高い。縦パスを用いたワンツーや3人目の動きを使うレイオフなど、連携で崩すことで中央突破からのシュートチャンスを見出すことができ、ゴールの確率が高まる。

【図3】サイドからのクロス

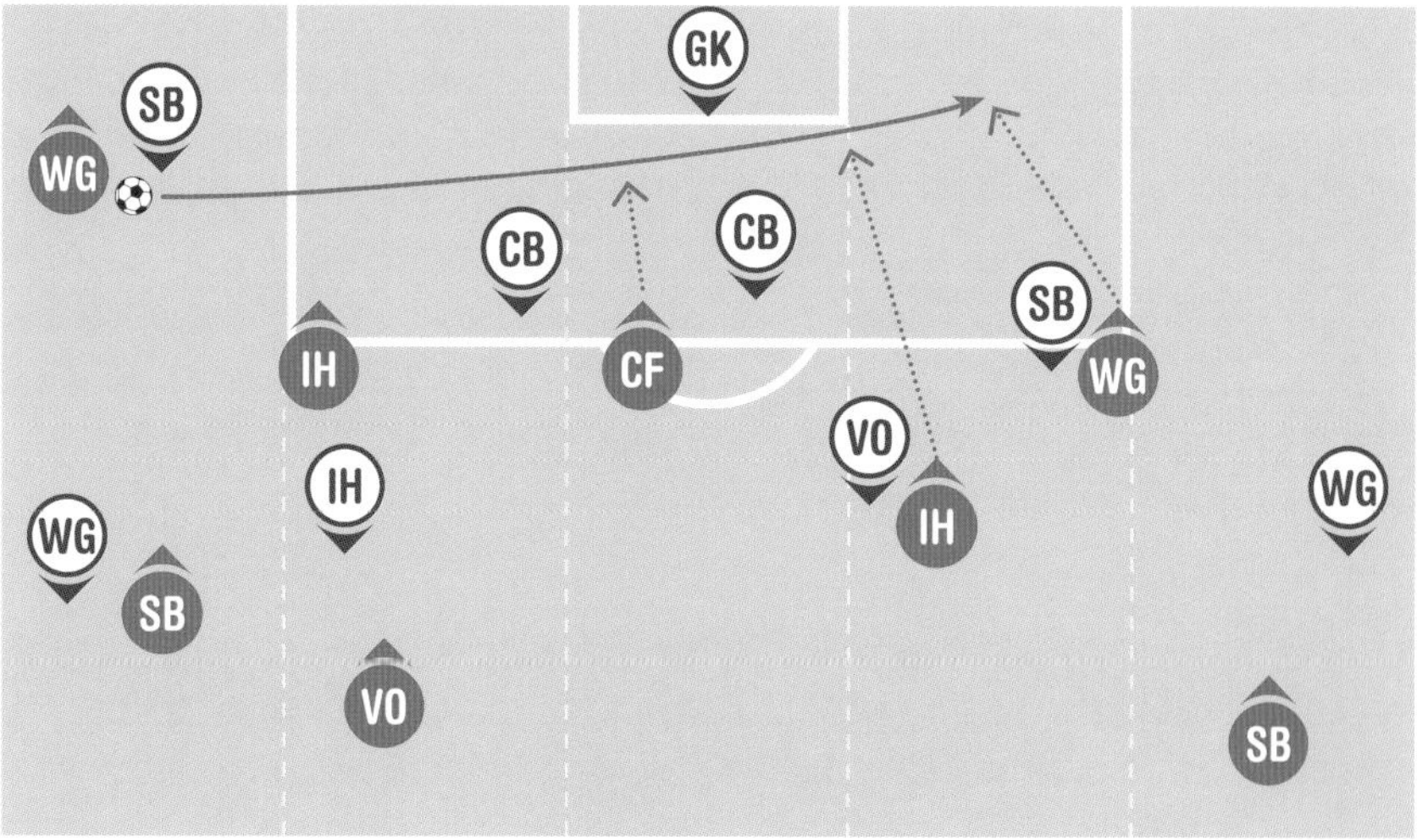

サイドからクロスを入れる場合は、相手守備者はサイドにあるボールを見ながら間接視野で自分のマーカーを捉えなければならない。そのため、マークにつく相手の視野から消えるポジションが重要となる。

中央突破からの崩し（裏抜け）

中央からの崩しとして、フォワードが相手の最終ラインの背後に動き出し、その動きのタイミングに合わせて**スルーパスを出す形**があります。背後への動きのことを「**裏抜け**」と言います。裏抜けの一瞬を逃すとオフサイドになりやすく、タイミングが合ったとしてもパスがゴールキーパーの守備範囲ならば捕られてしまう可能性が高いので、**難易度の高い攻撃**と言えます。

なので、スルーパスの出し手と受け手の関係性だけでなく、**3人目の動きを入れて相手を引きつけ**、スペースを作ることによって崩しやすくなります。また、裏抜けによってラインがずれたりギャップができたりしたら、ミドルシュートも狙います。

2人だけで崩す場合は最初から裏抜けせず、いったん足元にパスを入れてからワンツーで受ける時に裏抜けするパターンがあります。ただ、パスの出し手が前向きでボールを持ってペナルティエリアに入っていくことが大前提になります。

【図1】中央突破からの崩し（裏抜け）

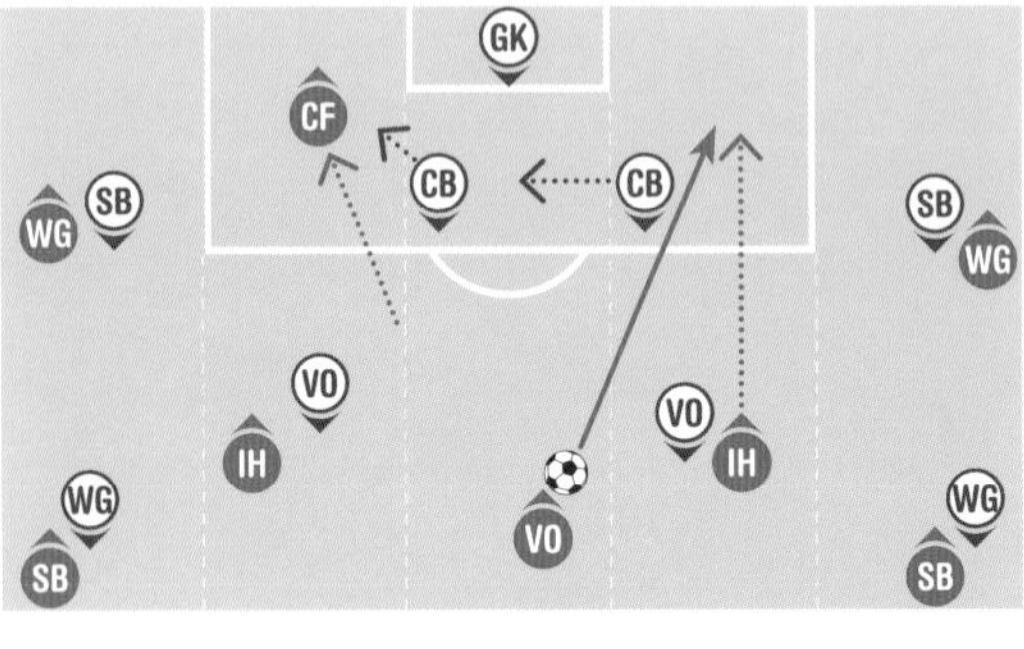

中央突破では、出し手（図ではボランチ）、受け手（図ではセンターフォワード）の2人の関係だけで崩すのは難しい。フォワードが裏抜けをして、相手ディフェンスラインにギャップを作るタイミングで、3人目の選手がスペースを突いていくような崩しが、よりゴールの可能性を高める。

スルーパス
60ページ参照。

オフサイド
パスの受け手が、パスが出る瞬間にゴールラインから2番目に近い相手選手よりも前に位置していてパスを受けると、オフサイドの反則となる。

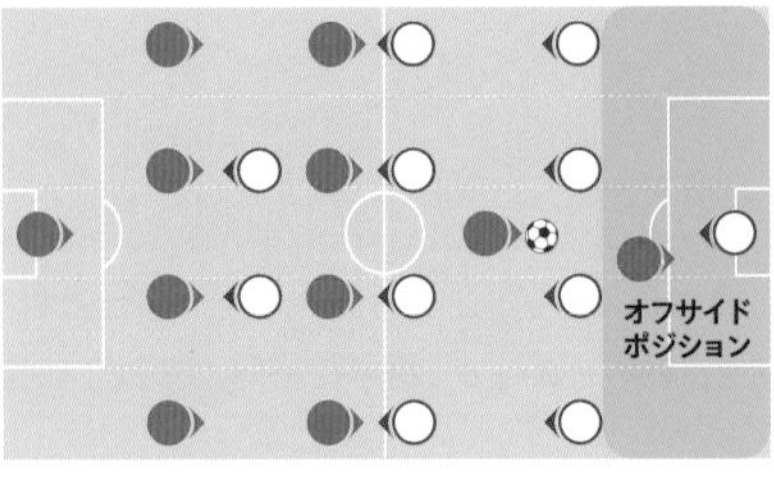

ミドルシュート
62ページ参照。

クロスを上げるためのサイドでの崩し

サイドレーンとハーフスペースに1人ずつポジションを取り、2人のパス交換で崩します。あまり人数を割けない位置ですが、サイドでも3人目の選手が入ると、トライアングルを作れるので崩しやすくなります。3人目の選手はトライアングルのポイントになる以外にも、中央突破と同様にディフェンスの最終ラインの背後に裏抜けできれば、ゴールライン近くの深い位置まで入り込むことができます。

サイドで崩せたら、**プレッシャーがかからない状態でクロスを上げられる**ので、中央の味方に合わせてシュートが決まる確率が高まります。

【図2】サイドレーンとハーフスペース

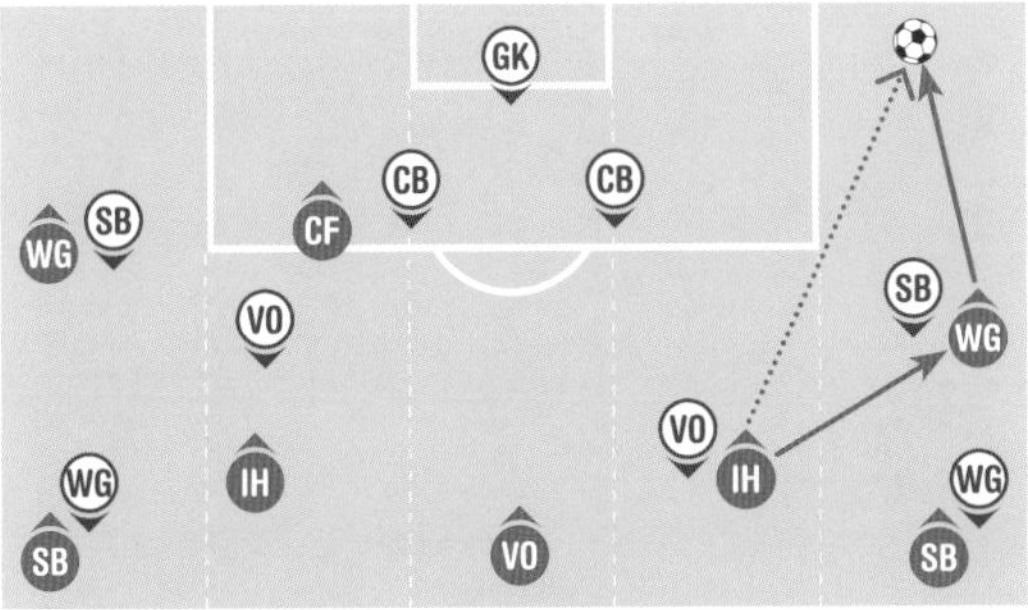

【図3】崩してゴールライン付近まで侵入

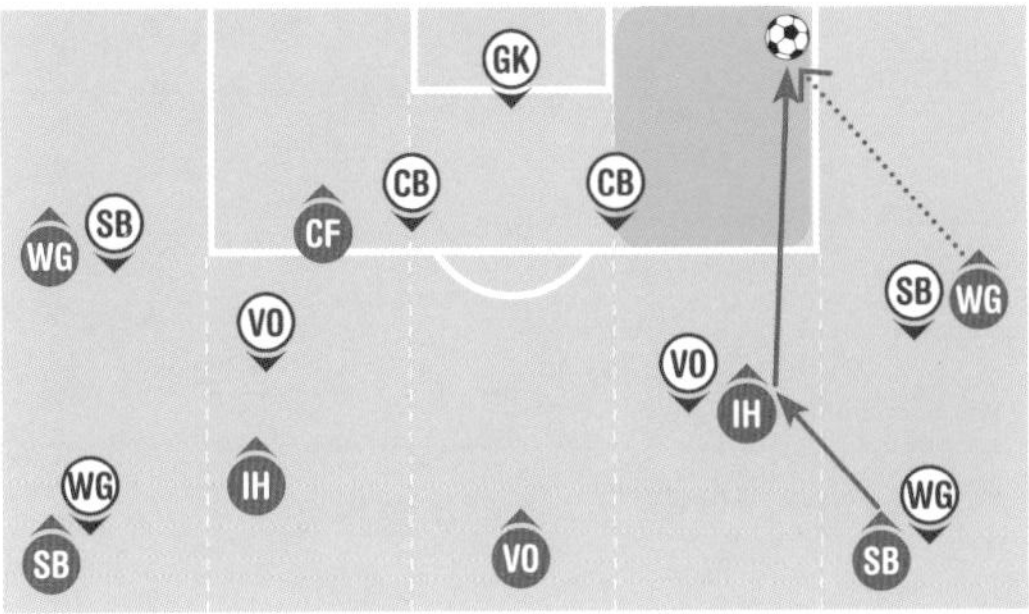

ゴールの可能性を高めるためにもアーリークロスではなく、深い位置までボールを運んだ上でクロスを上げたい。そのためにも、サイドで2人のパス交換、それが難しければ3人目の選手をトライアングルで使い、ニアゾーン(ポケット)からクロスを入れたい。

クロス(センタリング)
サイドから中央に入れるパス。

サイドレーン
4ページ参照。

ハーフスペース
4ページ参照。

トライアングル
15ページ参照。

サイドからのクロス

理想的にはサイドで崩した上でできるだけ深い位置、**ゴールライン付近までボールを運んでからクロスを上げます。**相手守備者はボールと自分がマークする選手を同一視野に置きにくくなるので、フォワードはフリーでシュートを打ちやすくなります。そして相手は必ず、ボールと同じ位置まで自分のポジションを下げるので、ゴールが決まる可能性は上がります。

サイドを崩せなかった場合、相手を抜ききらずにゴールキーパーとセンターバックの間の**ライン間にクロスを上げ、ワンタッチゴールを狙います。**それもできなかった場合、最終ラインよりも手前でボールを隠しながら後ろ向きで持ち、カットインしてからクロスを上げます。このように**最終ラインよりも手前で上げるクロスをアーリークロス**と呼びます。

クロスに合わせるフォワードは、ディフェンスの視野から消える位置を取ること、中間ポジションに入ることが重要になります。

【図1】右サイドから左足で上げるアーリークロス

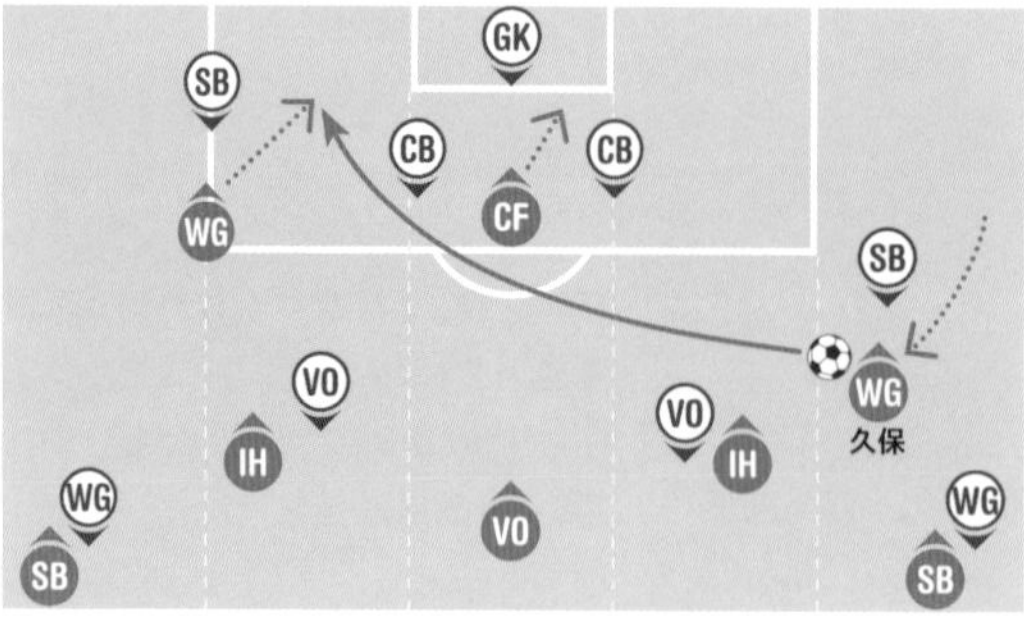

2023-2024シーズンのレアル・ソシエダで久保建英が得意とするパターン。アーリークロスは守備者が前向きに構えて、視界の中に入れているので弾かれやすいが、久保は右サイドからカットインし、左足のインスイングでアーリークロスを上げて、大外(ファー)の選手に合わせることで数々のゴールを演出している。

カットイン
サイドから中央に向けてドリブルすること。

アーリークロス
最終ラインよりも手前で入れるクロスは、早いタイミングで入れるため「アーリー」クロスと呼ばれる。

中間ポジション
41ページ参照。

久保建英
神奈川県出身のミッドフィルダー(2001年〜)。

ファー
サイド攻撃の時、ボールから遠いサイドのこと。

ニアゾーン（ポケット）への侵入

本書では、相手ペナルティエリアの中でもゴール両脇のエリアを、**ニアゾーン（ポケット）**と呼びます。

ここから直接シュートを打つというよりも、ニアゾーン（ポケット）にボールを運ぶことによって**相手の最終ラインをゴールキーパーと同列の位置まで押し下げ**、ペナルティマークあたりのゴール前にスペースを作ることができます。そのスペースにめがけてニアゾーン（ポケット）からマイナスのクロスを上げることで、**最もゴールが決まる確率が高くなります。**

最終ラインを押し下げた瞬間は、相手のセカンドラインの選手もペナルティマークのあたりまでカバーリングに戻るのも距離的に難しくなるので、フリーの状態でシュートを打てる機会が作れるということになります。チーム戦術として、ニアゾーン（ポケット）に侵入してからクロスを上げることは、最も望ましい形と言えるでしょう。

【図2】ニアゾーン（ポケット）に侵入してからのクロス

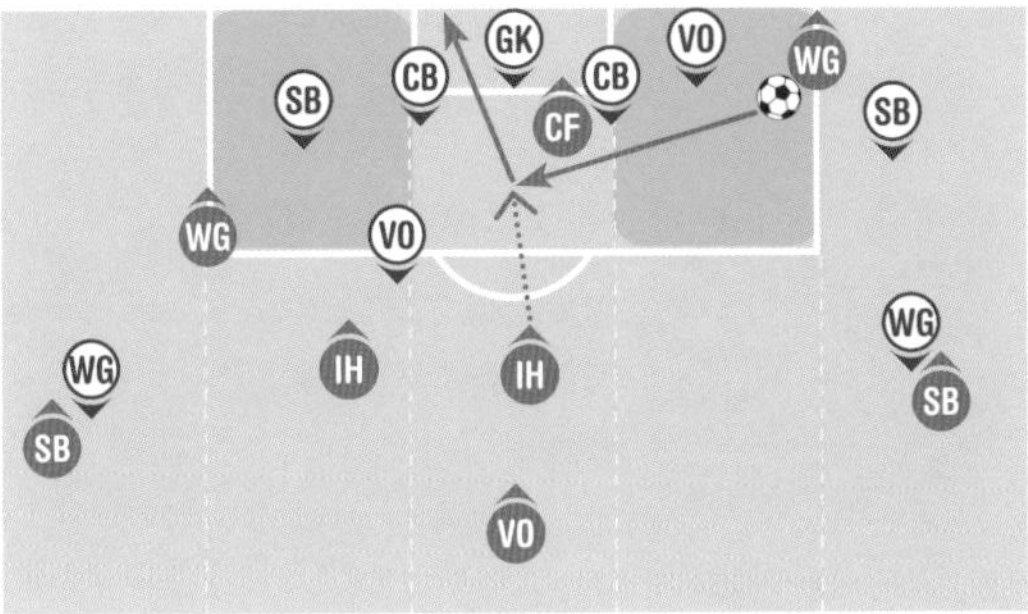

ニアゾーン（ポケット）までボールを運ぶことで、相手最終ラインがゴールキーパーとほぼ同列の位置まで下がる。それによって、ペナルティマーク周辺、ゴール前にスペースができることが多くなる。この状況が最もゴールが決まる確率が高い。

ハーフスペース
4ページ参照

サイドレーン
4ページ参照

セカンドライン
19ページ参照。

ペナルティマーク
PK（ペナルティキック）でボールを置く位置。ゴールライン中央から12ヤード（約10.97m）離れた位置。

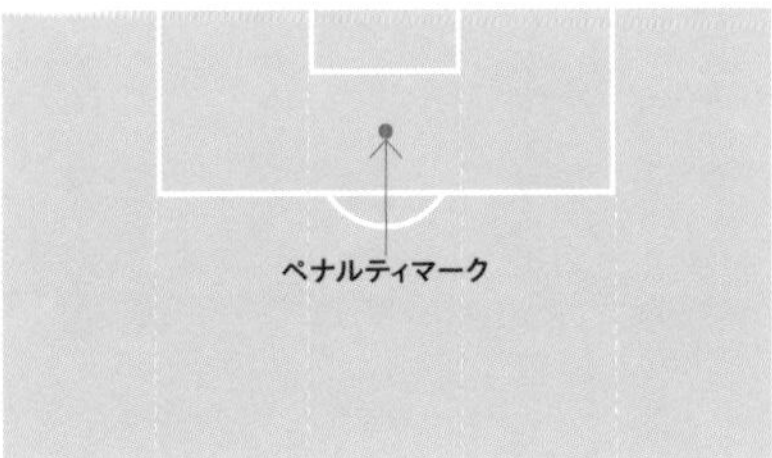

スルーパス

フィニッシュにおけるスルーパスとは、**スペースに出したシュートに繋がるパス**になります。最終ライン背後のスペースに出すことでゴールの確率は高まりますが、手前であっても**スペースに出したパス**であればスルーパスと言えます。シュートを打つ選手の主導でスルーパスを引き出すようにします。

くさびのパス

くさびのパスとは、**ポストプレー**で相手ディフェンダーを背負った前線の選手に出すパスのことです。**背後のスペースを使えない場合に有効**なグループ戦術です。くさびのパスを受けた選手は、ファールにならないように気をつけながら相手をしっかり制して、ボールを取られないようにします。くさびのパスを受けた後、反転してからのシュート、またはレイオフから3人目の選手によるシュートなど、次にシュートに繋がるパスになります。

【図1】くさびのパス

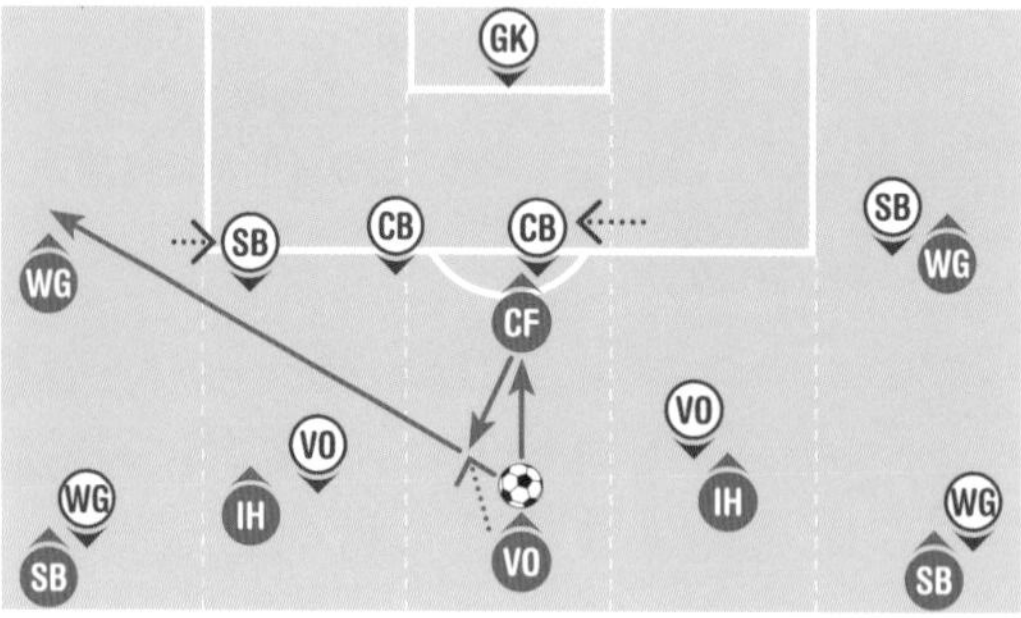

相手ディフェンスを背負ったフォワードにパスを出し、そこでポストプレーをする。そのパスがくさびのパスとなる。くさびのパスによって、相手ディフェンスは中央を締めるため、サイドにスペースが生まれる。

アシスト
ゴールに繋がるプレーに対して出したパス。

ポストプレー
26ページ参照。

ファール
相手を制する時、相手を押すとプッシング、相手をつかむとホールディングの反則を取られる。

レイオフ
44ページ参照。

ワンツーパス

ワンツーパスとは、ボールを持っていた選手がパスを出しつつ前に走り、パスを受けた選手は**出した選手に返す**グループ戦術です。

フリック

フリックとは、**味方からのパスをダイレクトで**足のアウトサイドまたはヘディングなどでこするように**ボールの軌道を変えるパス**です。ワンツーパスは２人で行いますが、フリックは横方向やゴール方向にボールが流れるので３人で関係を作ることで成功しやすくなります。

【図2】ワンツーパス

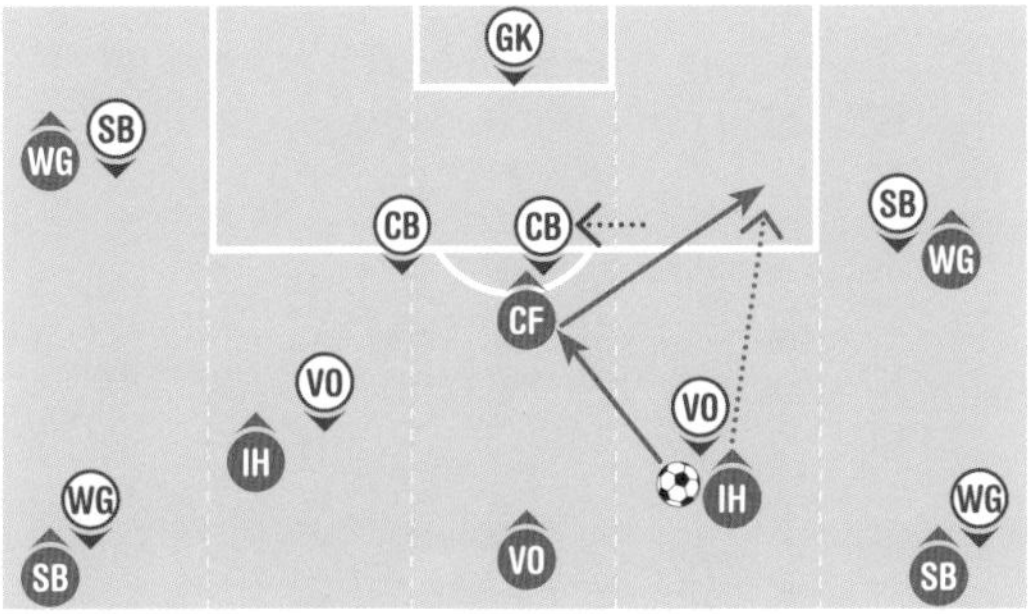

【図3】フリック

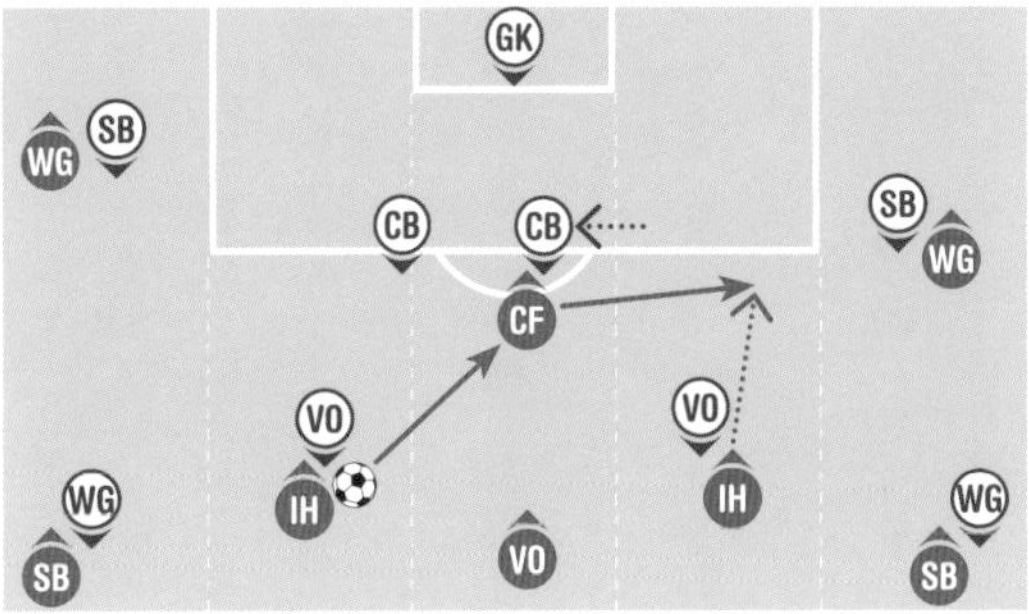

ワンツーパスは2人で行うグループ戦術。【図2】ではインサイドハーフがセンターフォワードに出したパスを、再びインサイドハーフが受ける形になっている。【図3】のフリックは、3人目の選手が絡むグループ戦術になる。どちらも相手の守備を崩すために効果的だ。

ダイレクト（ワンタッチ）
トラップして止めずにパスを出すこと。ワンツーパスで使われることが多い。

フォワードの動き

マークを外すにはディフェンダーの目線やボールに対する体の向きを見て、相手の視界から外れる動きが求められます。また、対峙するマーカーの逆を取る動きをします。例えばクロスやパスに対してニアに出るふりをして最終的にはファーで受ける。1つの動きだけではなく、2つの動きを連続性を持って出していきます。

そして、クロスに対してニアで潰れ役になることが、個人戦術としては**相手を引きつける動き**になります。センターバックが引きつけられれば、ファーが空いてフリーマンを作ることができます。また、中央からサイドに流れることによって、マークしているセンターバックを引き出すという効果もあります。

突破のドリブル（レガーテ）を成功させるには、前向きでボールを受け、相手に向かってドリブルを仕掛けます。相手に向かうことによって相手の重心は下げられてしまうので、相手はずるずると後退しながら対応せざるを得なくなります。

ミドルシュート

ミドルシュートとは、**相手の最終ラインの手前から打つシュート**のことです。ミドルシュートを打つ姿勢を見せると、相手はシュートブロックするために前に出て背後が空いていきます。打つ時は、ゴールキーパーに正対しないように、お臍《へそ》を見せないような半身の姿勢になって、ゴールキーパーからボールの出どころを分からなくします。

クロス
57ページ参照。

ニア
サイド攻撃の時、ボールから近いサイドのこと。

ファー
サイド攻撃の時、ボールから遠いサイドのこと。

フリーマン
23ページ参照。

レガーテ
14ページ参照。

裏抜け
56ページ参照。

シュートブロック
120ページ参照。

スペインメディアで戦術的質問はNG?!

スペインではメディア向けの取材会見で戦術的な質問が出ることは、ほとんどありません。スペインでは育成年代から当たり前にサッカー戦術に接して感覚的に身についているので、わざわざ言語化する必要がないとも言えます。「会見で天気の話をわざわざ聞くなよ!」という感覚なのかもしれません。

かつてエル・クラシコの中継で、私が現地に派遣された時の話です。当時、レアル・マドリーの監督はジダンでした。彼に「(対戦相手の) FC バルセロナの中盤が菱形のシステムで臨むから、戦術的に言うと明日のポイントはサイドの攻防になりそうですか?」という質問をしたところ、「この人、何を聞いているの?」という感じで笑われてしまいました……。

メッシやイニエスタにインタビューした時も、サッカー戦術的に面白い話はひとつも出てきませんでした。一方、日本のトップ選手だった中村俊輔や中村憲剛は、とても面白くサッカー戦術を語れますよね。日本で育成年代を過ごした彼らは子供の頃に戦術的指導を受けず、自分でとことん考えて自分の言葉でサッカー戦術を言語化したため、語ることができるのです。

スペインのトップ選手の脳波を調べる実験がありましたが、プレーの時は考えることをしていませんでした。感覚的に体が動く、そのくらい戦術が体に染み込んでいるという証拠でしょう。

セットプレーの攻撃

01
Offense

セットプレーの攻撃のポイント

サッカーは流れの中で行うスポーツですが、唯一**止まった状態から始められるのがセットプレー**です。プレースキッカーのキックの質による部分が大きくなりますが、用意した型を使えるので、**練習したことをそのまま試合に活かすことができます**。流れの中で得点を挙げることは難しいので、ラ・リーガのトップチームでも試合前日は時間をかけてセットプレーの練習を行っています。

フィニッシュに関わるセットプレーとしては、コーナーキック、スローイン、相手のファールによる直接フリーキックの3つになりますが、ゴールキックやキックオフもセットプレーのひとつです。これらについても何となく始めるのではなく、**プレーモデルを作っておくことはとても重要**なことです。

サッカーにおいて指導者がやるべきことは、試合中に適切なプレーをさせることですが、試合のシチュエーションを用意しようと思っても、流れの中のプレーは予測することはできません。その点、セットプレーは確実に発生しますので、練習に時間を割いて徹底的にデザインすることが望ましいでしょう。これはトップチームに限らず、育成年代のチームにおいても同様です。

(プレース)キッカー
セットプレーでボールを蹴る選手。

ラ・リーガ
スペインのプロサッカーリーグ。

直接フリーキック
相手のファールによって得られ、蹴ったボールがゴールに入ると得点になる。オフサイドなど、一部のファールに関しては間接フリーキックとなる。

【図1】コーナーキック

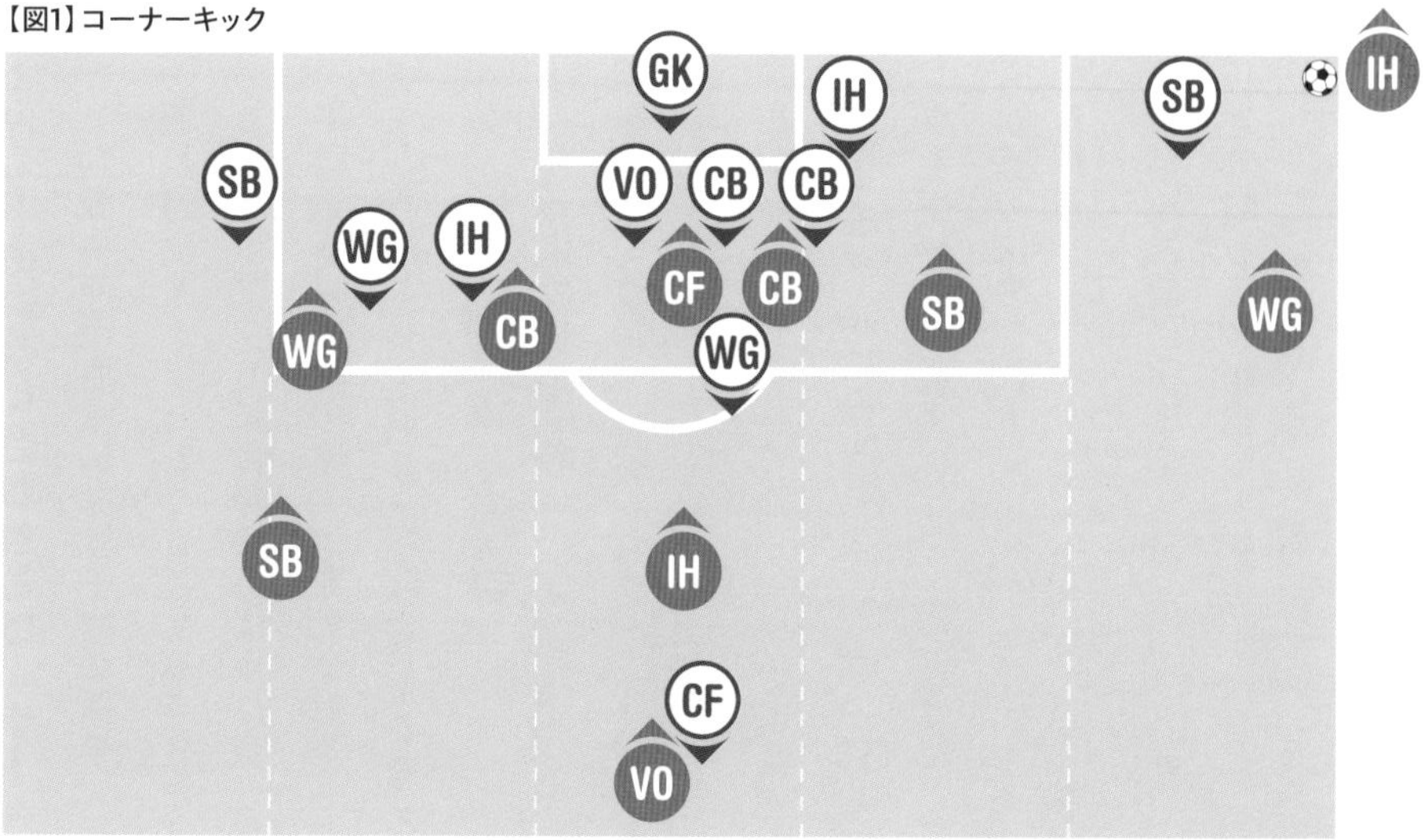

コーナーキックは、特に得点の可能性が高いセットプレーだ。止まった状態で始めることができるため、選手の配置やボールの蹴り方など複数のバリエーションをプレーモデルとして事前に用意し、練習しておくことができる。

【図2】直接フリーキック

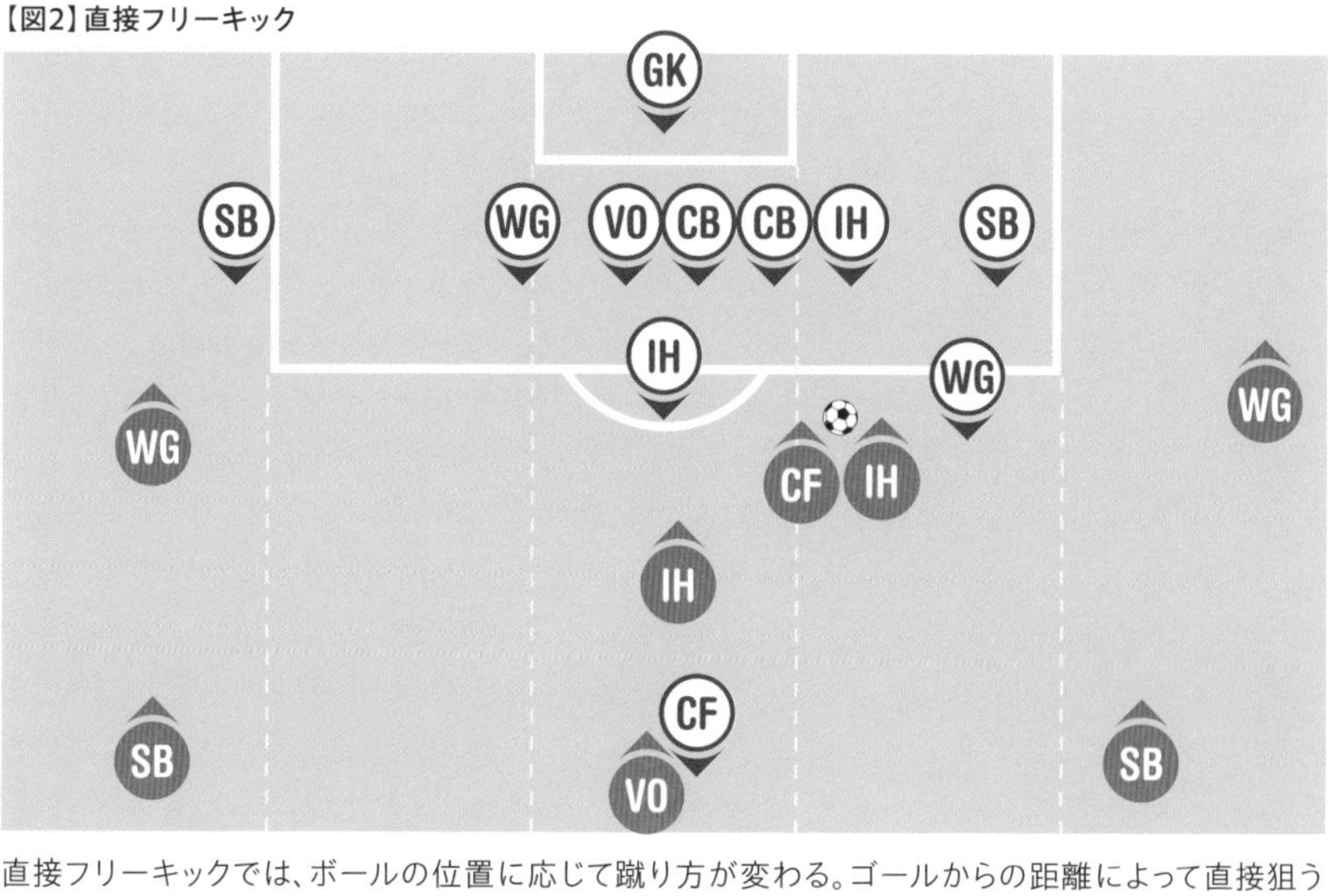

直接フリーキックでは、ボールの位置に応じて蹴り方が変わる。ゴールからの距離によって直接狙うのか、味方の選手に合わせるのかをプレーモデルで決めておく。また、キッカーを事前に決めておくことが重要。直接フリーキックにおいても事前に練習をしておくことが得点の可能性を高める。

ターゲットの選手に合わせるコーナーキック

チームの中で得点源になりそうな選手、基本的には背の高い選手やヘディングが強い選手をターゲットに決めて、**ターゲットに合わせるように蹴ります。**ターゲットの選手は**相手のマークを外す動き**をします。

チーム戦術としては、その周辺状況を整えるために、ターゲットの選手をフリーにするように相手の選手を引きつけたり、味方の選手が重なったりしないようにします。

プレーモデルに従って、ターゲットの選手はあらかじめ決めた位置に動き、プレースキッカーはその動く位置に正確に合わせて蹴ることが求められます。

【図1】蹴る前のポジション

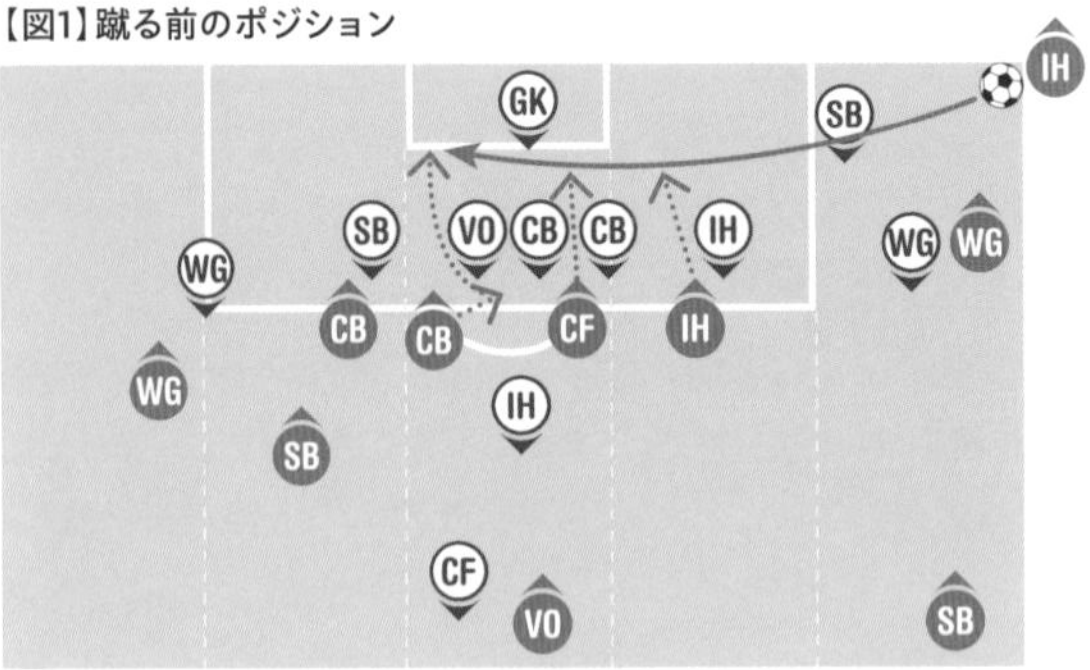

【図2】決められた位置に動き、合わせる

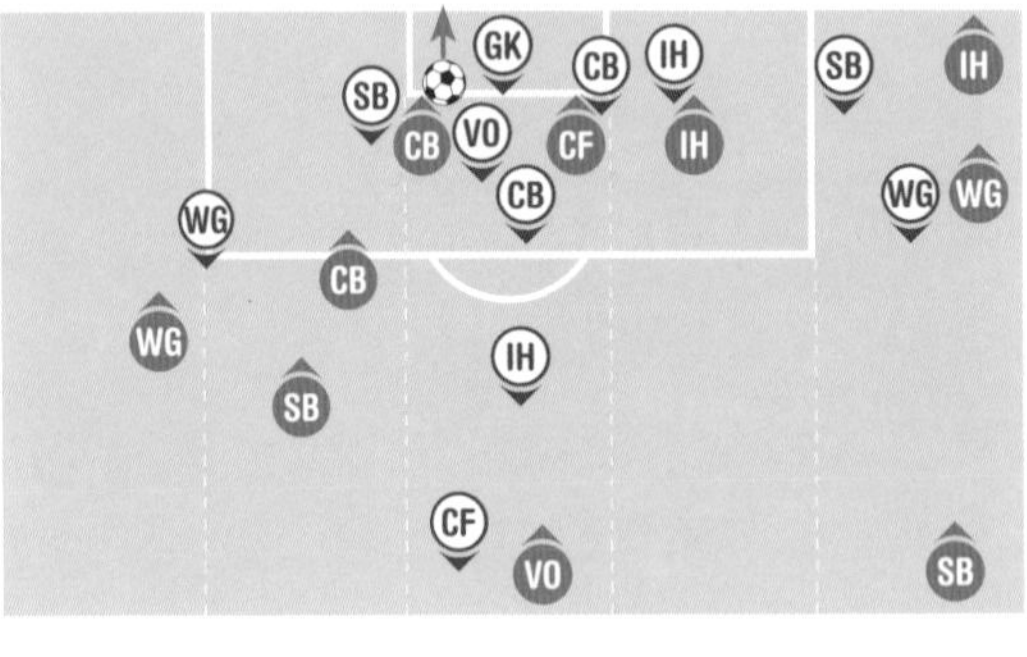

まずはターゲットとなる選手を決めて、その選手がシュートを打つポイントに合わせて蹴る。当然、相手のマークもつくため、ターゲットの選手はポイントに入り込む前に、相手のマークを外す動きをする。その動きを加味して、ポイントに蹴るように練習する。

マークを外す動き
62ページ参照。

ニアに合わせるコーナーキック

ニアに走り込んだ味方に合わせる場合、**走り込んだ選手が直接シュートを決める形**と、ヘディングやフリックでボールの軌道を変え、**そらせたボールに味方が合わせる形**があります。

直接シュートする場合、アウトスイングではゴールラインを割りやすいので、インスイングが多くなります。ゴールに向かうインスイングで巻いてくるボールに対し、ゴールキーパーよりも前で触るのが一番ゴールになりやすいパターンです。

ニアでそらせて他の選手が合わせる形では、アウトスイングを使うこともあります。

【図1】蹴る前のポジション

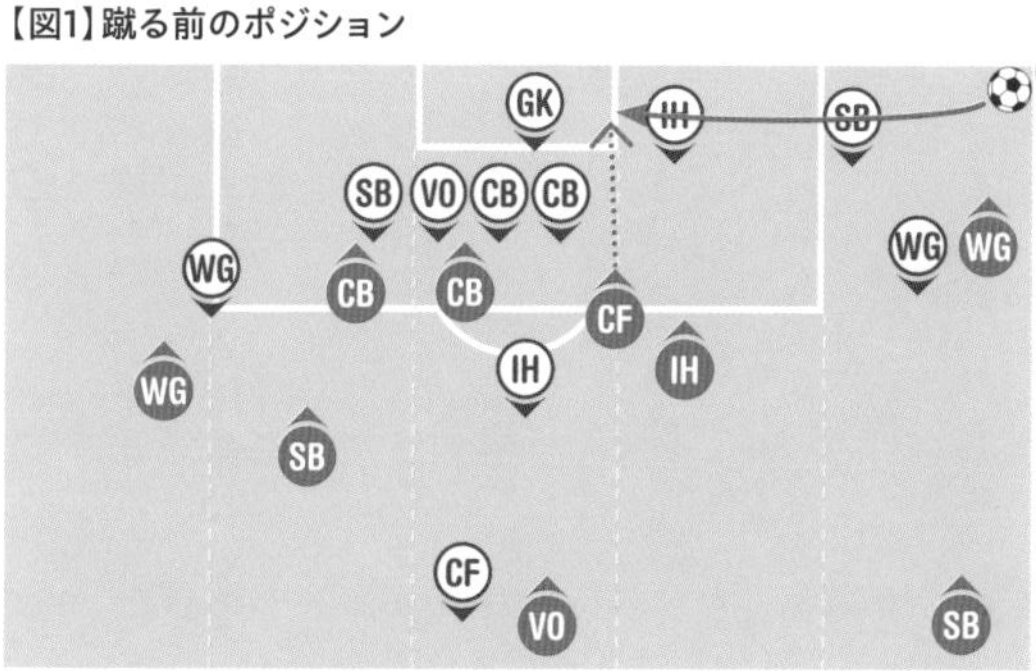

【図2】インスイングに合わせて直接シュート

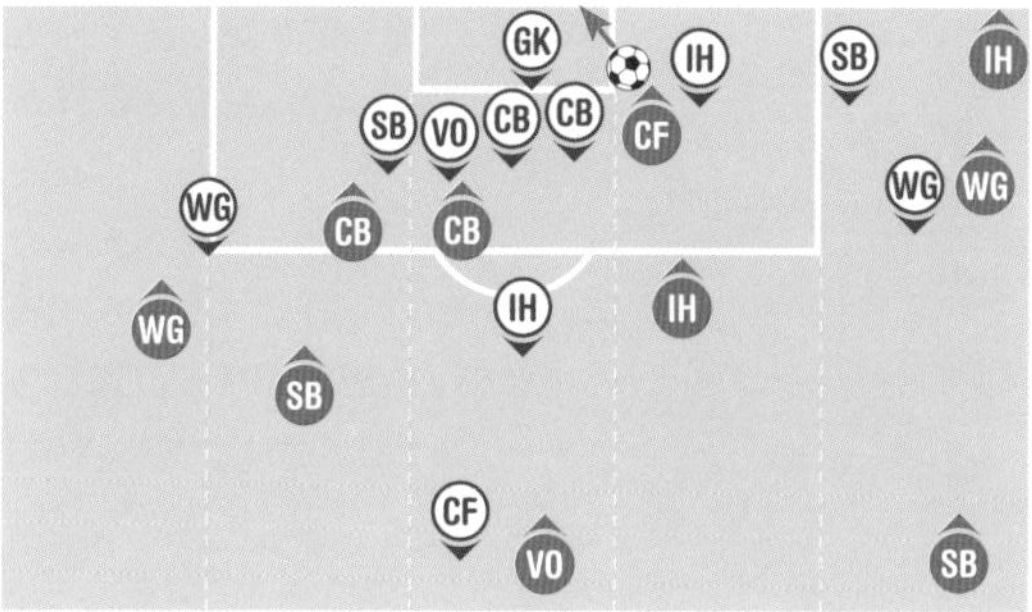

ニアに対してインスイングで強いボールを蹴り込めば、味方が少し触るだけでゴールとなりやすい。ただし、ニアサイドは相手の守備者が最も多く、相手が警戒するポイントであるため、相手のストーンとなる選手を越えるような、インスイングの落とすボールが重要となる。

ニア
サイド攻撃の時、ボールから近いサイドのこと。

フリック
61ページ参照。

アウトスイング
ゴールから遠ざかる軌道でカーブを描くボール。

インスイング
ゴールに向かう軌道でカーブを描くボール。

ストーン
124ページ参照。

ファーに合わせるコーナーキック

ファーに開いた選手に合わせる場合、ファーから**直接シュートを決める形**と、**折り返したパスに合わせる形**があります。

守備側はニアから固めていくのでファーの選手はフリーになりやすいのですが、キッカーの位置から距離が遠くなるため守備側も対応しやすいので、ファーから直接シュートを決めるのは難しくなります。

必然的に折り返しに合わせる形が多くなりますが、あらかじめ折り返しを入れるポイントと、そこに誰が入ってくるのかは、プレーモデルとして決めておきます。

【図1】ファーに合わせたコーナーキック

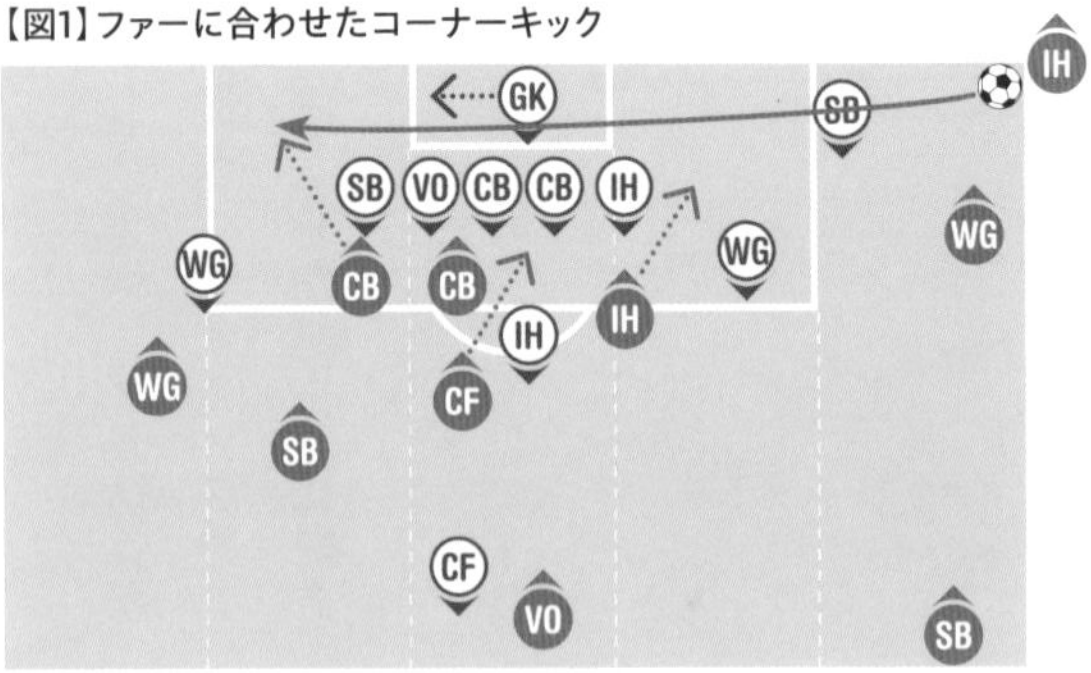

【図2】ファーからの折り返しに合わせたシュート

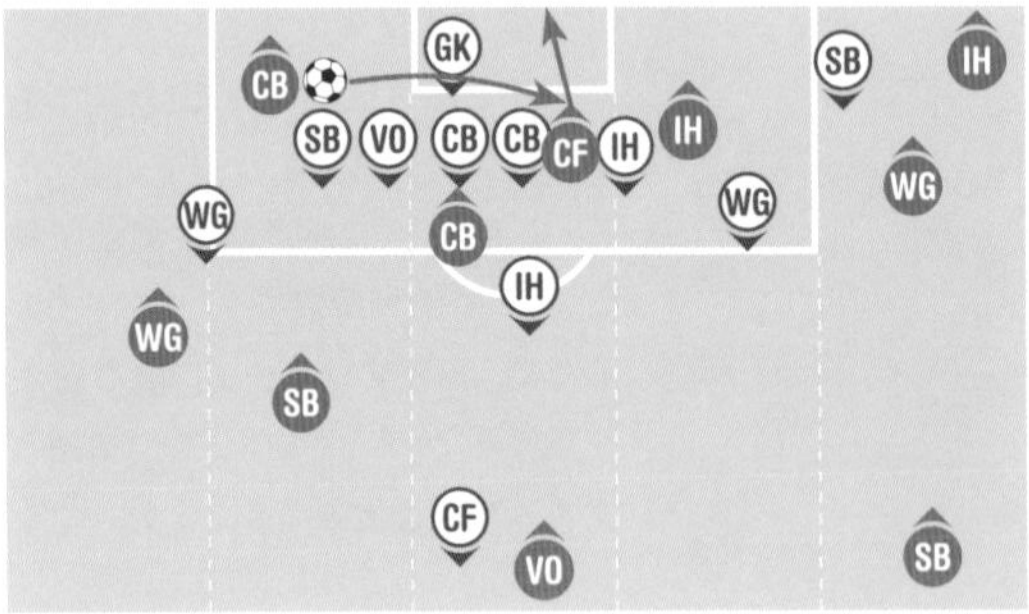

ターゲットとなる選手がヘディングを得意としている場合、直接シュートの形もあり得るが、ファーからのシュートでゴールを決めるのは難しいため、折り返すパターンもプレーモデルで準備する必要がある。【図1】でファーに走り込んだセンターバックが、【図2】で折り返してセンターフォワードがゴールを決めている。

ファー
サイド攻撃の時、ボールから遠いサイドのこと。

ニア
サイド攻撃の時、ボールから近いサイドのこと。

ショートコーナー

ショートコーナーとは、コーナーキックで直接ゴール前にボールを入れるのではなく、**コーナーエリア近くに寄ってきた味方にパスを出し**、そこからクロスを入れたり、パスを回したりする戦術です。相手のディフェンダーの方が高さがあり、直接ゴール前にボールを蹴ってもゴールの可能性が低い場合に使います。ただ、動きがついてしまうのでゴール前の選手に合わせるタイミングも難しくなります。

クロスを入れる場合、ゴールラインから下がった位置から蹴ることになるので、**アーリークロスと同じような形**になります。

【図1】ショートコーナーからのアーリークロス

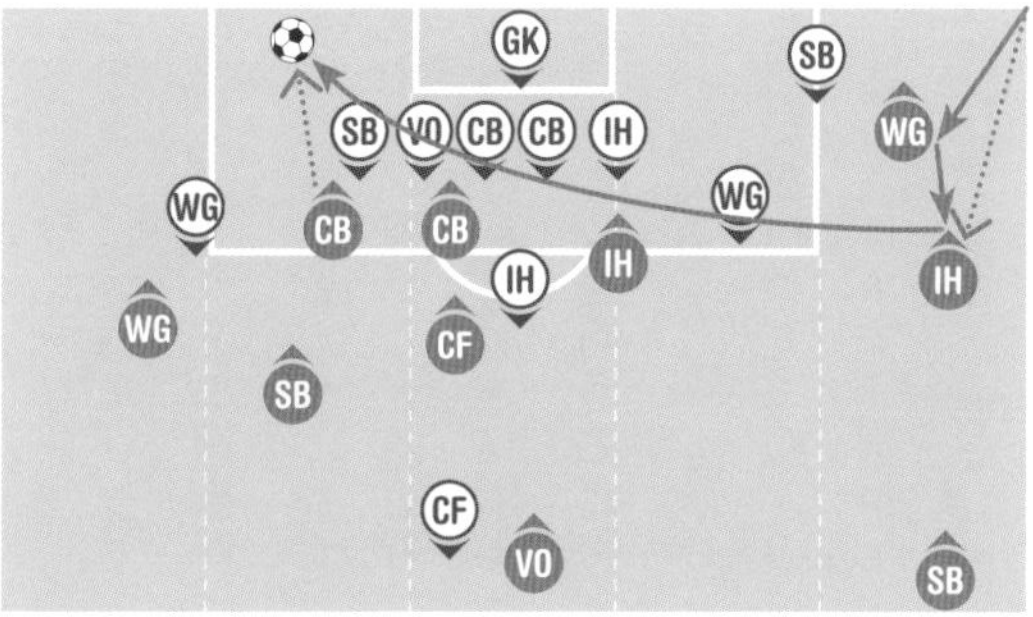

【図2】パスを回して深い位置からのクロス

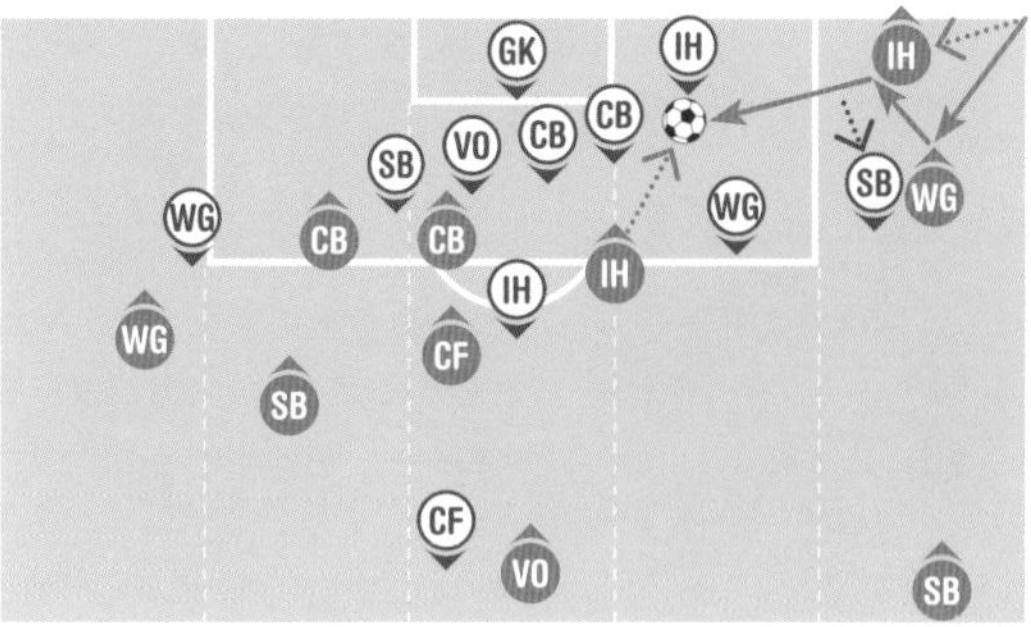

【図1】ではインサイドハーフがウイングとのワンツーパスからアーリークロスを入れている。【図2】ではワンツーパスによって、ゴールライン付近の深い位置まで侵入し、マイナスのクロスを上げている。この時、ワンツーパスを受けるインサイドハーフがオフサイドにならないように注意する必要がある。

アーリークロス
ゴールライン近くの深い位置まで入らず、早いタイミングで入れるクロス。

ワンツーパス
61ページ参照。

スローイン

基本的にスローインは、タッチラインに近いポジションのサイドバック（またはウイングバック）の選手が行いますが、周辺状況から判断して別のポジションの選手が行うこともあります。例えば、相手の守備組織が整っていない状態で、サイドバック以外の選手がボール近くにいるならば、**素早くスローインを行うことでカウンターアタックのチャンスに繋がります**。また、**スローインにはオフサイドの反則がない**ので、相手の最終ラインの裏で待ち構えることもできます。プレーモデルとして決めておけば、攻撃の幅が広がります。

ロングスロー

長距離を投げられる選手がいるならば、**ロングスローもパワープレー的に使うべき**だと思います。**戦術的にはコーナーキックと同様の考え方**になります。ただし、キックに比べてスピードは出ませんので、合わせ方などを、プレーモデルとして決めておくべきです。

【図1】素早いスローインからのクロス

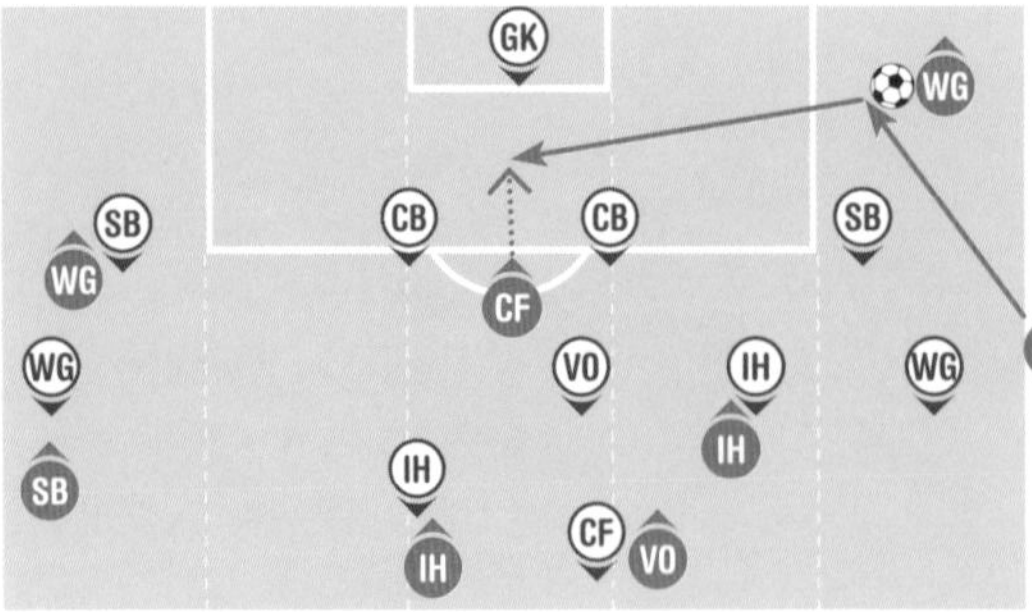

【図1】では、投げ入れる時点でウイングがオフサイドポジションにいるが、スローインの場合はオフサイドの反則にはならないので、相手ディフェンスラインの背後に素早く投げ入れられるならば、クイックリスタートでスローインを行う。

タッチライン

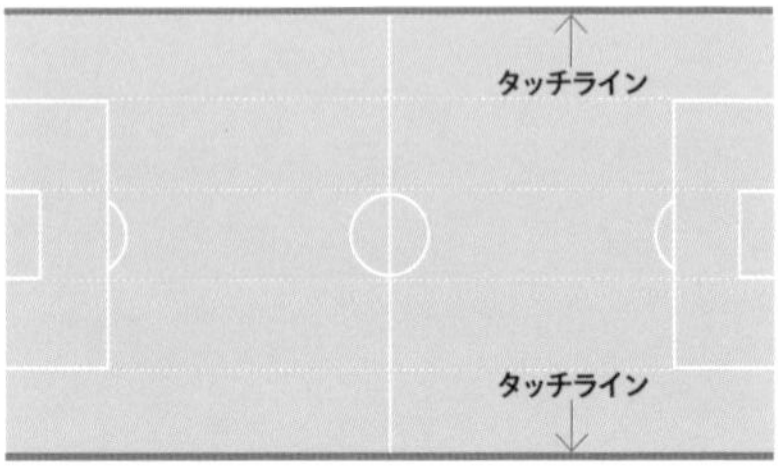

オフサイド
56ページ参照。

パワープレー
ゾーン3にフォワード以外の選手も数多く上げて、ロングボールを入れる攻撃の形。

直接フリーキック

プレーモデルとしては、**どの距離からであれば直接ゴールを狙うという位置を決めておきます。**決めた位置よりもゴールから遠ければ、コーナーキックと同じように誰に合わせて蹴るのかを決めておきます。また、最終ラインの裏に蹴るケースもありますので、その場合は誰が走り込むか決めておきます。

そして**誰が蹴るのか、**角度的にインスイングまたはアウトスイングを選択するので、シチュエーションごとにキッカーは**必ず決めておきます。**

PK（ペナルティキック）も、あらかじめキッカーを決めておくことが重要です。

【図1】決めておいた距離よりもゴールに近ければ直接狙う

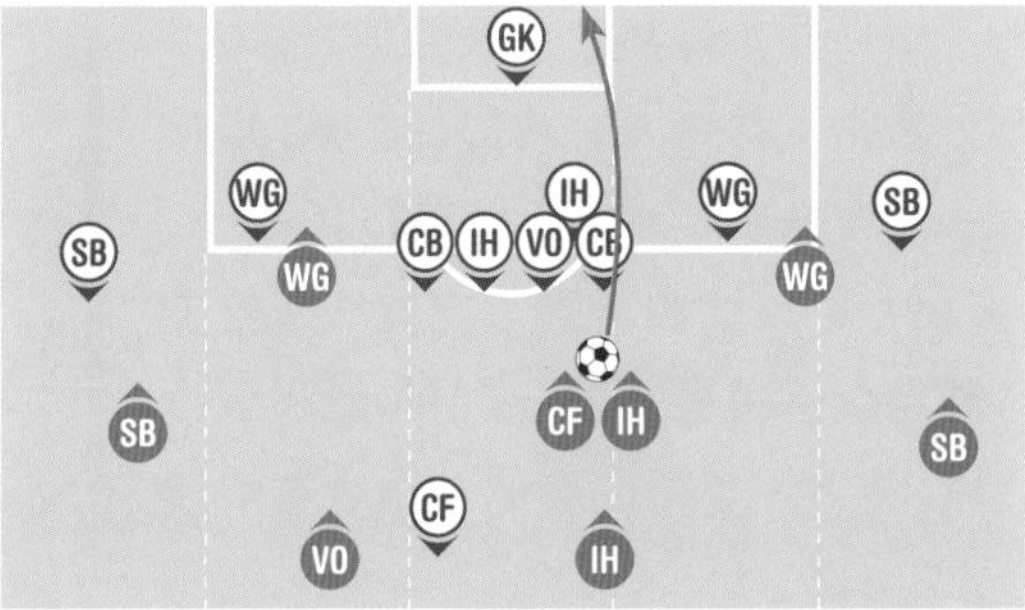

【図2】決めておいた距離よりもゴールから遠ければ合わせるキック

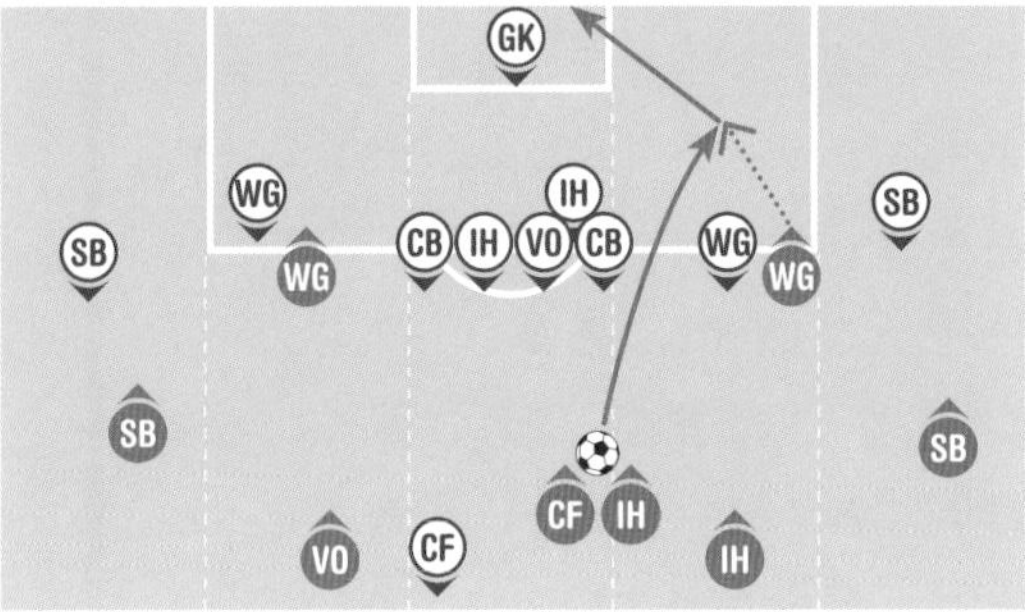

フリーキックを得た位置からゴールまでの距離に応じて、直接ゴールを狙うのか、味方に合わせるのか決めておく。【図1】ではプレーモデルで決めていた距離よりもゴールに近いので、直接狙っている。【図2】では決めていた距離よりもゴールから遠いので、ディフェンスラインの裏に出し、味方の選手に合わせている。

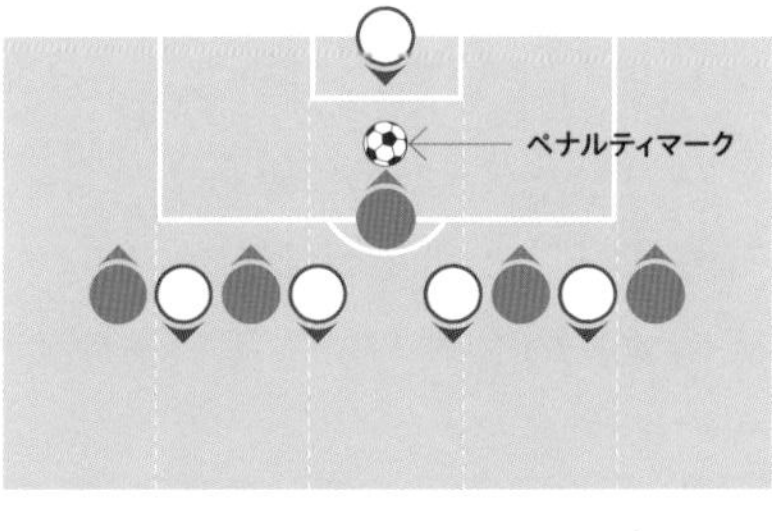

PK（ペナルティキック）

守備側がペナルティエリア内で直接フリーキックとなるファールを犯した時、攻撃側に与えられる。ゴールライン中央から12ヤード（約10.97m）離れたペナルティマークにボールを置き、ゴールキーパーと1対1で直接フリーキックを蹴る。

ペップバルサ vs. 現在の戦術

グアルディオラが監督を務めていた2008年～2012年当時のFCバルセロナ（ペップバルサ）は最強と言われました。常に相手を押し込み、敵陣のハーフコートで4局面すべてを回すサッカーです。具体的にはハイライン、ハイプレスで圧縮をかけ、ボールを保持した状態でアタッキングサードまで侵入し、背後へのスルーパスによって相手を後ろ向きにさせてゴールを量産。ボールを奪われたとしても選手間の距離が近いために即時奪還が可能で、相手には単純なクリアすら許さない状況でした。138ページの「試合実況・戦術解説」でも、その圧倒的な強さを解説していますので、ぜひご覧ください。

では、ペップバルサが現在戦ったらどうでしょう？

ネガトラの局面で相手のカウンターアタックに対する処理が以前のままであれば、トップチームには苦戦すると私は思っています。現在のサッカーはロングフィードの距離や精度が上がり、押し込んでいるところから一気にひっくり返されるリスクが年々高まっています。それに伴って、ディフェンダーや中盤の選手にもスピード、長い距離を走るという高いアスリート能力が要求されています。そして、一番大きな要素はゴールキーパーの役割の違いです。どれだけ敵陣で押し込んでいても、味方のゴールキーパーが自陣にいる限り、相手のゴールキーパーがフリーマンになり、ロングフィードを繰り出すことができます。

仮想の話ですが、想像するのも楽しいと思います。

Chapter 2 Negative Transition

ネガトラ

ネガトラのプレーモデル

02
Negative Transition

カウンター対策のポイント

ネガトラ（ネガティブ・トランジション）は、自チームが**攻撃をしている時にボールを失った瞬間の局面**を指します。それまで攻撃していたチームは守備のアクションに移り、ボールを失う前と後のアクションの属性は相反するものになります。例えば攻撃時、スペースを確保するために広がっていた選手間の距離は、守備時ではスペースを消すためコンパクトにしなければいけません。

現在は**トランジションを制するものが試合を制する**流れになっています。攻撃と守備の戦術はレベルが高くなればなるほど洗練されており、なかなか得点は生まれにくく、トランジションの局面で試合が動くことが増えています。トランジションの時間は長くても数秒で、**その一瞬にチームとして同じ絵を共有できるかが重要**になるため、プレーモデルを設定しておくことは、攻撃や守備の局面以上に重要になります。

ボールを失った局面なので、**ゴールを守ることから逆算して設計します**。敵陣で失ったらボールに対する強いプレッシングによる即時奪還、自陣で失ったらリトリート（撤退の守備）を優先しますが、2つを組み合わせたハイブリッド型もあります。ゾーン、レーン、エリアなど失った場所ごとに何をすべきかをプレーモデルで決めておきます。

トランジション
移行という意味。サッカーでは攻撃と守備が切り替わる局面。

リトリート（撤退の守備）
78ページ参照。

ネガトラのプレーモデル(例)

DF ラインはまず「ゴールを守る」意識で背後のスペースを警戒。
ボール周辺状況からして背後へのパスの選択肢がなければ
ラインアップでスペースを圧縮

ボール周辺にいる選手はボールにアタックを仕掛けるプレスで
即時奪還を試みる

即時奪還のプレスを回避された時には
全体でリトリート（撤退の守備）

カウンター対策

02
Negative Transition

プレッシング（即時奪還）

ボールを失った瞬間、場所にもよりますが基本的には**相手のボールホルダーの状況が最も重要**になります。相手が前を向いているならばリトリート（撤退の守備）をすべきで、逆に味方の選手がフタをしている状況ならば人数をかけて即時奪還を試みます。全員が同じ動きをする必要はなく、**ボールからの距離によってプレッシングする選手とリトリートする選手に分かれるハイブリッド型**が最近では主流になっています。

ゾーン3で失った場合は奪い返せればゴールを狙える可能性も上がるので、比重をかけて奪いにいきます。それがゾーン2、ゾーン1と自陣ゴールに近くなっていくにつれて、プレッシングとリトリートの比重が変わっていきます。

【図1】相手のボールホルダーにフタをしているならば人数をかけて即時奪還を狙う

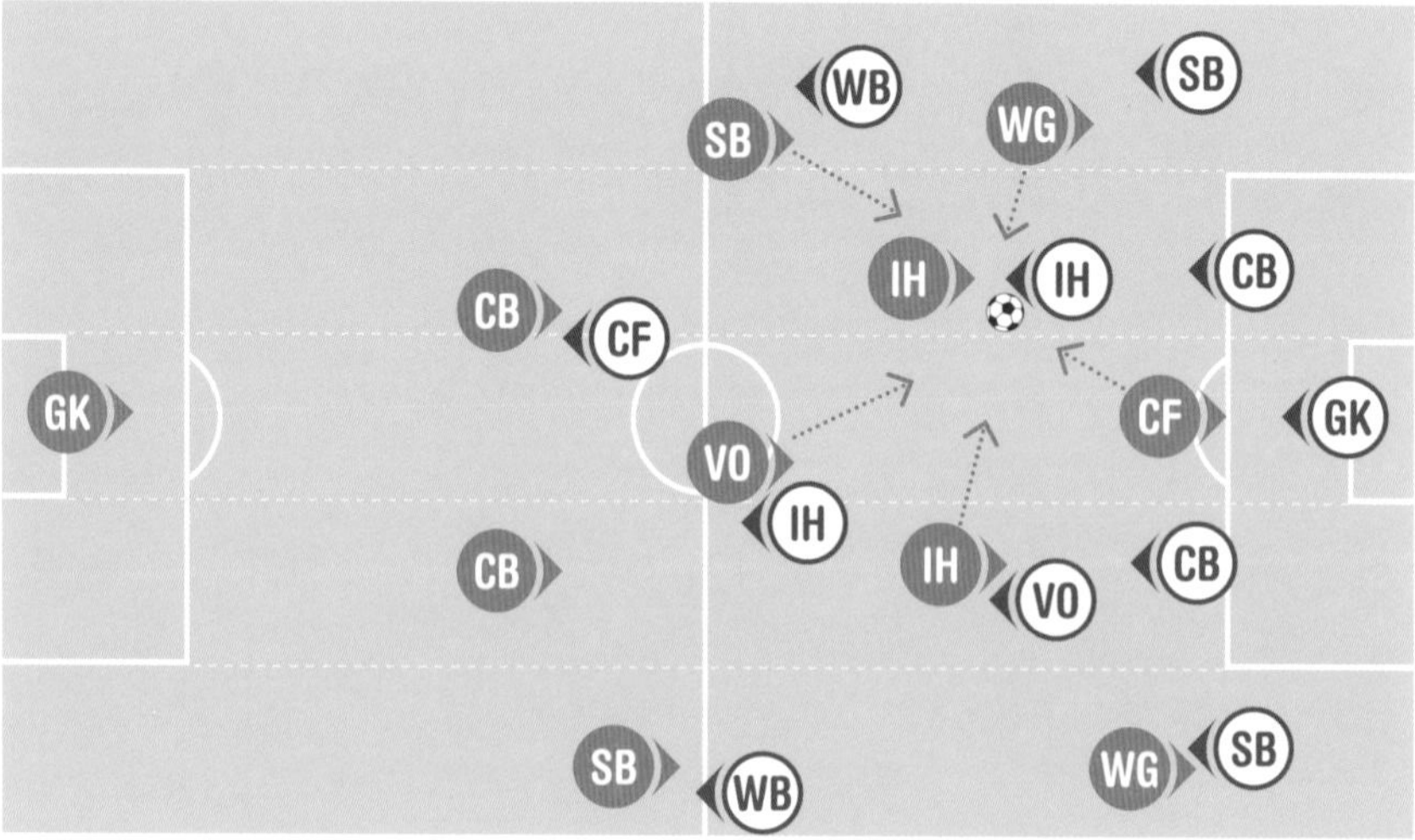

最も重要なのは、相手のボールホルダーの状況だ。相手にフタをして前向きなプレーができないようにしている状況であれば、周囲の選手で囲い込んで即時奪還を狙う。もしフタができていなければ、素早くカウンターされる危険性があるため、リトリート（撤退の守備）を行う。

【図2】プレッシングにより即時奪還できたらポジトラの局面に入る

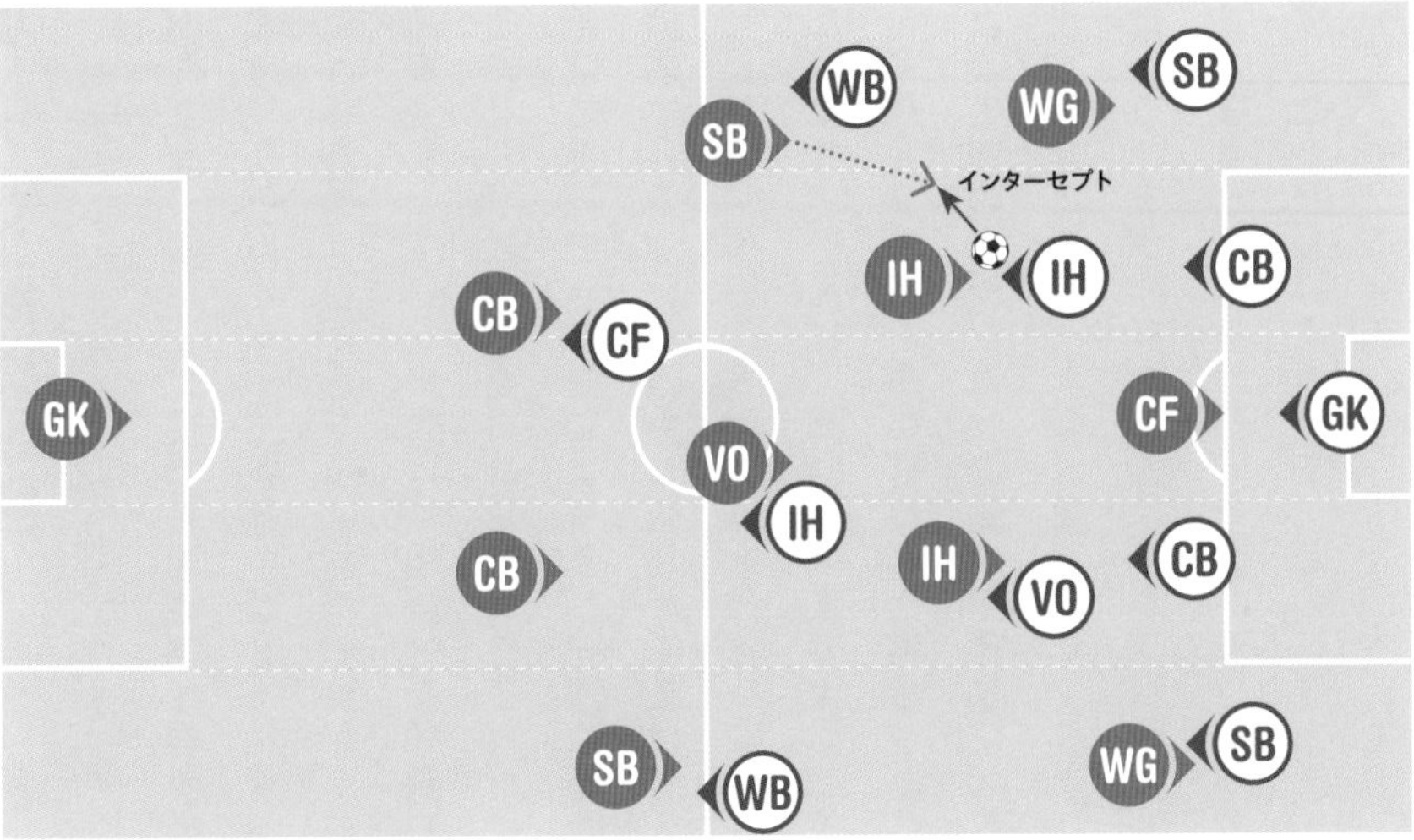

サッカーは足でボールを扱うスポーツなのでミスが起こりやすく、プレッシングによって奪い返せることが多い。即時奪還できればポジトラの局面に入り、カウンターを仕掛ける。ただし、リトリートしてゾーン1で奪ってからのロングカウンターは、ゴールまでの距離があるため難易度が高い。

【図3】プレッシングとリトリートをバランス良く組み合わせ、奪えなければ守備の局面に入る

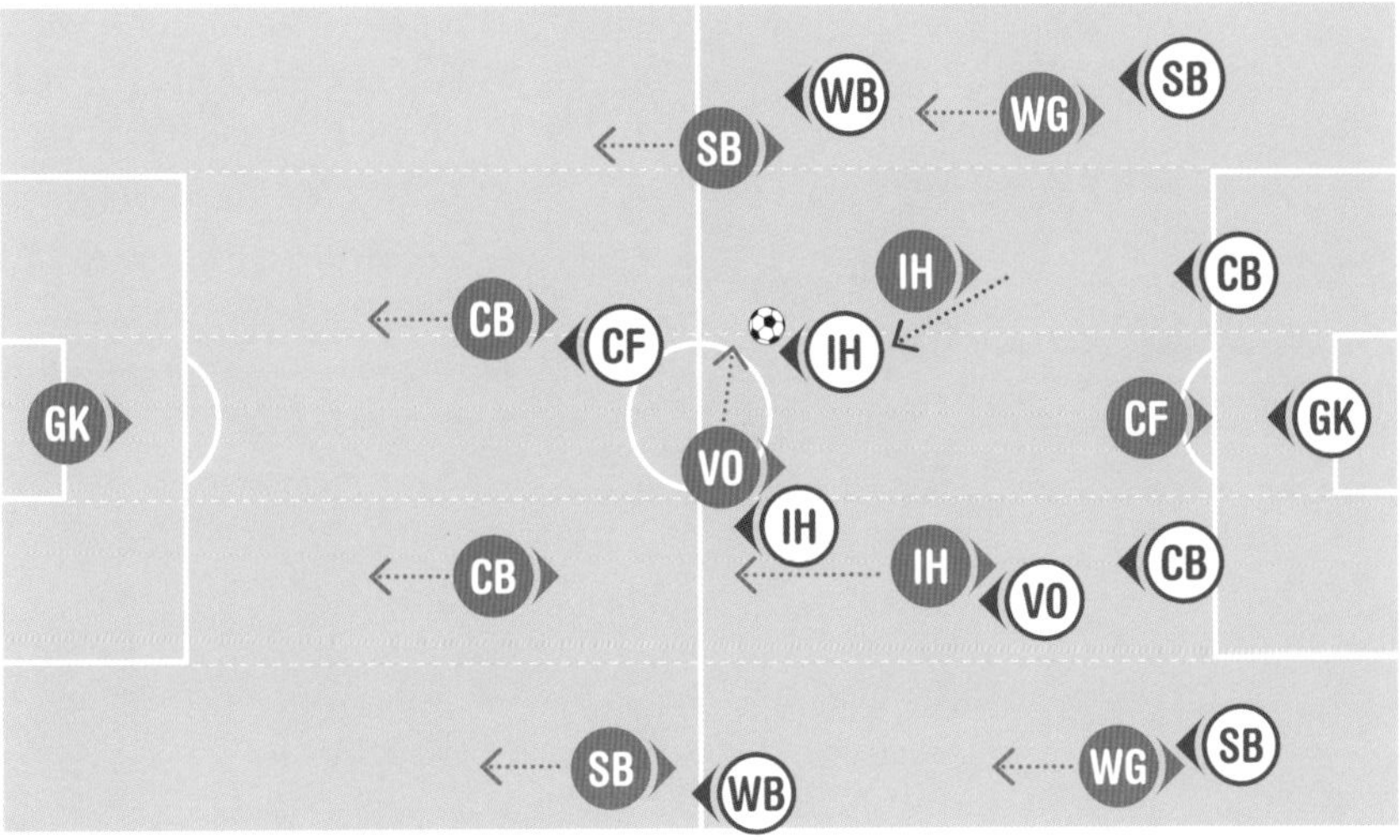

ボールホルダーに近い選手は即時奪還すべくプレッシングし、その状況を見極めながらディフェンスラインは背後のスペースをカウンターで狙われないようにリトリートを行う。チームとしてはプレッシングとリトリートをミックスさせた守備を行う。

リトリート（撤退の守備）

相手チームのカウンターアタックを阻止できたら**ベースポジションに戻って組織的な守備の局面に入ります**。チームによって各選手がどこに戻るか、というのは守備のプレーモデルによって異なります。戻る場所が決まっていなければ、組織的な守備もうまく機能しません。この戦術コンセプトをどれだけ早く、高い精度で実行できるかによって、守備の局面において組織的プレッシングの良し悪しが決まってきます。

　しかし、ベースポジションどおりに戻れない場合もあります。例えば、高い位置まで攻め上がっていたサイドバックがボールを奪われた場合、**カバーリングによって別のポジションの選手が守りに入る**ことになります。サイドバックの位置にはセンターバック、またはボランチがカバーに入ります。ボールの周辺状況によりますが、最近の傾向ではボランチがカバーリングすることが多いようです。どのスペースを誰がカバーリングするのかを決めておくことが重要になります。

【図1】サイドバックの位置へのカバーリング

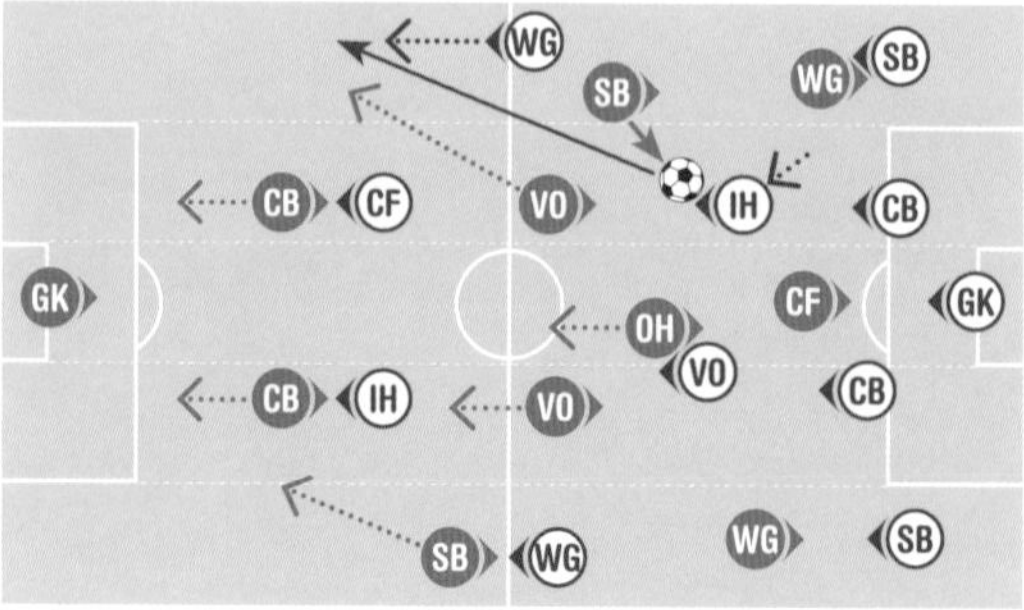

攻撃においてサイドバックを上げる場合は、必ずそのサイドバックが上がったスペースを誰が埋めるのかをチームとして決めておく。一般的にはボランチかセンターバックが戻るが、近年ではセンターバックではなく、ボランチがカバーリングするチームの方が多くなっている。

ベースポジション
守備の局面における初期設定のポジション。

カバーリング
102ページ参照。

守備の局面よりも強くプレッシングにいく

最後に、個人戦術について少し説明します。ネガトラでのプレッシングは、守備の局面と違って相手との駆け引きは必要ありません。刈り取るために**ボールにアタックするようにプレッシング**を行います。**奪いにいくなら奪いきる**ことが大事です。遅らせるだけでは、そこから抜け出されてカウンターに持っていかれる危険性があります。とにかく、相手のプレーの選択肢を奪っていくことが重要です。

タクティカルファール

即時奪還にいった時に、相手にかわされてしまうと一気に大ピンチになってしまいます。その場合は、イエローカードを覚悟の上で、**あえてファールを犯して相手を止める「タクティカルファール」**を行います。ゴールからの距離が遠ければ**DOGSO（ドグソ）**にはなりません。日本ではあまり好まれませんが、大事な個人戦術になります。

【図2】タクティカルファールを行ってもいい場所

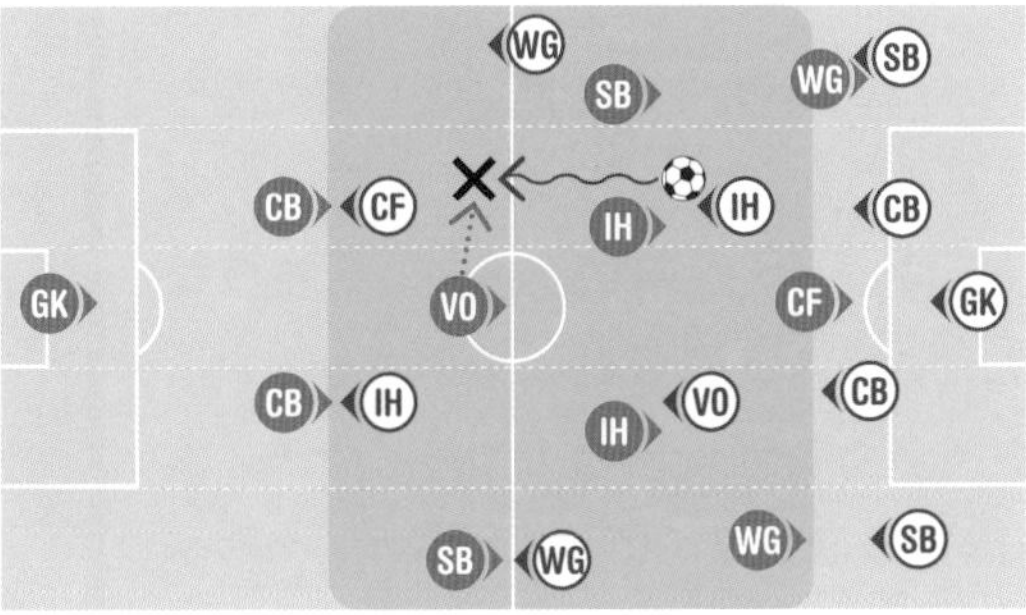

即時奪還を狙いながらかわされた場合、ゾーン2であればタクティカルファールという選択肢がある。【図2】では、ゴールまでの距離が遠く、センターバックによるカバーリングもあるため、DOGSOによって退場になることは考えにくい。

DOGSO（ドグソ）
「Denying an Obvious Goal Scoring Opportunity」の頭文字をとった略語で、「決定的な得点機会の阻止」という意味。反則をした選手には、原則レッドカードが提示され、退場となる。

カウンタープレスはネガトラ？ ポジトラ？

50 ページで紹介したカウンタープレス（ゲーゲンプレス）が登場するまでは、「ボールを失うことはダメなこと」という認識でした。ところがサッカー戦術において 4 局面というプレーモデルが整理されたことにより、「すぐに奪い返せばいい」という考え方が生まれました。即時奪還は、ペップバルサ（72 ページ参照）のようなイメージでしたが、意図的に相手にボールを渡してカオスの中で奪い取るカウンタープレスの登場により、即時奪還のイメージが大きく変わりました。サッカー戦術の大きな進歩です。

カウンタープレスは、ラルフ・ラングニックがレッドブル・グループのレッドブル・ザルツブルクと RB ライプツィヒでメソッドとしてまとめ、同時期にユルゲン・クロップがボルシア・ドルトムントやリバプール FC で戦術として成功を収めたことにより広まりました。ペップバルサの圧倒的なボールポゼッション（保持）とは対極に、ボールを持たない中でチャンスを創り出す戦術は衝撃的なものでした。しかし、カウンタープレスがある程度浸透して、どのチームもトランジションの局面を重要視するようになると、カウンタープレス自体も当たり前となり、戦術としての優位性は薄れつつあります。

さて、表題の「カウンタープレスはネガトラ？ ポジトラ？」については、意図的にボールを捨てるのでネガトラの要素が強いのですが、すぐ奪い取るのでポジトラ、どちらでもあると言えるでしょう。

Chapter 3 Defense

守備

守備のプレーモデル

03
Defense

守備の基本的な考え方

守備の基本は相手のプレーエリアを限定、主にサイドに誘導して、ボールの取りどころを作ることになります。ゾーン1まで持ち込まれてボール奪取できない場合は、シュートブロックをしなければなりませんが、その場合も相手のプレーエリアを限定してプレーの選択肢を減らすことを心がけます。

攻撃に保持型とカウンター型があるように、守備も「**ハイプレス型**」と「**リトリート型**」の2つに大別されます。**ハイプレス型は高い位置からプレッシングを行い、**ボールを奪いにいく形です。一方の**リトリート型はゾーン1で守備ブロックを整えて守る**形です。トップチームでは**2つを組み合わせたハイブリッド型が増えています。**

ピッチ全体を11人でカバーしようとしても広過ぎるので、守備の局面ではボールの周辺で選手の配置をコンパクトにし、密度を濃くします。そのためにはフォワードのファーストライン、中盤のセカンドライン、ディフェンスの最終ラインという**3ラインの間を狭めます。**ハイプレス型のチームは最終ラインをハーフウェーラインまで上げるハイプレスを行い、リトリート型のチームはゾーン1で3ラインを作りますが、ゾーン2に3ラインを作るケースが一番多くなります。

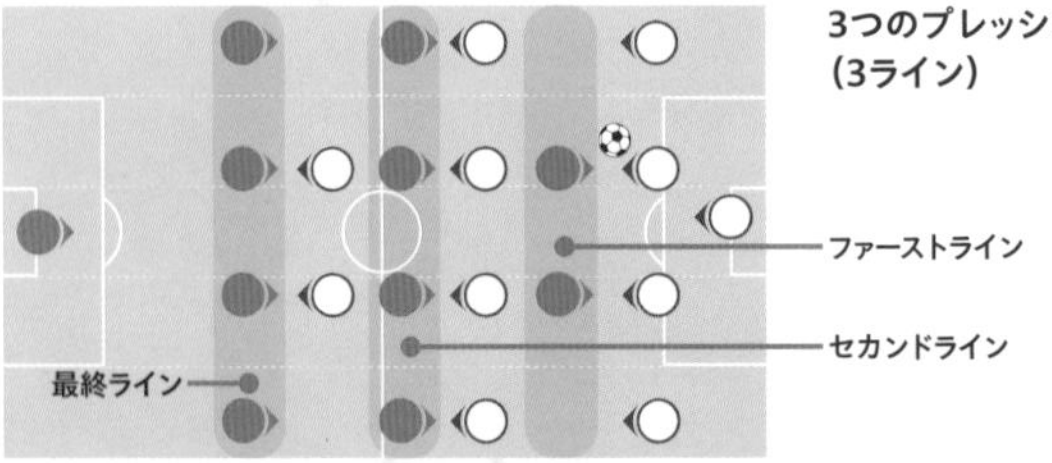

守備のプレーモデル（例）

ハイプレス型

ハイプレス&ハイラインの実行と
スリーラインをコンパクトに保つ。
スペースよりも人優先の守備
（ゾーン<マンツーマン）

前線のファーストラインは
相手のビルドアップに対して同数を作る
（ビルドアップにGKが参加する場合は
数的不利を受け入れる）

ボールホルダーに対してプレスをかける選手は
後方の状況を気にするのではなく
相手の選択肢を奪うことを優先して
強くアプローチをかける

4-3-3でのハイプレス例

右インサイドハーフをFW横の
ファーストラインに上げて
相手センターバックに対して同数ハイプレス

ハイプレス時にはDFラインを
ハーフェーラインまで押し上げ
ハイラインでスペース圧縮

ハイプレス時には人優先の
マンツーマンディフェンスが原則

GKをフリーマンとして使われた時には
ボールサイドのセンターバックの
パスコースを消しながらファーストラインの
選手が深追いプレスをかける

リトリート型

守備のスリーラインを
形成した状態でミドルゾーン
セット、待ち受ける

人よりもスペース優先の守備
（ゾーン>マンツーマン）

DFラインと中盤のラインの
ライン間スペースをできる限り
圧縮する。それに合わせて
前線のファーストラインを設定

原則としては相手の
パス循環をサイドに誘導し
サイドで奪いどころを作る

4-4-2のリトリート例

ゾーン2でスリーラインをコンパクトにした4-4-2をセットする

ファーストラインのフォワードは相手ビルドアップのボール循環を
サイドに誘導し、相手サイドバック（ウイングバック）が持った
ところからサイドハーフが出ていくことで守備のスイッチオン

同サイド圧縮の守備原則ながらアウターでのボール回しで
サイドを変えられたら何度でもスライド対応

サイドバックが突破されるないしニアゾーンまで侵入された時は
原則センターバックがカバーリングに出て、
ボランチがセンターバックの空けたスペースを埋める

エリア外では不用意に飛び込むことなく個人でもグループでも
面を作ってシュートブロックを行う

ゾーンディフェンス

自分の守るべきエリアが決まっていて、攻撃側がそのエリアに入ってきた時に、**自分の担当するエリアを責任を持って管理**する守り方です。ボールホルダーが担当エリアを出たら、味方にマークを受け渡します。

例えば自分の担当エリアに2人の相手選手が入ってきたら、その2人に対応しなければなりません。ボールホルダーが入ってきたら、無理をして飛び込んではいけません。**自分の背後にボールを運ばれない**ことを一番に考えます。自分のエリアで壁を作って、その壁を越させないようにします。2人ともボールを持っていなければ警戒して見張るだけで大丈夫です。

担当するエリアは、ボールの位置や3ラインの状況に合わせて、広がったり狭まったりします。**3ラインがコンパクトに圧縮されていれば1人の担当エリアも縮まります**。縮めるためには、センターバックによる**最終ラインの押し上げ（ラインコントロール）**が重要になります。

【図1】ゾーンディフェンスの配置

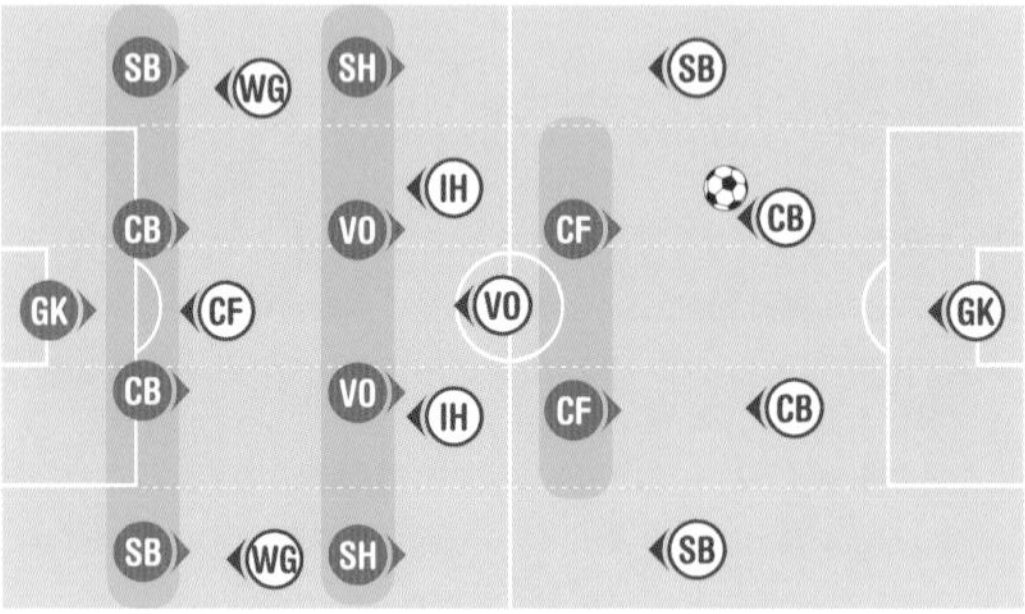

ゾーンディフェンスは、自分の担当エリアが決まっていて、攻撃側がそのエリアに入ってきた時に、自分の担当するエリアを責任を持って管理する守り方だ。【図1】では各選手の担当エリアを濃い色で塗ってある。このエリアはボールの位置や3ラインの状況に合わせて、広がったり狭まったりする。

マークの受け渡し
106ページ参照。

警戒して見張る
107ページ参照。

3ライン
82ページ参照。

マンツーマンディフェンス(マンマーク)

マンツーマンディフェンスは、自分が**担当する攻撃側の選手があらかじめ決まっており、その選手が動けばそれに従って自分も動く守り方**です。

相手選手のプレーの可能性を大きく制限することができ、標的となる選手に対して集中しやすいので、相手チームの中心選手に仕事をさせない目的で採用されることが多くなります。守備のアクションが比較的簡単ではありますが、1人の選手のミスが大きなリスクをもたらすため、フィジカルコンディションの要求が高く、普段のポジションとは違うエリアでのプレーを求められる場合があることがデメリットです。

ピッチ全体でマンツーマンディフェンスすることをオールコートマンツーマンと呼びますが、体力的に90分間行うことは難しいでしょう。一般的には**ゾーン3でハイプレスをかける時にはマンツーマンディフェンス、自陣ゴールに近くなればなるほどゾーンディフェンス**という、ハイブリッド型の守り方になります。

【図2】マンツーマンディフェンスの配置

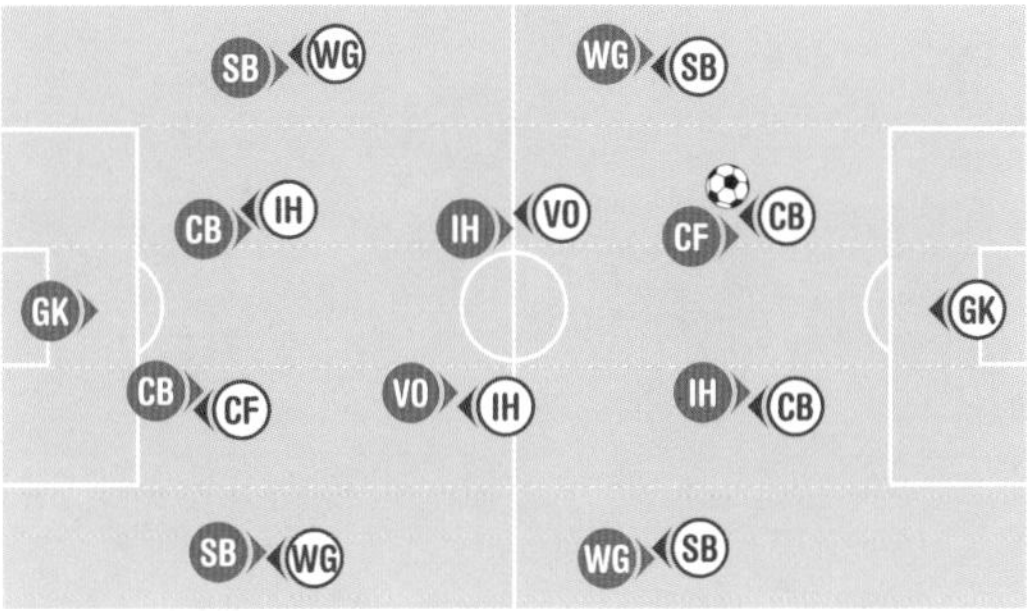

マンツーマンディフェンスは、自分のマークがあらかじめ決まっている人につく守り方。【図2】のようにチーム全体で相手選手をそれぞれ捕まえている場合、相手チームのプレーの可能性を大きく制限することができる。一方で、1人の選手がボールホルダーにかわされてしまうと、守備組織に穴が空いてしまう。

ハイプレス
82ページ参照。

ゾーン3での守備

03

Defense

ビルドアップに対しては数を合わせる

ゾーン3でプレッシングをする時は、基本的にはチーム全体でコンパクトに、3ラインを高くするハイライン、ハイプレスを行います。基本的な考え方として、ゾーン3でハイプレスを行う場合、**相手のビルドアップの枚数に数を合わせます。**

プレッシングは正面から

プレッシングの動作とは、ボールを持っている相手の前に立ったり、ボールを奪いにいったりしてプレッシャーをかけることです。ただし、**相手から自由を奪い、プレーを制限しない限りプレッシングとは呼べません。**ボールホルダーに対してなるべく正面からプレッシングにいきます。

【図1】ゾーン3での守備を行う位置

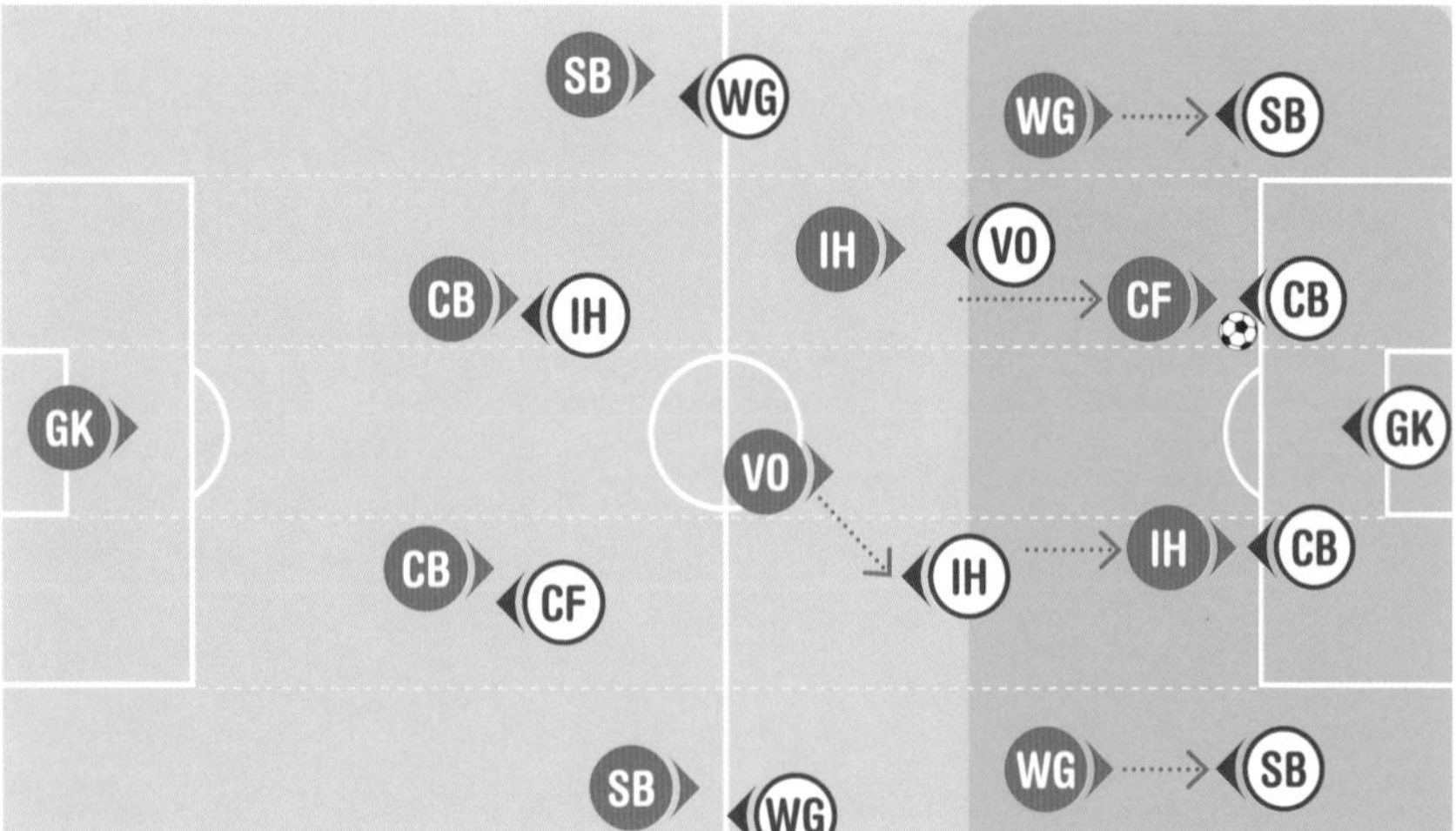

ゾーン3でプレッシングをする場合、基本的には相手のビルドアップの枚数に合わせて人を出す。その時、チームとしてはハイラインに設定し、圧縮をかける必要がある。

【図2】ゾーン3でのプレッシング

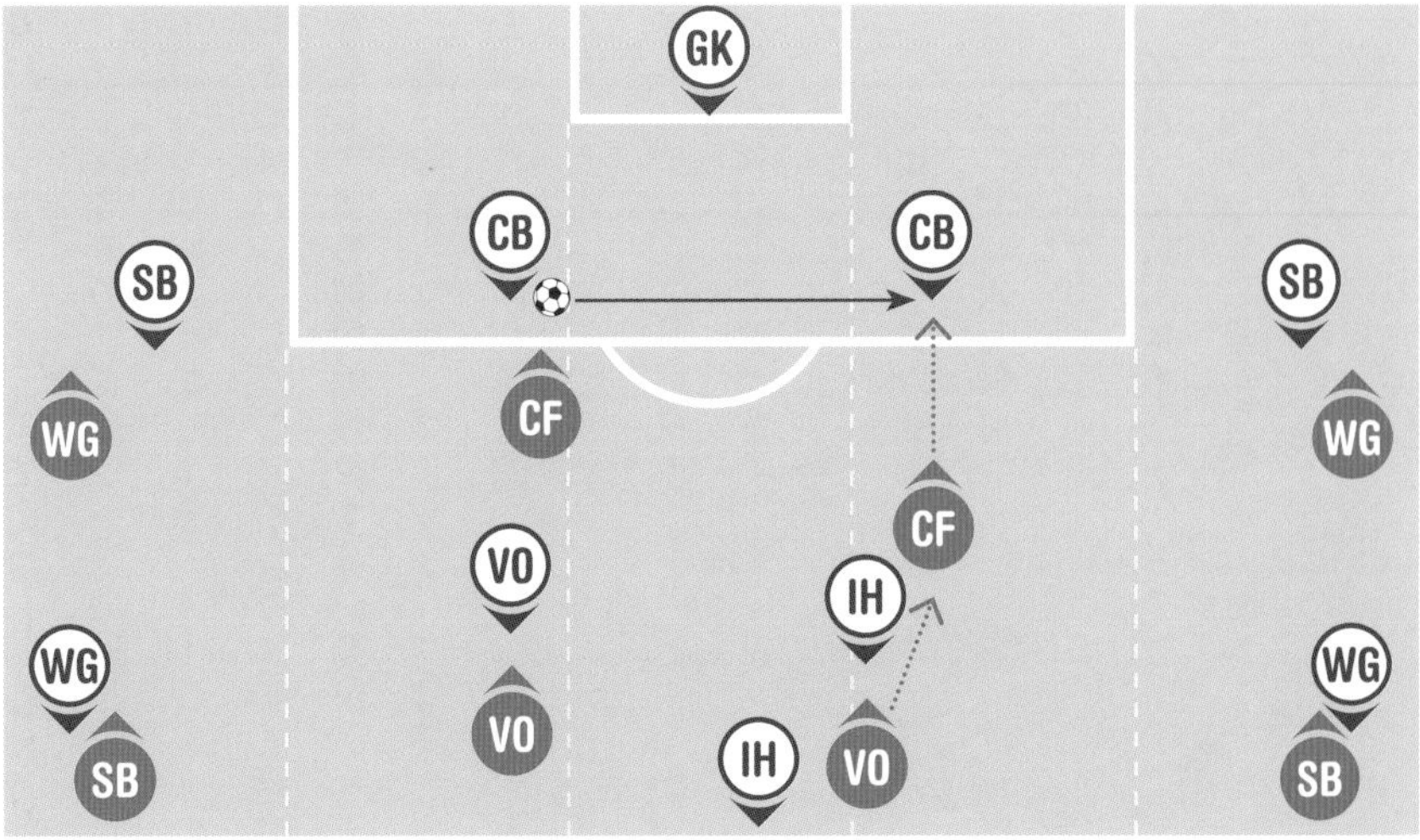

ボールホルダーに対してなるべく正面からプレッシングにいくようにする。なぜなら、横や斜め方向からプレッシングにいくと、相手が少し前に持ち出せば無効化されてしまうからだ。多少距離があっても正面からプレッシングをした方が相手のプレーに制限をかけることになる。

【図3】ゴールキーパーを使われると数的優位は作れない

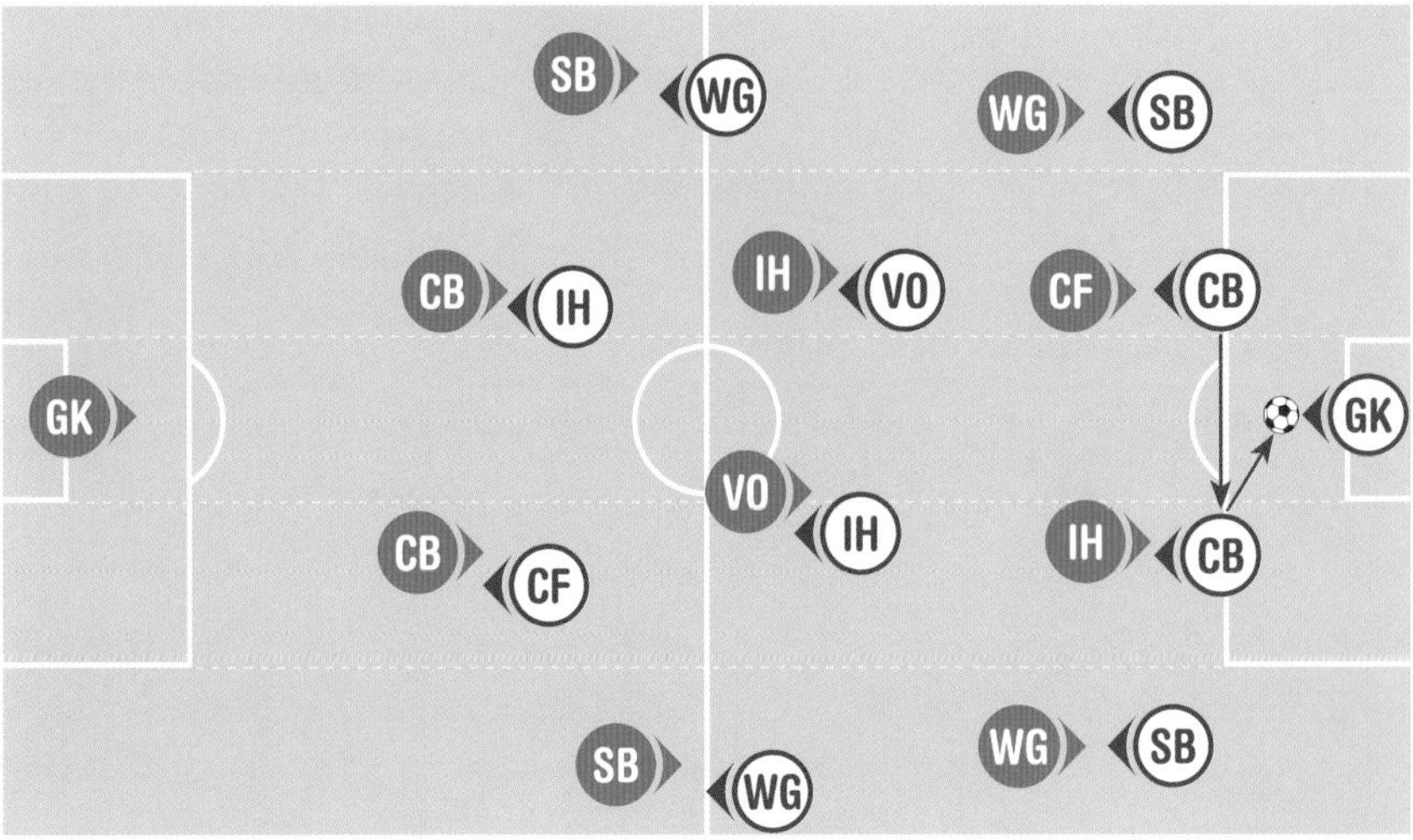

攻撃側がゴールキーパーも加わってプラス1を作ってきた時は、守備側は原則ゾーン3で数的同数を作ることができない。プレーモデルの大前提として、ゴールキーパーを使われたら、守備側は同数にはできないことを頭に置いておく。

4バック（4-3-3）でのプレッシング①

ゾーン3でのプレッシングの形を、94ページにかけていくつか紹介しましょう。4-3-3のシステムで相手の**4バックにプレッシングにいく場合、初期設定を崩してでも数的同数にする**必要があります。

先述しましたが、プレッシングは横からよりも、前方向から行うのが効果的です。2列目からインサイドハーフが**センターバックに対してまっすぐプレッシング**にいけば、インサイドハーフのマーカーとの間に入る形になります。インサイドハーフの背後に位置することになったマーカーには、センターバックからパスを出せなくなります。

【図1】インサイドハーフがセンターバックにプレッシング

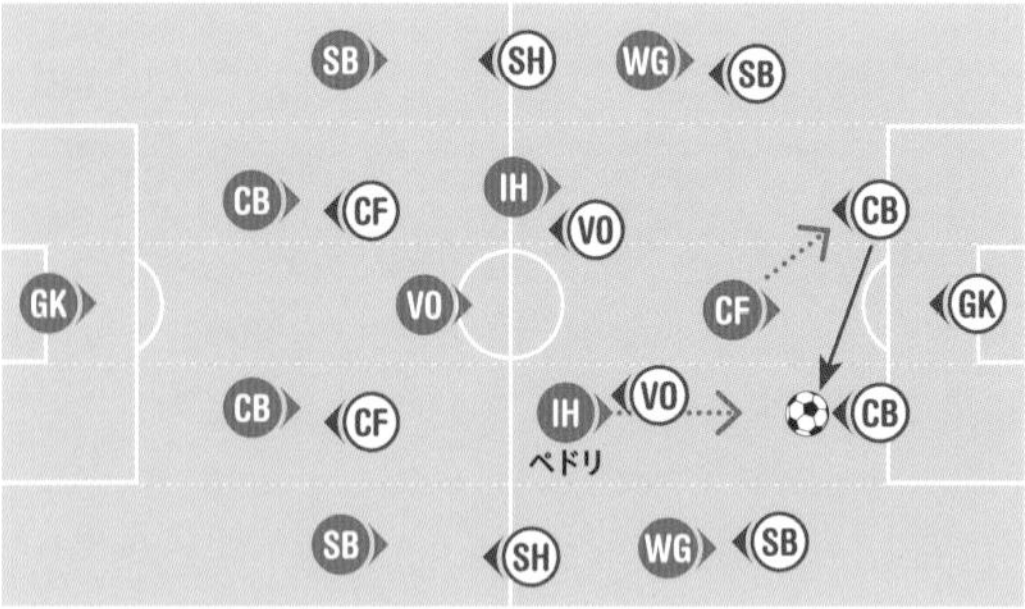

【図2】背後の選手にはパスを出せなくなる

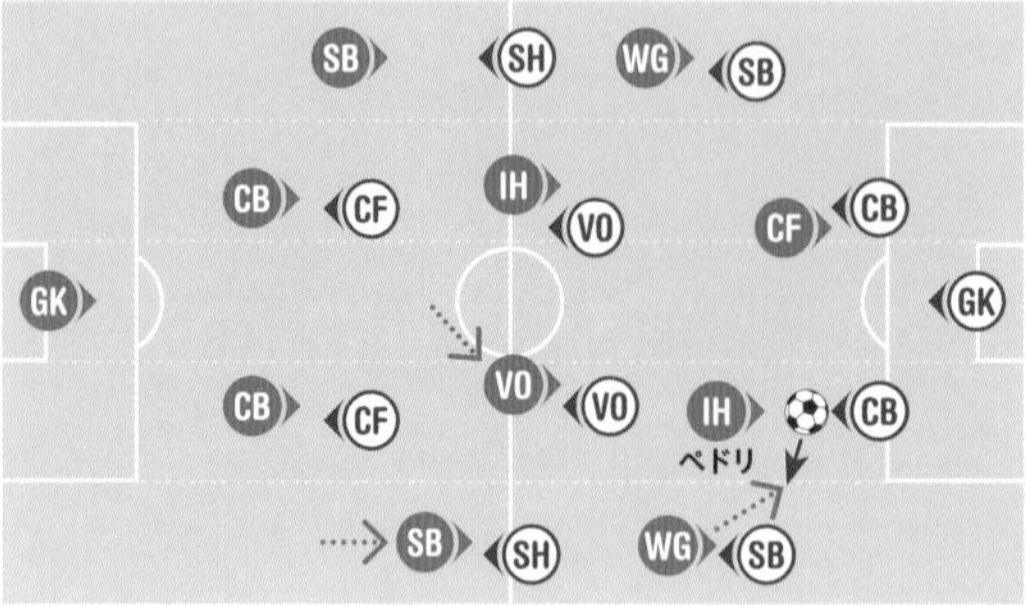

2023-2024シーズンのFCバルセロナ。4バックの相手に対し、2列目のインサイドハーフ（ここではペドリ）が真正面からプレッシングをする【図1】。多少距離があっても、正面から前向きにプレッシングすると、相手は中央へのパスを出しにくくなり、サイドバックにパスを出す。よって味方のウイングは狙いやすくなる【図2】。

初期設定のシステム
16ページ参照。

プレッシングの方向
86ページ参照。

ペドリ（ペドロ・ゴンサレス・ロペス）
スペイン出身のミッドフィルダー（2002年～）。

4バック(4-3-3)でのプレッシング②

次に紹介するのは、4-3-3でなるべく形を崩さずにプレッシングにいく形です。**ウイングが相手のサイドバックを背後に置きながらセンターバックに対してプレッシング**にいきます。相手はサイドバックを消されてしまい、逆サイドのセンターバックからサイドバックへとパスを回すことになるので、幅のスペースを圧縮することにもなります。

ただし、相手のサイドバックが下がって深さを取ったり、サイドハーフが下がってきたりするとパスを通されてしまうので、ウイングがプレッシングにいくタイミングが重要になります。

【図1】ウイングが外切りでセンターバックにプレッシング

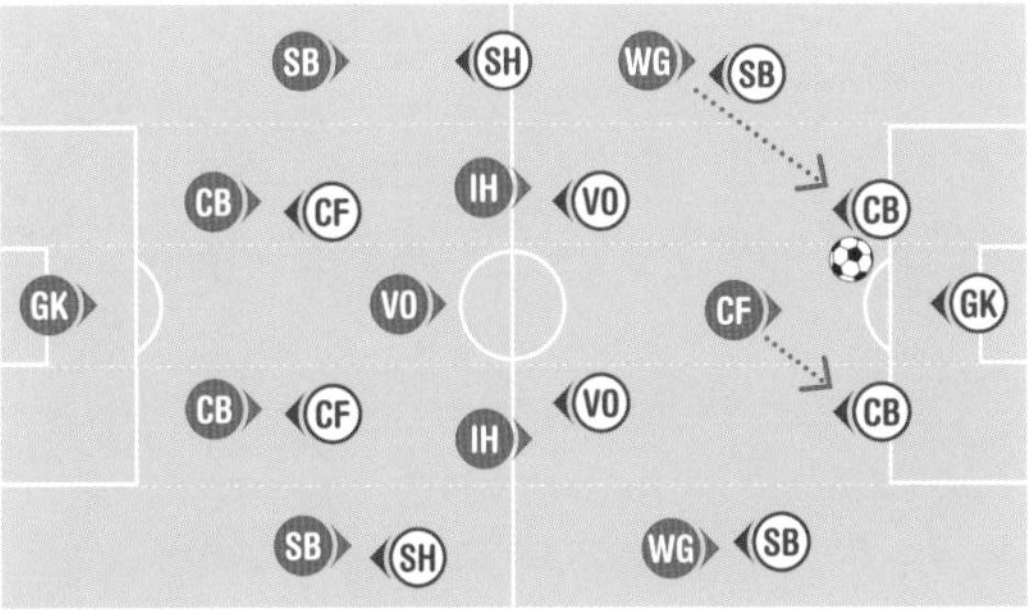

【図2】幅を圧縮しつつ、中央でポジションを上げる

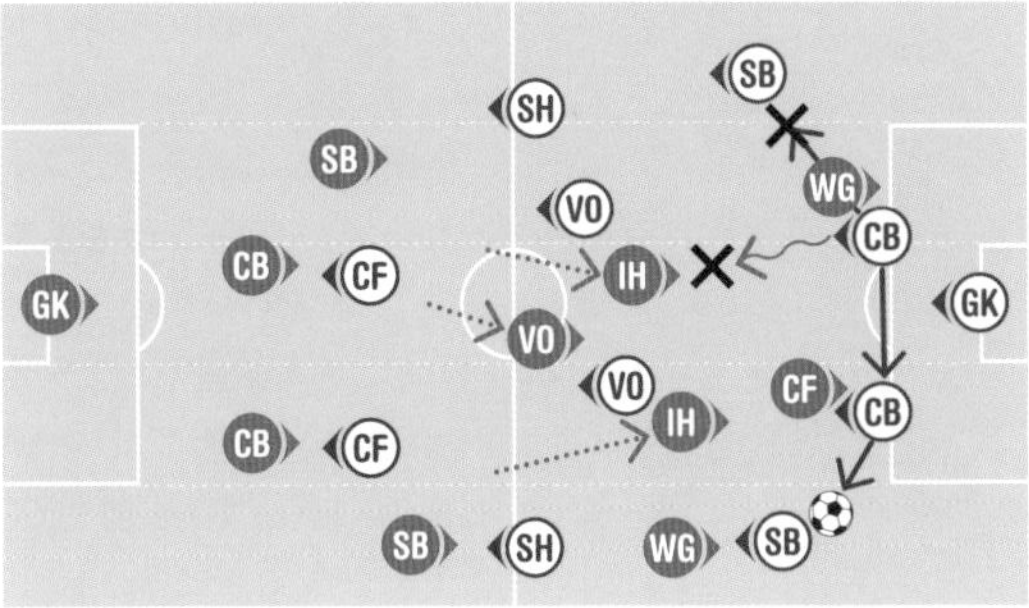

ウイングが外切りしてプレッシングにいく形【図1】。斜めからのプレッシングになるので、センターバックがコントロールすると前に運ばれてしまう。そのため、味方の中盤の選手たちは次のアクションに備えてポジションを上げる【図2】。相手は中央からビルドアップできなくなり、逆サイドにパスを回すことになる。

4バック(4-4-2)でのプレッシング③

4-4-2でプレッシングをする場合、オーソドックスな形としては、**ダブルボランチの1人を上げて縦関係にし、相手のボランチをマーク**します。**中央を締めてサイドに誘導**し、ボールの奪いどころを作ります。サイドならば、失敗してもカバーリングが可能です。

ある程度の位置まではマンツーマンディフェンスですが、**プレーモデルで決めたエリアからゾーンディフェンスに切り替え、パスの出しどころを限定**します。マンツーマンを続けるオールコートマンツーマンを行うチームもありますが、個々の選手に非常に高い能力が要求されます。

【図1】ダブルボランチの1人を上げて縦関係にする

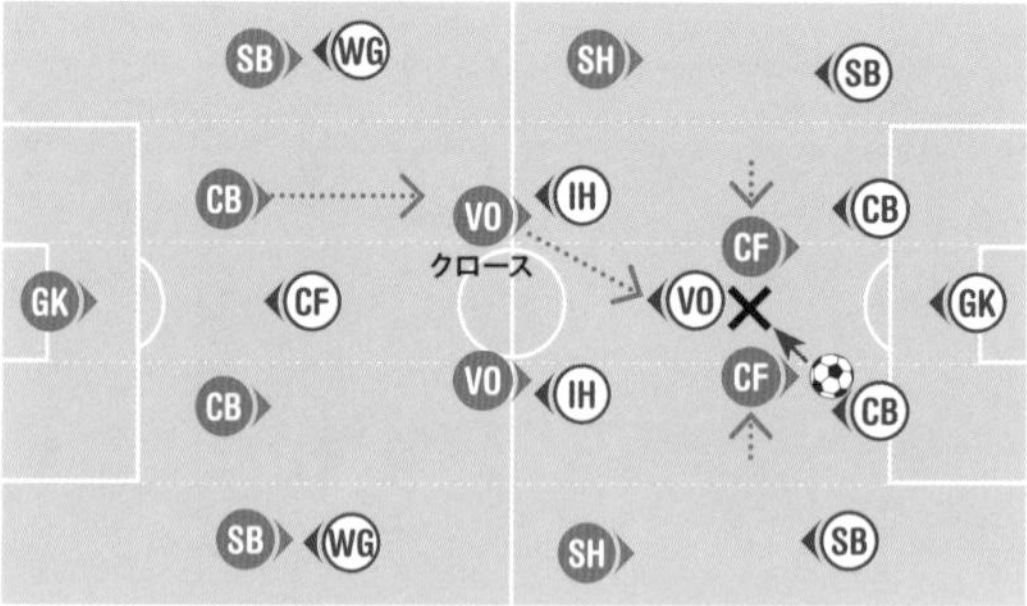

【図2】パスをサイドに限定してインターセプトを狙う

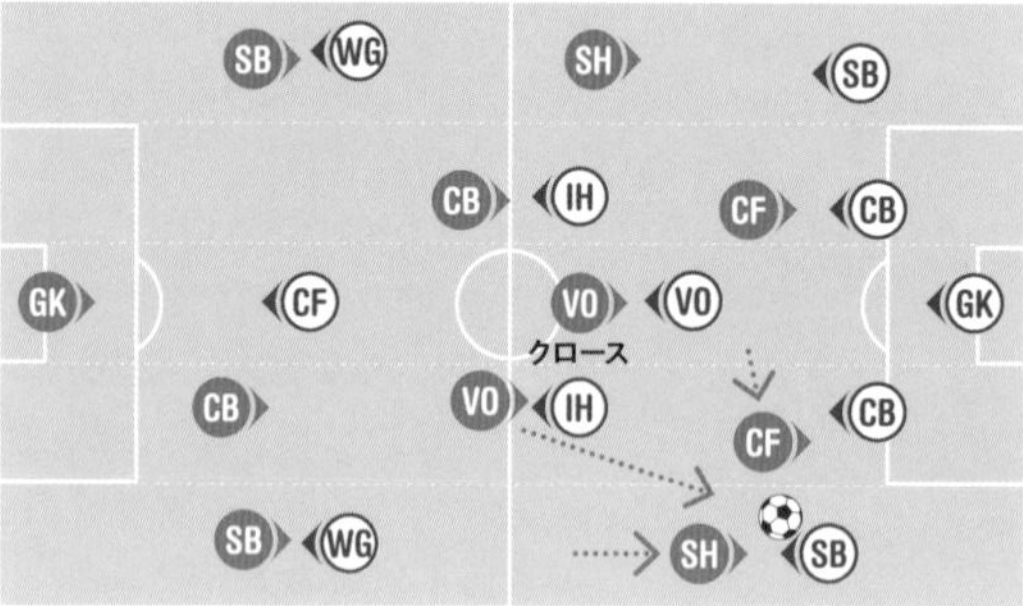

2023-2024シーズンのレアル・マドリー。ダブルボランチのクロースを前に上げて縦関係にして相手ボランチの自由を奪いつつ、2トップは中央を締める【図1】。センターバックからのパスの出しどころを限定し、相手サイドバックにボールが渡るように誘導した上でインターセプトを狙う【図2】。

オールコートマンツーマン
85ページ参照。

ゾーンディフェンス
84ページ参照。

トニ・クロース
32ページ参照。

4バック(4-4-2)でのプレッシング④

味方の2トップに対し、相手がセンターバックの間にボランチを下げる可変システムで、数的優位を作ってきた場合のプレッシング方法を解説します。

相手のボランチが最終ラインまで下がってしまうので、味方のボランチがそこまで追いかけていくよりも、一般的には**2トップのうちの1人が相手ボランチのマーク**につきます。

フリーになった相手のセンターバックに対しては味方のサイドハーフが、さらに味方のサイドハーフがマークしていた相手のサイドバックに対しては味方のサイドバックが**スライドして対応**します。

【図1】下りてきたボランチをセンターフォワードがマーク

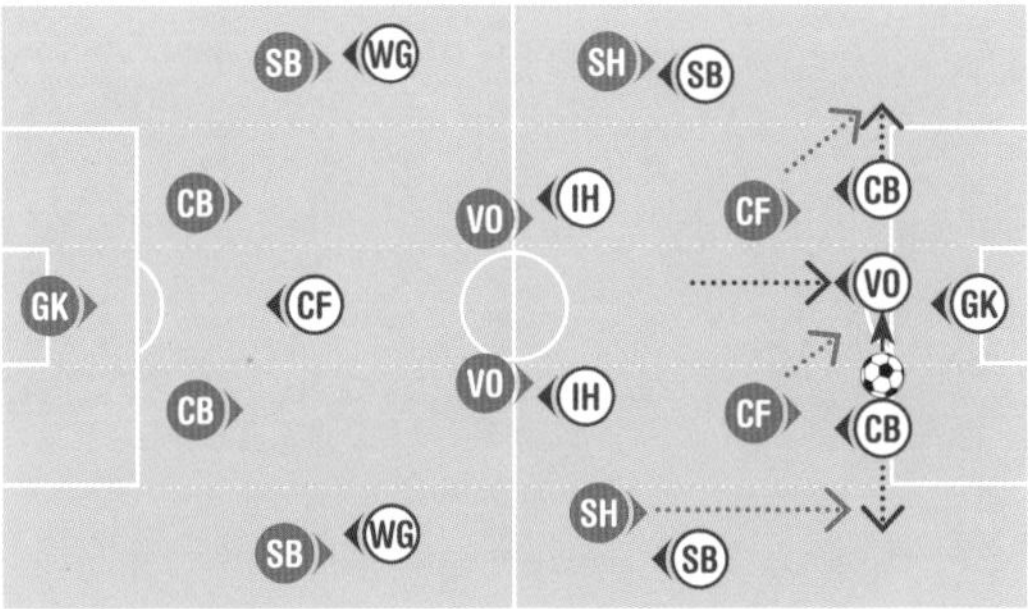

【図2】空いたポジションはスライドして対応

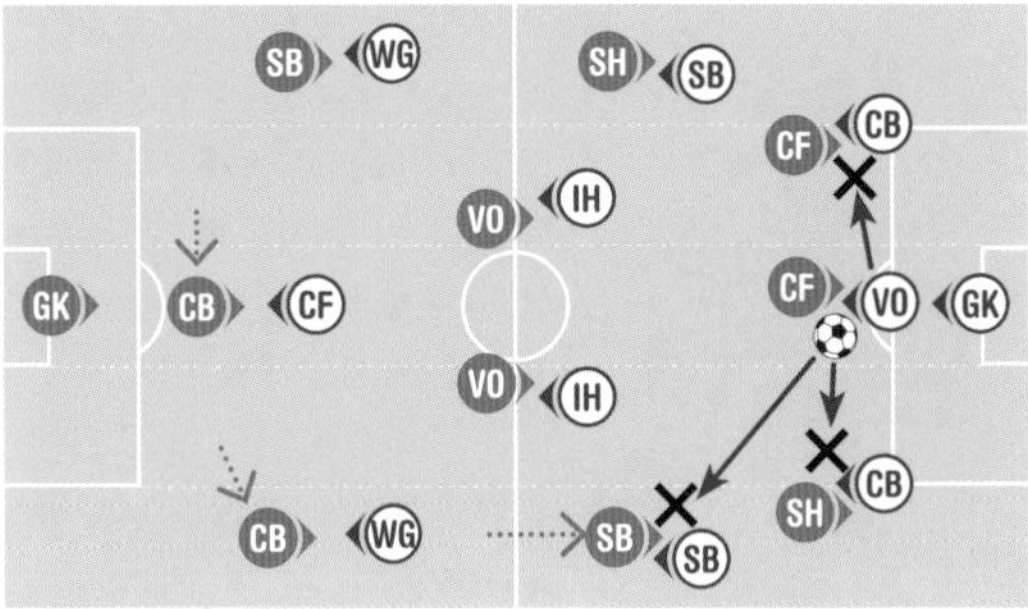

相手ボランチが下がる可変システムで数的優位を作ってきた場合、2トップの1人がボランチをマークし、センターバックをサイドハーフがマーク【図1】。他の選手も縦スライド、横スライドを行う【図2】。UEFAチャンピオンズリーグのようなレベルの高い試合では頻繁に見られるプレッシングの形だ。

可変システム
30ページ参照。

2トップ
センターフォワードが2人いる状態。

スライド
105ページ参照。

4バック（4－2－3－1）でのプレッシング⑤

4－2－3－1でプレッシングをする場合、フォワードが1トップのため、相手の2センターバックに対して数的不利になります。なので、中盤の選手を内側に集めるように配置し、中央への縦パスを出しづらくした上で、**サイドに誘導するようにセンターバックに対してプレッシング**をしていきます。

中央にいたセンターフォワードによって、横からプレッシングをされた相手のセンターバックが、**サイドバックにパスを出すタイミング**で味方の選手は一気に**同サイドにスライド**します。そしてスペースを圧縮し、囲い込みます。

【図1】センターフォワードのプレッシングによってサイドに誘導

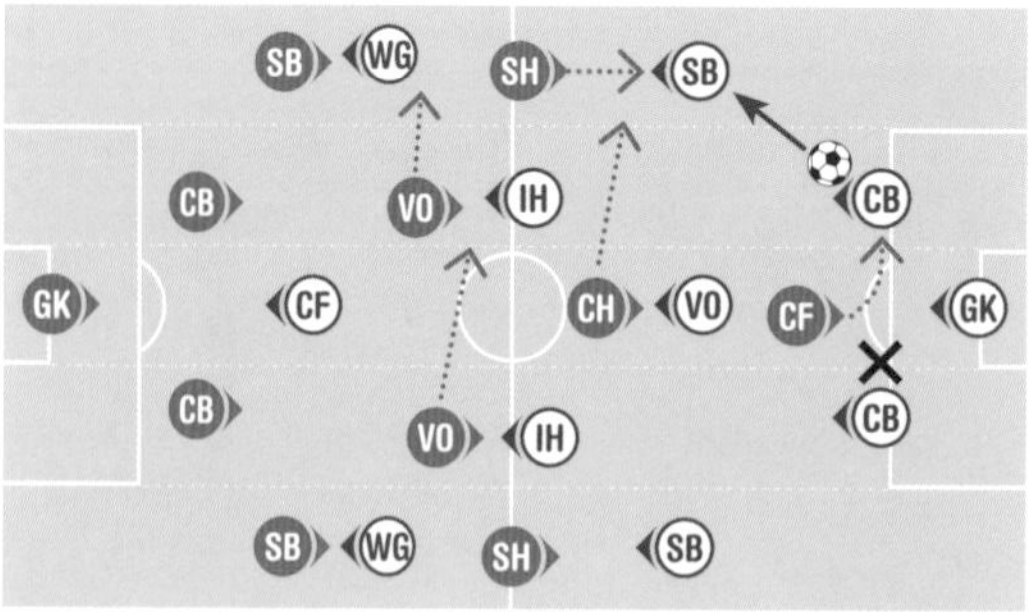

【図2】サイドにパスが出たタイミングで同サイドに圧縮

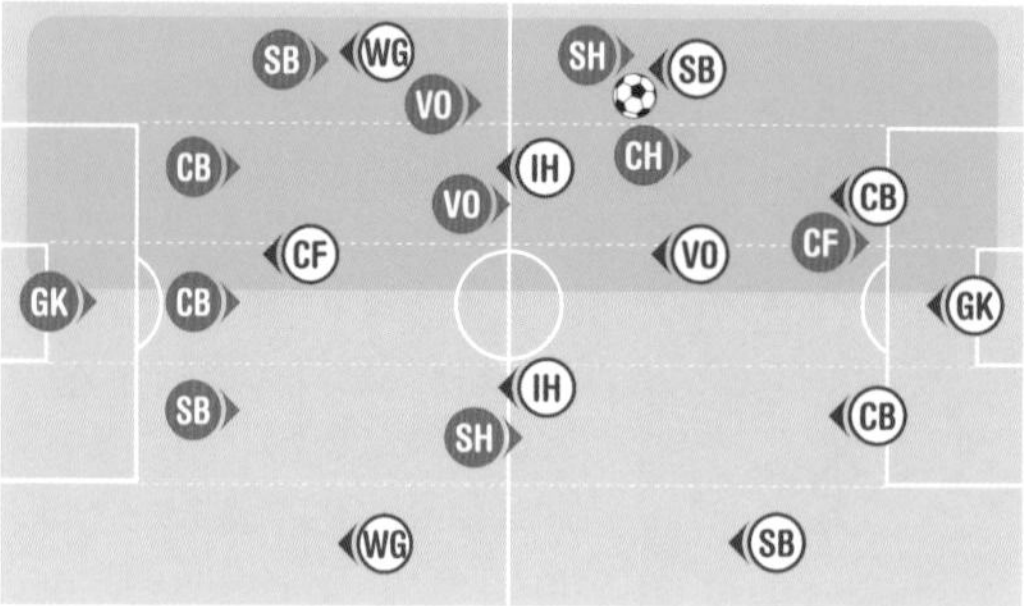

1トップの場合、逆サイドのセンターバックへのパスコースを切りながらプレッシングにいき、サイドに誘導する【図1】。スペースの圧縮を図った場合、ピッチを縦軸で割った半分、逆サイドは捨てるくらい圧縮する。ゴールキーパーへのバックパスなどで逆サイドに展開されたらスライドして同じように圧縮する。

1トップ
センターフォワードが1人の状態。

スライド
105ページ参照。

3バック(3ー5ー2)でのプレッシング

3ー5ー2でハイプレスをかける場合、ウイングバックが最初から相手のサイドバックに対してマンツーマンディフェンスをせずに、相手の**サイドバックとウイングの中間ポジション**を取ります。

どちらにボールが渡っても対応できる位置、特に背後にいる相手のウイングを意識したポジションを取ることで、サイドバックにボールが渡った時、**ウイングへの縦パスのコースを切っておく**ことができます。万が一、相手のセンターバックからウイングバックの裏にパスを通されても、センターバックがカバーにいくことができます。

【図1】ウイングバックが中間ポジションを取る

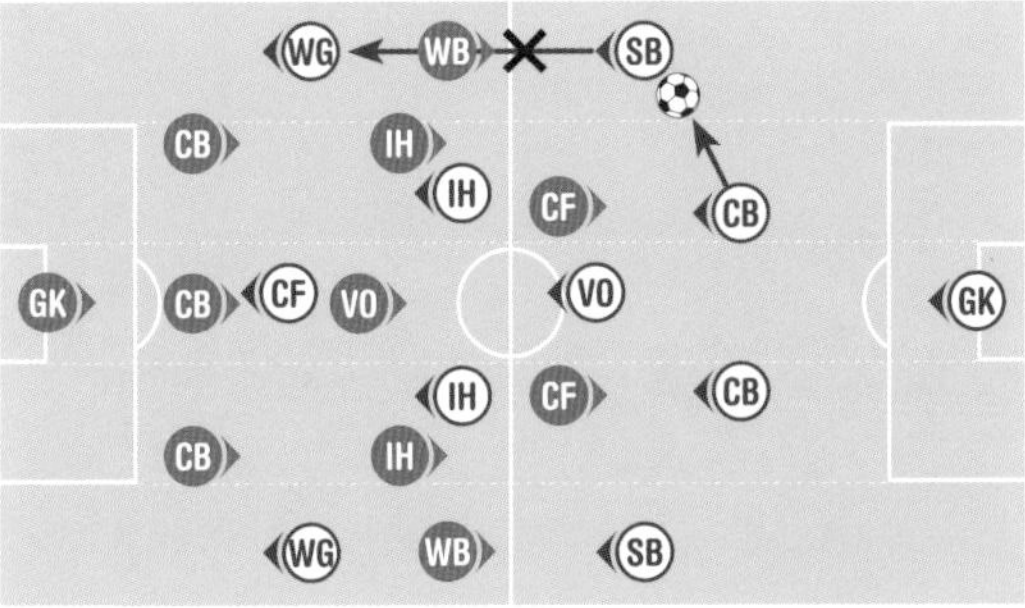

【図2】ゴールキーパーへのパスの瞬間、プレッシングをする

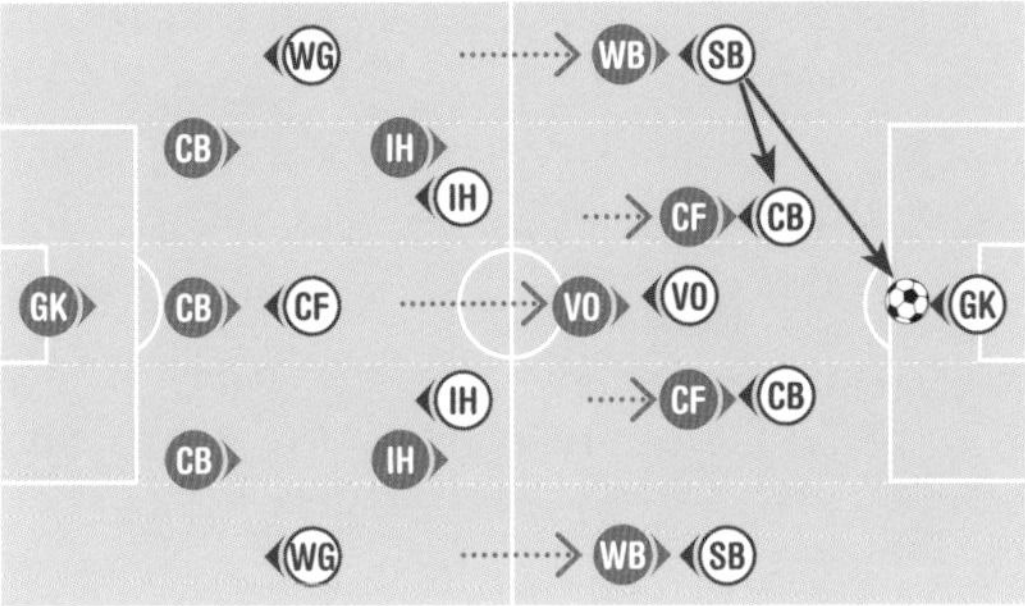

5バックのチームがゾーン3でハイプレスする場合は3バックになる。ウイングバックが相手のサイドバックとウイングの中間ポジションを取り、縦パスのコースを消す【図1】。相手のサイドバックが縦パスを出せずに、ゴールキーパーやセンターバックに戻した瞬間、プレッシングをする【図2】。

中間ポジション
41ページ参照。

5バック(5-3-2)でのプレッシング

5バックで5-3-2のシステムの場合、**中央に人数をかけて守っている**ので、相手のセンターバックはフリーでボールを持てるのですが、縦パスを入れることは難しくなります。そのため、サイドバックにパスを出すことが多くなってきます。

そこでインサイドハーフがプレッシングにいき、中央を切ることで**ウイングへのパスを誘導して、そこでインターセプトを狙います**。もしも抜かれても、5バックであればセンターバックがすぐにカバーリングできるので、ウイングバックは強めにプレッシングにいくようにします。

【図1】中央を切って、ウイングへのパスを誘導

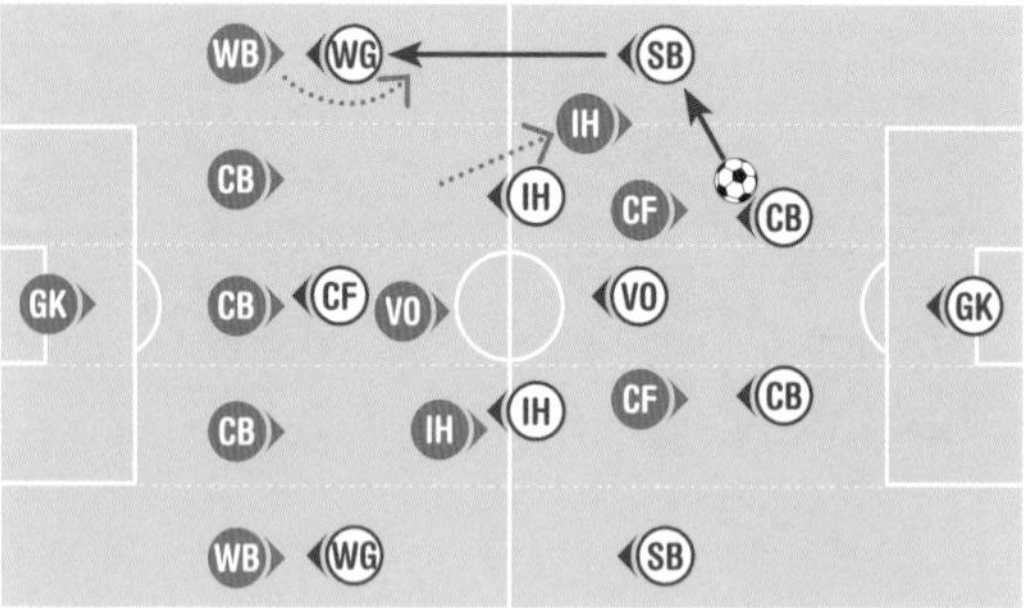

【図2】狙っていたウイングバックがインターセプト成功

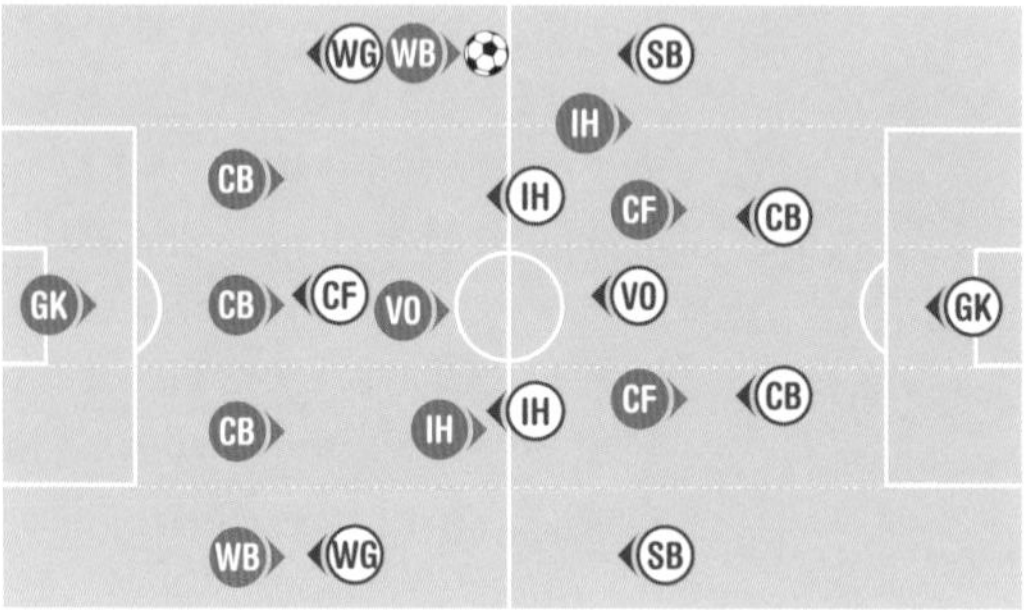

ボールが渡った相手サイドバックに対してインサイドハーフが、マークについていた相手を背中で消しながらプレッシングにいく。パスコースが相手ウイングに限定されるので、ウイングバックはインターセプトを狙う【図1】。5バックの利点は、前向きに思い切ったプレッシングをかけることができること【図2】。

インターセプト
相手のパスを奪うこと。

5バック(5－4－1)のゾーン1での守備

5バックでも5－4－1になると、ゾーン3での能動的なプレッシングではなく、ラインをしっかりと整え、密度を濃くして引き込んで奪う形になります。1トップなので3ラインというより、5－4の**2ラインでゾーンディフェンスを行い**、担当エリアに入ったボールを弾き返します。

最終ラインとセカンドラインを圧縮し、スペースを狭くすることで相手は外でパス回しをすることになります。縦パスを入れることも難しくなり、サイドからアーリークロスを入れられたとしても、中央の3人のセンターバックによって弾き返すことができます。

【図1】5−4の2ラインでゾーンディフェンスを行う

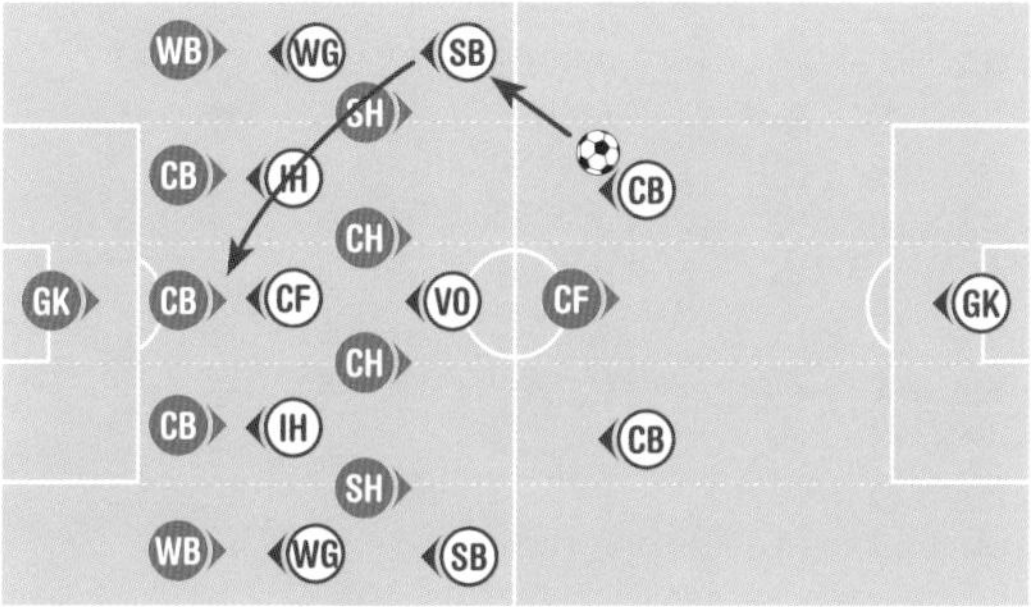

【図2】アーリークロスを弾き返す位置を決めておく

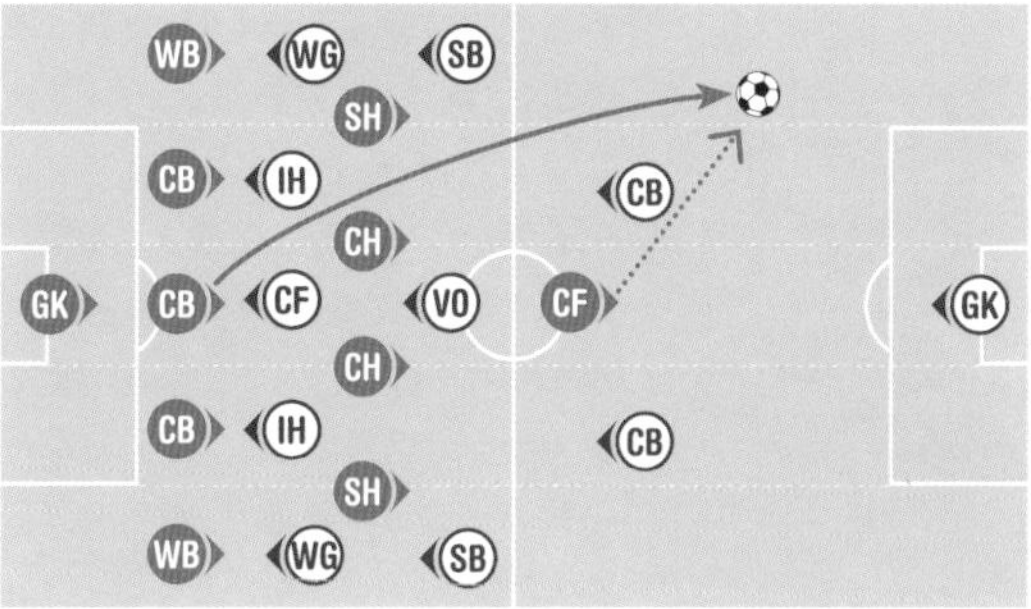

2ラインを圧縮することによって、相手は外からアーリークロスを入れることが多くなる【図1】。FIFAワールドカップカタール2022の日本代表もドイツ代表やスペイン代表に対して行った戦術。アーリークロスをどこにクリアするのか、そのボールに対して誰がいくのかを戦術として決めておけば、ロングカウンターに繋がる。

5バック(5－4－1)
リードしているチームが試合終了間際に逃げ切る場合や、実力差があるチームを相手に守備重視で臨む場合に使われるシステム。ゾーン3でプレッシングを行うことはしないが、システムごとの守備のチーム戦術として、あえてここで紹介した。

1トップ
センターフォワードが1人の状態。

ゾーンディフェンス
84ページ参照。

サイドへの誘導

守備の考え方としては、ゴールは真ん中にあるので、まず**中央から消してサイドに誘導する**ことが基本になります。サイドに誘導することのメリットは相手のプレーエリアを限定できることです。中央では360度あったプレーエリアが、サイドでは180度に半減します。そのため、サイドの方がボールの奪いどころを作り、スペースも消しやすくなります。

ゾーン3の守備で、**サイドの選手に求められるのはポジショニングです。**1人で2人の相手を見なければならない状況が多々あります。93ページでも紹介しましたが、**ボールを出す相手と受ける相手の中間ポジションを取り、両方に対してプレッシャーをかける**ことが重要になります。

ただ、反対の考え方でサイドに誘導せず、中央でボールの奪いどころを設定しているチームもあります。あえて中央にボールを蹴らせ、守備の人数の多い中央で前向きな守備を行うという戦術です。

【図1】サイドに誘導し、サイドの選手が中間ポジションを取る

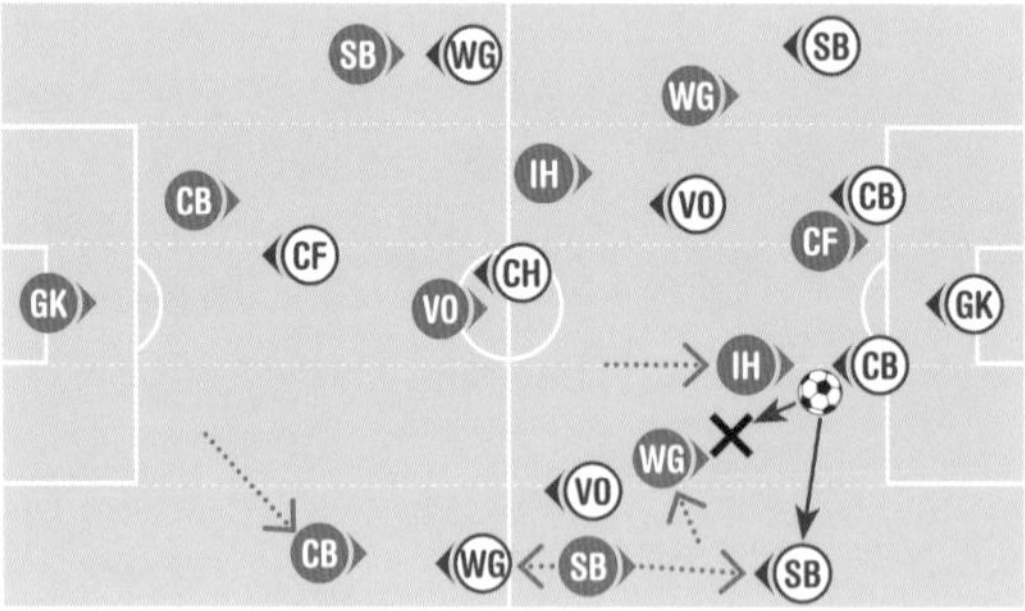

相手のパス循環をサイドに誘導することで、奪いどころを作る。サイドに誘導すれば、相手のプレーエリアを360度から180度に半減させることができる。誘導の際、サイドの選手に求められるのは、1人で2人の選手を見ること。【図1】ではサイドバックが中間ポジションを取り、相手サイドバックとウイングを抑えている。

中間ポジション
41ページ参照。

ゴールキーパーを使われた場合

ビルドアップにおいて、ゴールキーパーを入れてプラス1を作ることが増えています。相手がゴールキーパーを使ってビルドアップしてきた場合は、確実に数的不利になります。なので前線で守る**フォワードの選手は、相手ゴールキーパーとパスを受ける選手の中間ポジションを取ります。**右ページのサイドと同様の考え方です。ゴールキーパーを相手にした場合も、基本的には中央を通されないようにサイドに誘導するようにします。

　深追いしてゴールキーパーに対してプレッシャーをかける場合は、センターフォワードがマークしていたセンターバックとゴールキーパーの間、中間ポジションを取ります。ゴールキーパーからセンターバックへのパスコースを消し、**パスが通らないポジショニングを取れたと判断できたところで、ゴールキーパーに対するプレッシングをします。**

【図2】ゴールキーパーに対するセンターフォワードの位置

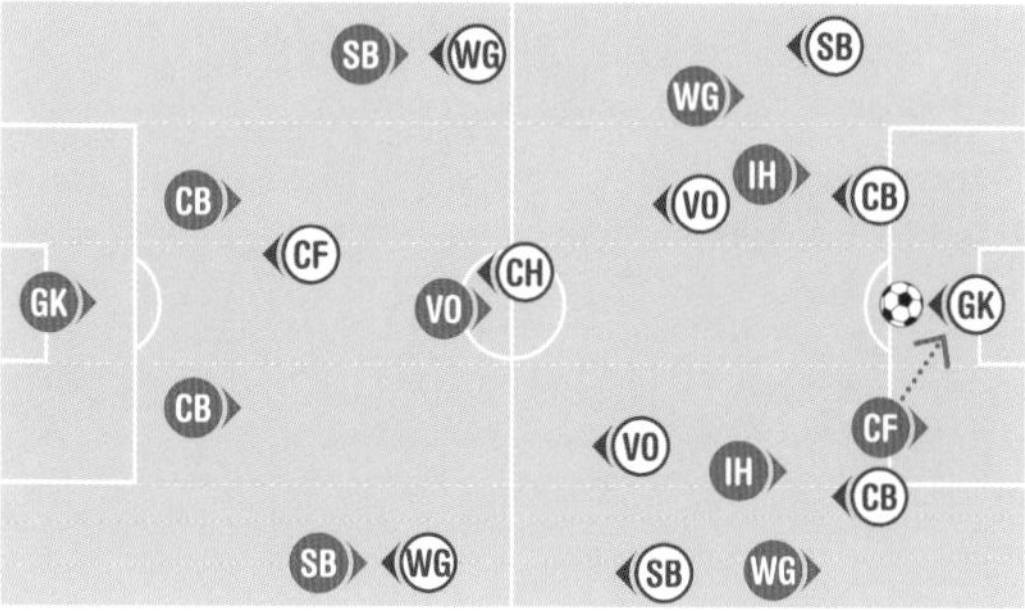

相手がゴールキーパーを使ってビルドアップしてきた場合、ゾーン3で数的同数を作るのは難しい。ゴールキーパーまで深追いする選手は、味方の後方の状況を確認した上で行う。

プラス1
相手よりも1人多い状況。

ゾーン2での守備

03
Defense

前進に対する守備のポイント

ゾーン2での守備の考え方は、2つに分けられます。

まずは、**ハイプレス型のチームがゾーン3でハイプレスをかけながらプレス回避されてしまった場合**です。その時はリトリートしながら守備組織を再設定する必要があります。

もうひとつは、ゾーン3からのハイプレスを回避されてしまう可能性が高い場合、**ハイプレスをせずに最初からゾーン2で待ち受けて守備を設定**します。リトリート型のチームに多い守り方です。ハイプレスを行わないことで3ラインをコンパクトに保つことができ、ゾーン2であれば相手のスペースもあるので、奪ってからのカウンターアタックを成功させる確率も高まります。

【図1】ゾーン2での守備を行う位置

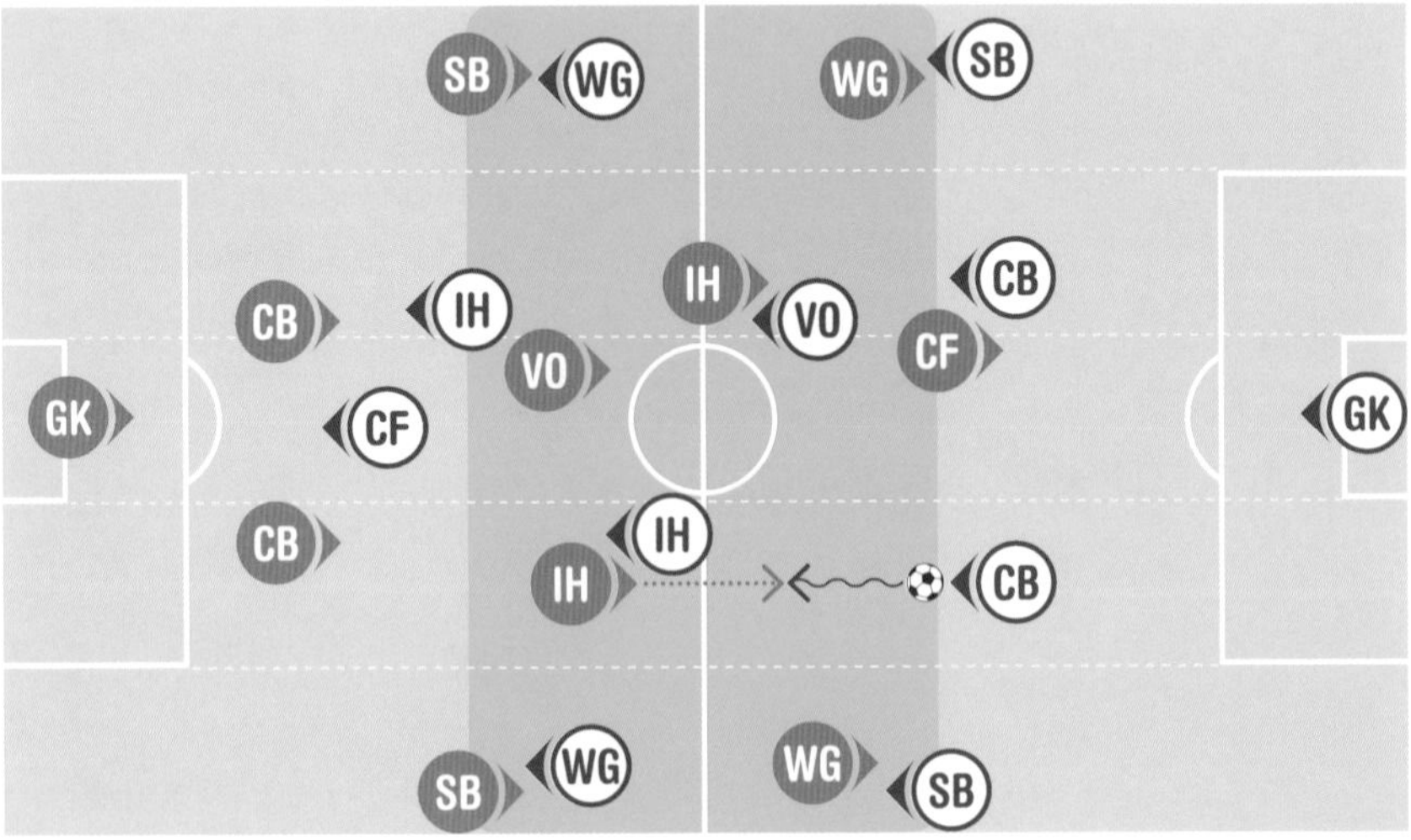

ハイプレス型とリトリート型を組み合わせたハイブリッド型のチームが多くなっている。プレーモデルにもよるが、試合開始から最初の10分～15分はゾーン3でのハイプレスを行い、その後はゾーン2で構えるというチームも多い。

【図2】ゾーン3でハイプレスをかけながらプレス回避されてしまった場合

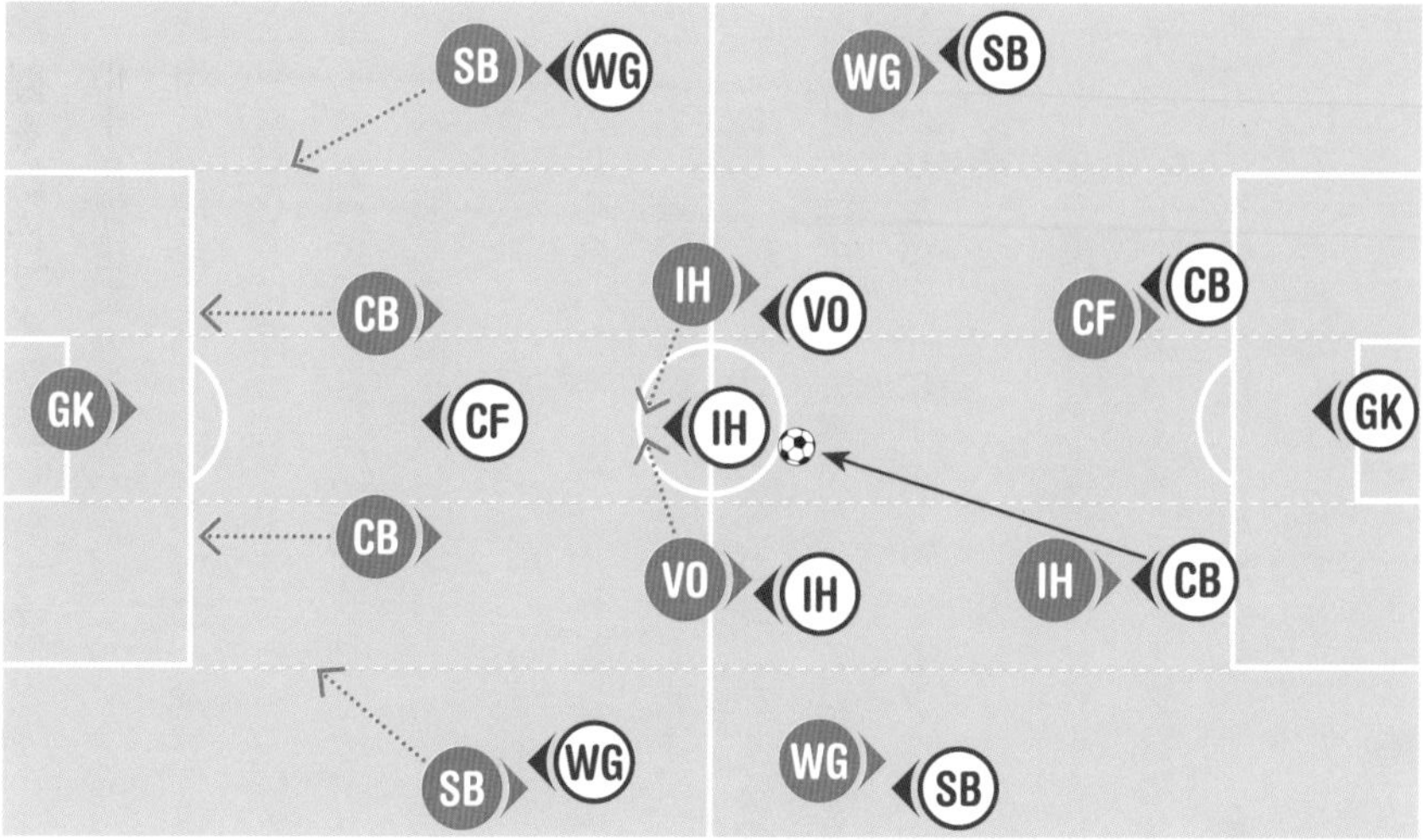

ゾーン3でプレス回避されてしまった場合、まずはディフェンスラインを自陣ペナルティエリア手前のゾーン1まで戻す。そして中盤より前の選手も自陣ゾーン1での守備設定のポジションに素早く戻る。プレス回避されたら、とにかくリトリート。

【図3】ハイプレスをせずに最初からゾーン2で待ち受ける場合

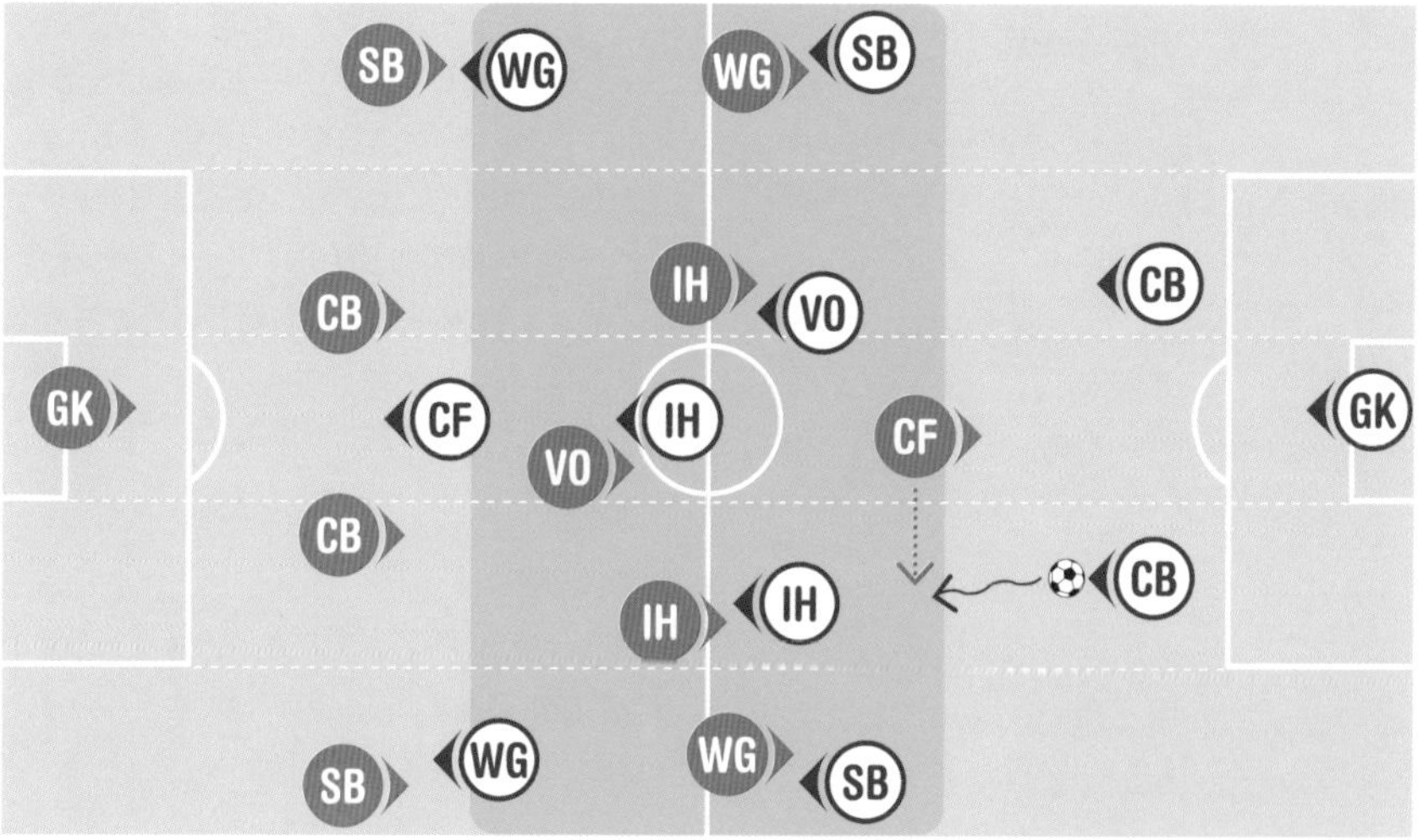

ゾーン3からのハイプレスが相手のビルドアップによって回避されてしまう可能性が高いと判断した場合、ゾーン3でのハイプレスを諦め、最初からゾーン2で待ち受けた守備を設定する。

中盤を経由する攻撃に対する守備

相手が保持型のチームで、ビルドアップから中盤を経由して前進を図ってくる場合、重要なのは**3ライン**を**コンパクトに保つ**ことです。ライン間を狭めた上で選手同士の距離を縮め、パスコースやドリブルのスペースを消す守備を行います。

こうすることで相手はボールを保持していますが、前進のためのパスやドリブルが思うようにできなくなるため、攻撃に問題や迷いが生じます。

しかし、待ち受けて相手がミスをするのを待っているだけではボールを奪えないので、**狙いどころを作り、しっかりとボールにアタックするアクション**も重要になります。

ボールの奪いどころは、やはりサイドが多くなります。サイドでパスコースとスペースを限定して、前向きなアクションを起こせる時に奪いきります。奪いきれずに逆サイドに逃げられてしまったらスライドして対応し、我慢強く同じアクションを続けます。

【図1】3ラインをコンパクトにして、サイドでボールを奪う

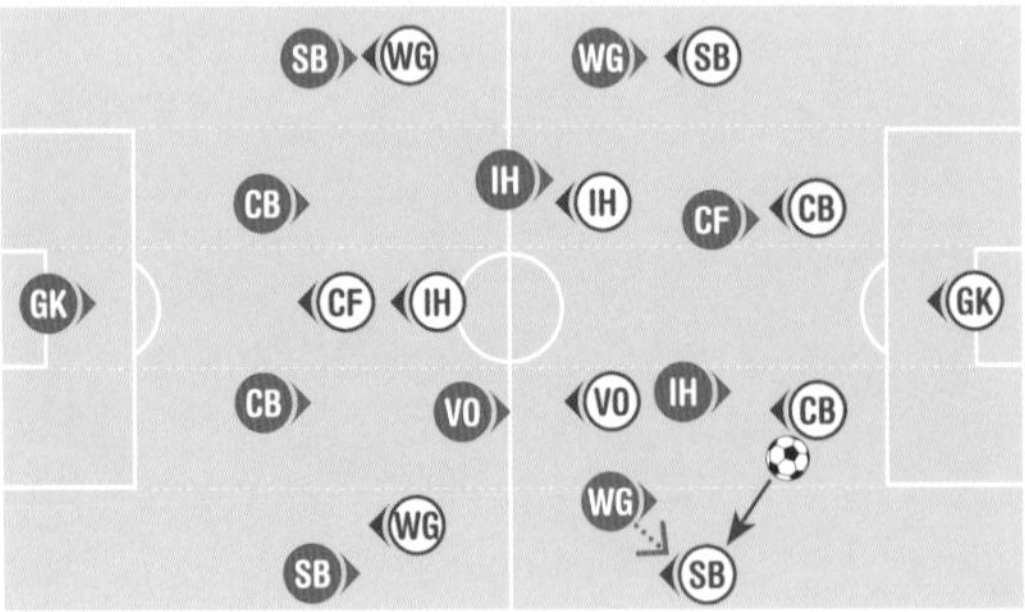

プレーエリアを180度に限定できるサイドの方が、ボールの奪いどころ、狙いどころになりやすい。そのため、ディフェンスラインをコンパクトにした状態でサイドにボールを誘導し、チームとしての奪いどころを共有しながら一気にボールにアタックして、ボール奪取を試みる。

3ライン
82ページ参照。

スライド
105ページ参照。

中盤を省略した攻撃に対する守備

相手がカウンター型のチームで、中盤を省略して前進を図ってくる場合、まずはしっかりと戻って守備をします。相手の**ロングパスに対しての競り合い、こぼれ球（セカンドボール）に対する意識とポジショニングが重要です。**フォワードはボールの出どころを押さえようと思ってプレッシングにいくので中盤が間延びしがちなので、そこも注意します。

ボールが上空を越えていく展開になるので、競り合う位置やセカンドボールを拾う位置に素早く移動する必要があります。セカンドボールを拾うにはボールの軌道と落下地点で競り合っている選手の状況を見て、どのあたりにボールがこぼれるか、ということを予測します。

また、グラウンダーのパスによるポストプレーでフォワードが下がってくる状況があるので、その時には味方のセンターバックから中盤の選手にマークを受け渡すことも重要になります。

【図2】競り合う状況を見てセカンドボールを拾える位置に移動

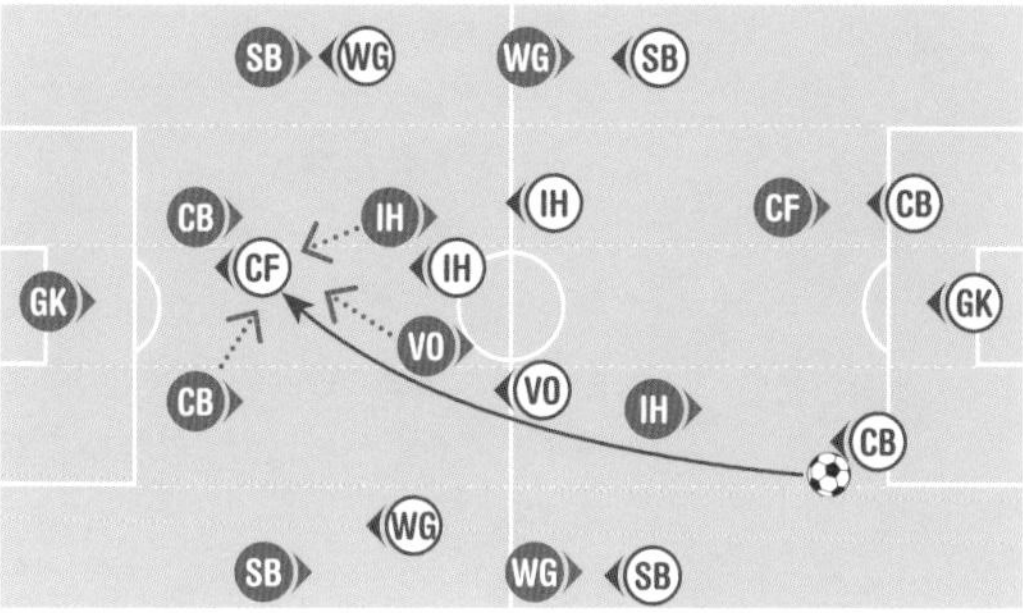

相手がダイレクト攻撃をしてくる場合は、ゾーン3でのハイプレスは無効化されることが多いため、ゾーン2やゾーン1に入ってくるロングパスへの準備を優先する。まずはボールの落下地点で競り合う選手が競り勝つことが重要で、周辺の選手はこぼれ球に反応できるポジションを取る。

セカンドボール
競り合いの結果、どちらのチームも保持していない状態のボール。

グラウンダーのパス
地面から浮いていないパス。

ポストプレー
26ページ参照。

カバーリング

ここからゾーン２の守備としてグループ戦術をいくつか説明しますが、ゾーン２に限ったことではなく、守備全体に関わる内容になります。

84ページで解説したとおり、ゾーンディフェンスでは個人が担当するエリアが決まっています。しかし、相手選手に抜かれてエリアを破られることがあります。その場合に近い選手から移動して、**自分の担当エリアを捨ててでもボールに対して適切に対応するアクションがカバーリング**です。

スペインでは「味方が抜かれた後に助けに入るアクション」ではなく、「味方を助けられるポジションを取っていること」自体がすでにカバーリングを実行していることと考えられています。

味方が抜かれてから「カバーリングにいかなくては！」と対応するのと、バランスの取れた守備ブロックを作っている時から「自分はあの味方のカバーリングをしなくては」というように頭の中で常に味方と繋

【図1】相手選手にエリアを破られてしまった状態

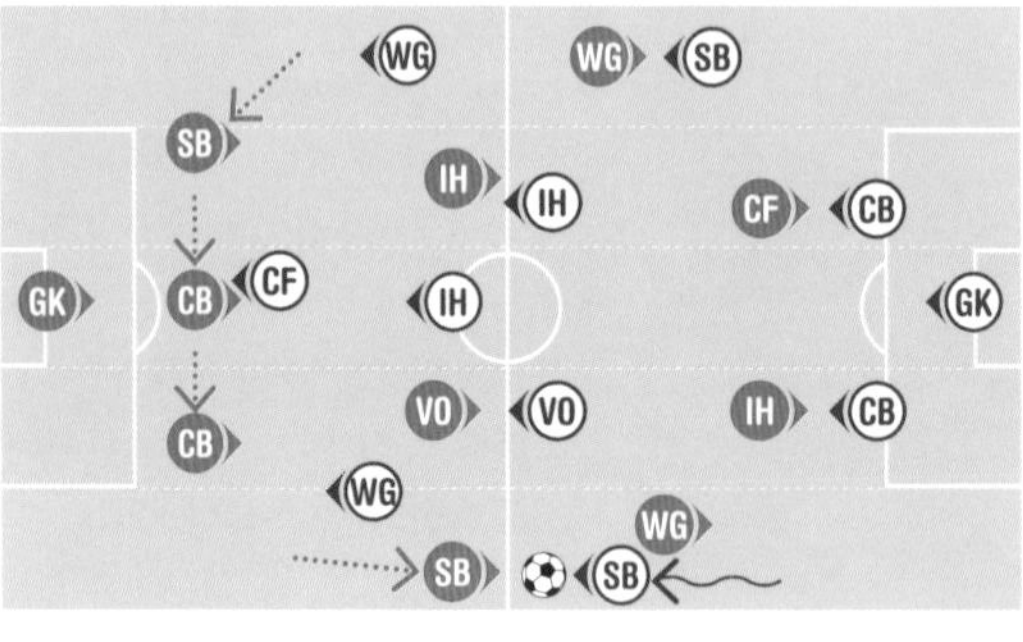

守備においては、自分のエリアから近い味方選手がエリアを破られてしまうことを常に想定しながら、ポジションを取ってプレーすることが重要。実際に、相手選手に抜かれて突破された場合、自分の担当エリアを捨ててでもボールに対して適切に対応する。

ゾーンディフェンス
84ページ参照。

エリアを破られる
相手の攻撃によって守備の担当エリアから後ろにボールを運ばれること。

がっているのとでは、危険な状況に対しての守備アクションのスピードに違いが出ます。加えて、「カバーリングの味方が後ろにいてくれる」ことが分かっていれば、ボールへのチャレンジもよりアグレッシブに行えます。

ゾーンディフェンスを行う場合、基本的に横一線のライン上にポジションを取っているので、ラインを揃えながら横にいる味方が抜かれた時のことを常に警戒しておきます。**実際のカバーリングでは、味方が抜かれた時に斜め後ろに戻るアクションになります。**抜かれることを想定するあまりラインから外れ、下がった深いポジションを取ってしまうと、オフサイドを取れなくなってしまいます。

カバーリングは個人のアクションではありますが、チーム内の何人かの選手がグループ戦術として行うことで、ラインまたは守備ブロックとして連携の取れた守備アクションを実行できます。

【図2】抜かれた味方の斜め後ろでカバーリング

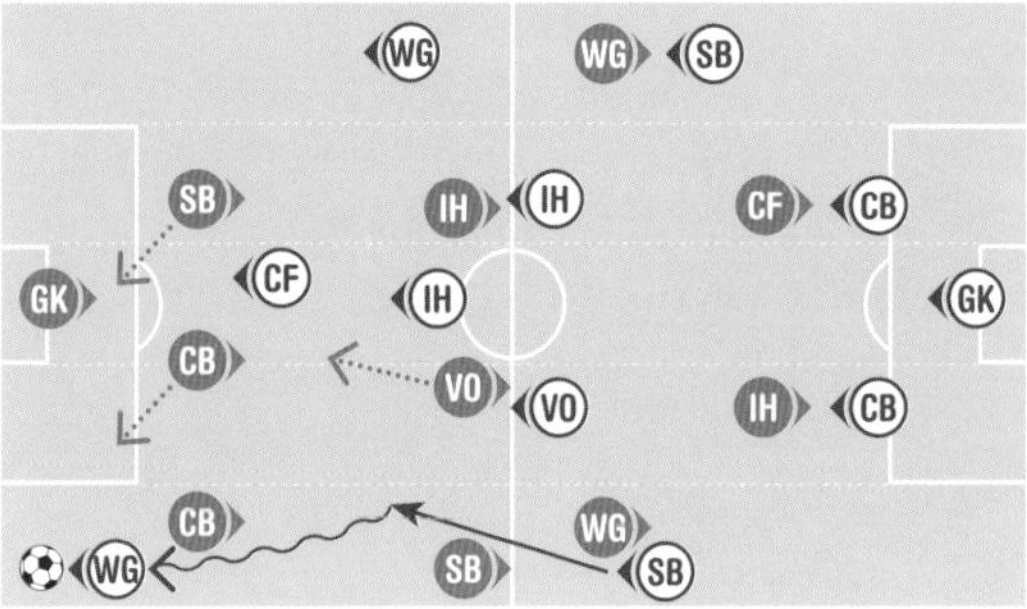

特にディフェンスラインからカバーリングに出た選手も抜かれてしまった場合、実際のカバーリングでは、味方が抜かれた斜め後ろに戻るアクションがカバーリングとなるケースが多い。初めからディフェンスラインを崩すのではなく、斜めにカバーリングするアクションを想定したポジションを取っていることが重要。

ライン
82ページ参照。

深いポジション
守備の場合、自陣のゴールラインに近いポジション。

オフサイド
56ページ参照。

ペルムータ(カバーリングのカバーリング)

味方のエリアが突破された時に、カバーリングするために自分のエリアから出ていき、突破された選手が空いてしまったエリアをカバーすること、いわば**カバーリングのカバーリングをスペイン語で「ペルムータ」**と呼びます。ペルムータの動きは、空いてしまったエリアまたはフリーになった選手に向けて行われます。守備のバランスを維持し、フリーなスペースを与えないようにして、相手の攻撃の前進を防御することが目的です。ペルムータは特に、サイドの選手が突破されてしまった時に多く実行される戦術です。

できていない例として、突破されてしまったサイドバックの選手がどこに戻ればいいのか分からず、カバーに入ったセンターバックが本来守るべき場所を、誰も守っていないという状況があります。中央のエリアを空けてしまうことは危険ですので、突破されたサイドバックは、すぐにペルムータを行い、スペースの穴埋めをする必要があります。

【図1】ペルムータでの動き方

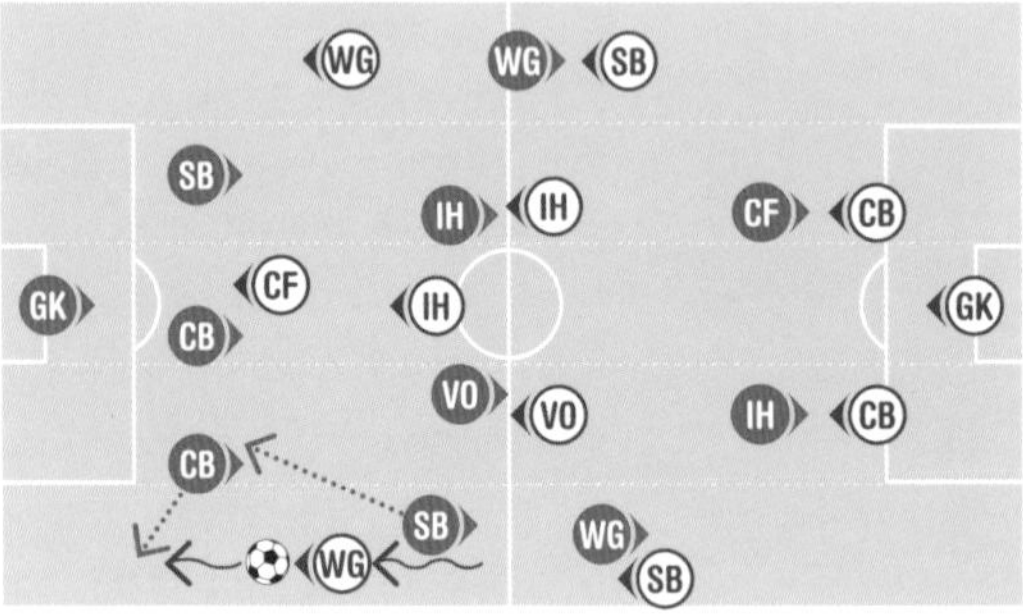

【図1】ではサイドバックが突破されたことで、近くにいる味方のセンターバックがカバーリングに出てくる。センターバックが空けたエリアに、サイドバックが入る。この動きがペルムータだ。2人によるカバーリングのカバーリングという関係性の動きになる。

ペルムータ(Permuta)
スペインのサッカー戦術用語。スペイン語で「配置交換」という意味。

カバーリング
102ページ参照。

スライド（横スライドと縦スライド）

スライドは、ボールの移動に合わせて横方向または縦方向でポジションを修正する動きです。横方向は「**横スライド**」、縦方向は「**縦スライド**」と呼びます。スライドには、カバーリングと同様にポジションを外した選手のエリアを埋める動きや、プレッシングをするアクションも含みます。

守備においては、各ラインが鎖で繋がれたように一体感を持って動くことが重要です。誰かが1メートル動けば、ラインを構成する他の選手も同じように1メートル動いてユニットとしての距離感は常に整えておきます。**相手がサイドチェンジを行った時には、横スライドによって対応**します。

1つ前のラインにプレッシングをしたり、マークした相手を捕まえにいったりするアクションが縦スライドになります。サイドバックやウイングバックが主に行います。縦スライドで空いたエリアは、センターバックが横スライドで埋めます。

【図2】サイドの選手が縦スライドし、横スライドで埋める例

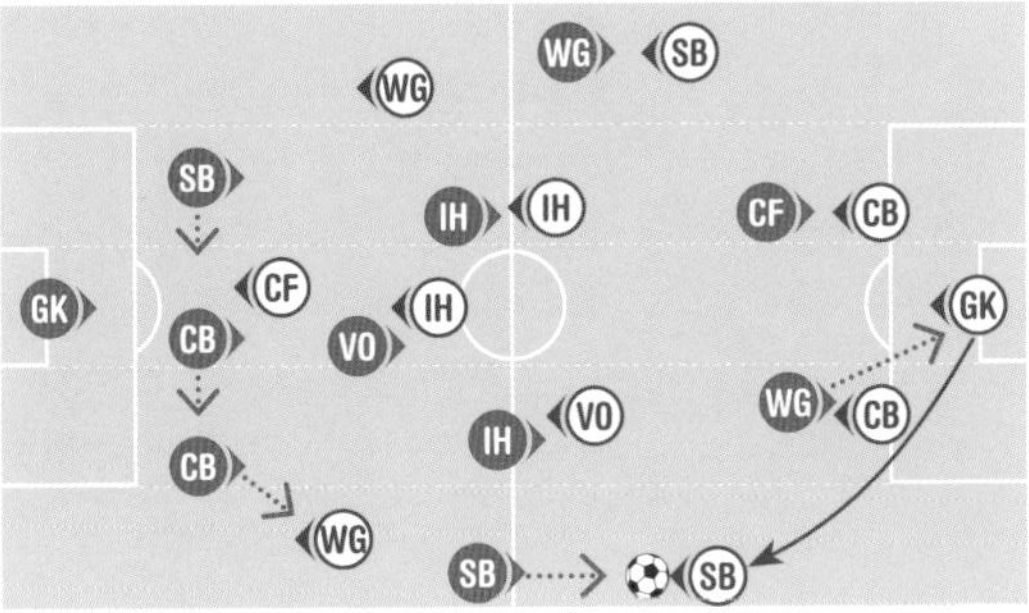

縦スライドと横スライドが同時発生で起こりやすいのが、ゴールキーパーから前線のファーストラインを越すボールを出された時。【図2】の場合はサイドバックが縦スライドし、センターバックが横スライドして後方のエリアをカバーするという動きである。

サイドチェンジ
51ページ参照。

マークの受け渡し

可変システムなどを使って、安定した守備組織を崩そうと**相手がポジションチェンジをしてきた場合、ボールの周辺状況に合わせてマークの受け渡しを行います。**

マンツーマンの守備では、マークの受け渡しは縦方向にボールが出ないと判断した瞬間に行います。難しいアクションですが、判断を誤ると受け渡しの瞬間にボールを出されてしまう可能性があります。

マークの受け渡しのチャンスとしては、相手ゴールキーパーへのバックパスがあります。バックパスが出されてゴールキーパーに渡るまでの間（ボールの移動中）に受け渡しを完了させます。

逆に言うと、縦方向にボールが出てくる状況である限り、マークの受け渡しをしてはいけない、ということになります。例えば、ゾーン2の守備から話が逸れますが、当然ゾーン1でのクロス対応でもマークの受け渡しはするべきではありません。

【図1】ゴールキーパーへのバックパスが出た瞬間、受け渡す

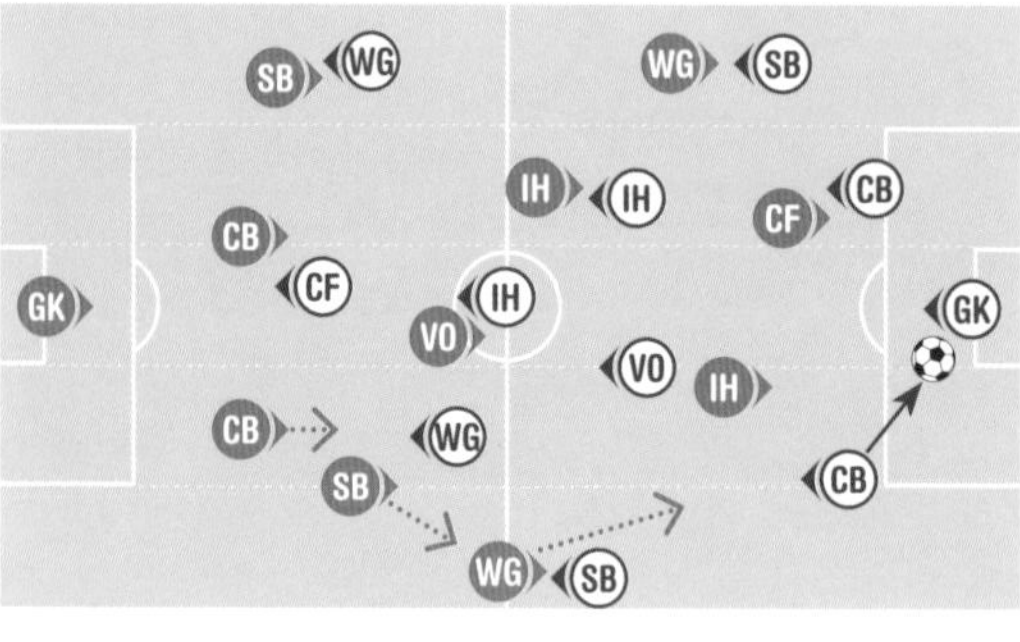

相手がポジションチェンジをしてきた時に、どこまでついていって、どこでマークを受け渡すのか、ということが戦術的なポイント。【図1】ではバックパスのボールが動いている間にウイングがセンターバックに出ていき、中に絞っていたサイドバックが相手サイドバックのマークに入る。

可変システム
30ページ参照。

バックパス
後ろの味方に出すパス。

クロス
57ページ参照。

ビヒランシア(守備の警戒)

守備の局面において、**マークを行っていない時にボールを持っている相手の選手を見張ったり、警戒したりすること**をスペインの戦術用語で「**ビヒランシア(守備の警戒)**」と呼びます。主にボールとは逆のサイドのポジションに位置する選手が実行することになります。

スペースを相手チームの選手に有効に利用されないようにする、見張ることで相手の選手をコントロールして予想外の事態を防ぐ、相手の選手やフリーなスペースを視界に入れて次の展開の予測をしやすくする、などの目的があります。

例えば、攻撃側の左サイドバックがボールを持っている時、守備側の左サイドバックと左の中盤の選手は誰のマークにもついていませんが、**逆サイドの相手選手やスペースを常に視界に入れて警戒**しておきます。そうすることで、次の展開を予測できるようにしています。

【図2】逆サイドの選手が行うビヒランシア

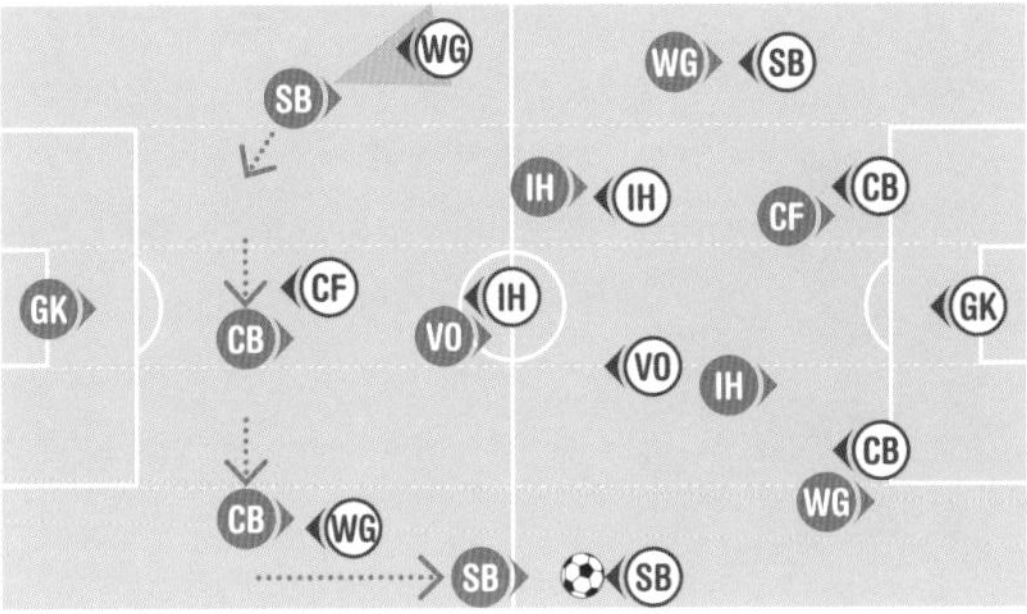

守備ではボールの状況に応じてポジションを修正する必要があるため、【図2】の状況で左サイドバックは、内側に絞る必要がある。ただ、本来マークすべき相手ウイングの選手も常に警戒し、間接視野に入れるようなポジションで守備を行う。これが戦術的なビヒランシアになる。

ビヒランシア(Vigilancia)
スペインのサッカー戦術用語。スペイン語で「監視」または「警戒」という意味。

同一視野と背中で消すポジショニング

ボールと相手を同時に視野の中に収められる**「同一視野」が可能な位置**にいることが、守備における原則になります。

ただ、同一視野に入れようとすると、自分が相手よりも下がらなければいけないことが多くなります。そうなるとボール奪取ができなくなるので、**相手を自分の背後に置く**ことが、ゾーン2やゾーン3における守備の個人戦術としては重要になります。なぜならば、ボールホルダーに対しながら、後ろの選手にパスを出せないようにすることで数的優位を作れるからです。この守備方法は、**「背中で消すポジショニング」**とも言われます。

背中で消していても、斜めのパス2本で自分の背後に持ってこられてしまいます。しかし、その2本のパスを繋いでいる間に、ゾーン2であれば自分の後ろのラインからボールホルダーにアタックすることができますので、対応は可能です。

斜めのパス
24ページ参照。

【図1】背中で消すポジショニング

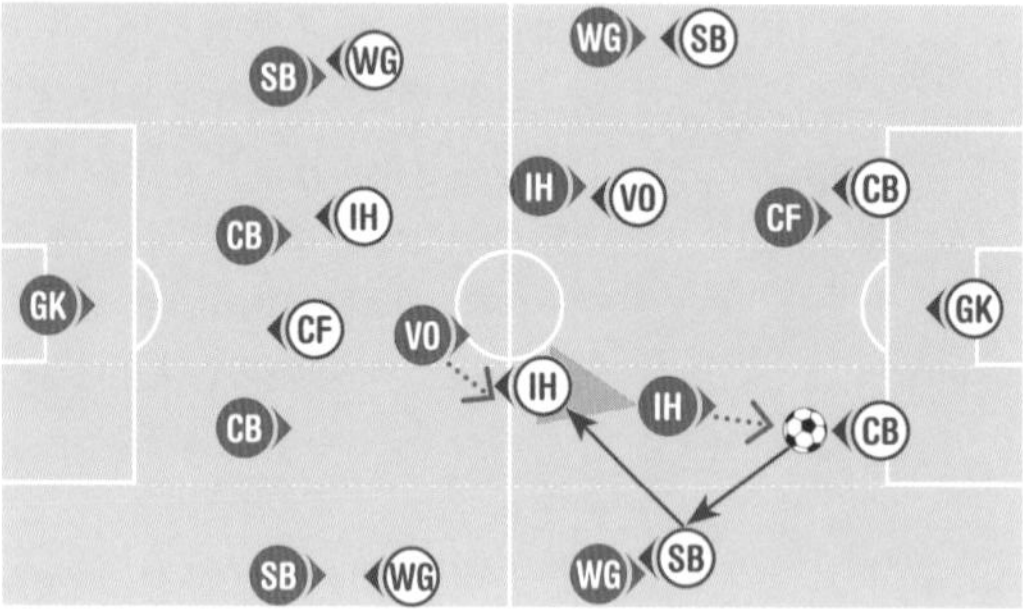

背中で消すポジショニングができれば、ゾーン3やゾーン2で数的同数や数的優位を作りやすくなる。また、ボールをサイドへ誘導しやすくなるため、ボールの奪いどころを作りやすくもなる。

マークする相手にボールが渡った場合の対処

自分がマークしている相手にボールが渡った場合、まずは**相手に前を向かせないように相手に体を寄せて動きを制限**し、選択肢を消していきます。抜かれてしまうのが最悪の状況になるので、特に裏を取られないようにします。

相手がトラップしてボールをコントロールする瞬間が、一番ミスしやすいタイミングです。プレッシャーをかけることでミスを誘発することができますので、しっかりマークをして**隙ができればボール奪取を狙います**。そして、奪うことが無理ならば、せめてボールを突くようにします。相手がトラップするタイミングでボールを奪えなかった時は裏を取られないように、後ろに少しずつ下がりながらポジションを修正し、味方の戻りを待ちます。

ダイレクトでワンツーパスなどを狙われることも予想して、ボールだけを見るのではなく、しっかり相手につきます。

【図2】前向きなプレーを制限する

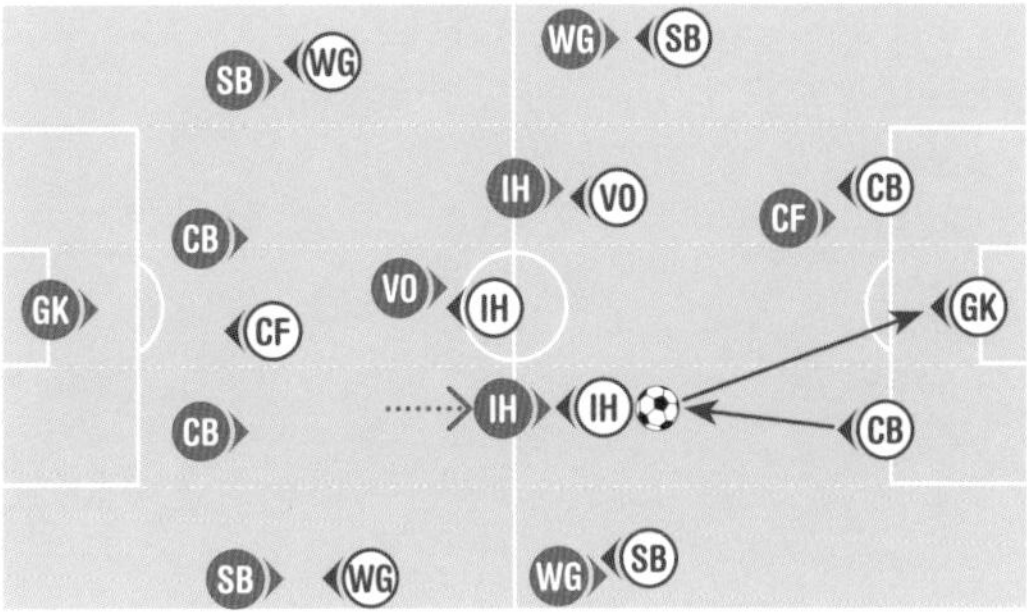

マークする相手にボールが渡った場合に一番重要なのは、自分の背後にボールを運ばれないこと。すでにボールが渡っている状態のため、インターセプトすることが難しいので、前向きなプレーを制限しながら横へのパス、またはバックパスを誘導するような対応をする。

裏を取られる
プレッシングラインよりも後ろにボールを運ばれること。

トラップ
パスを受けた時、ボールを止めること。

ダイレクト(ワンタッチ)
トラップして止めずにパスを出すこと。

ワンツーパス
61ページ参照。

ゾーン1での守備

03
Defense

フィニッシュに対する守備のポイント

ゾーン3やゾーン2で組織的なプレッシングを行いながらはがされてしまった時や、カウンターを受けて撤退し、そのままゴール前で守る状況がゾーン1の守備です。

ゾーン3、ゾーン2と違って、ボールを奪うことの優先順位を高くする必要はありません。ゴール前であり、少しのスペースを与えてしまうと攻撃側のひとつのコンビネーションプレーで、シュートチャンスまで持っていかれてしまう危険を含むゾーンです。

大前提として**ゴールを守ることが目的**になりますので、特にゾーン1の**中央付近ではシュートを打たせない、打たれてもシュートブロックをする、**ということがポイントになります。

【図1】ゾーン1の守備を行う位置

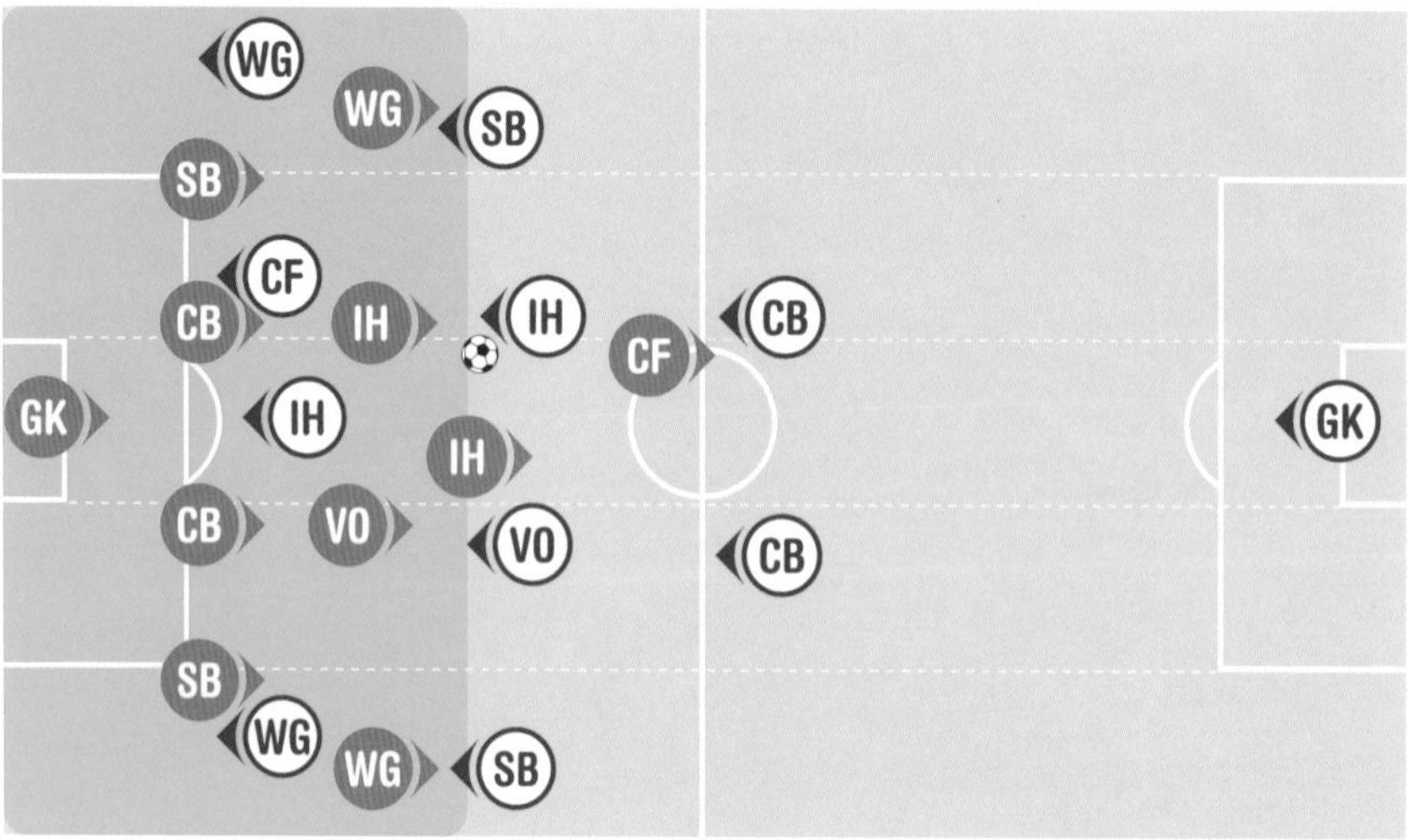

ゾーン1ではアグレッシブさよりも、リアクションの守備が主になる。ボールを奪おうと不用意に飛び込まないことだ。無理して飛び込んでかわされると、即失点に繋がってしまう。95ページで紹介したように、最終ラインとセカンドラインを圧縮し、スペースを狭くすることが重要になる。

【図2】中央を固めつつ、サイドからのクロスにも警戒する

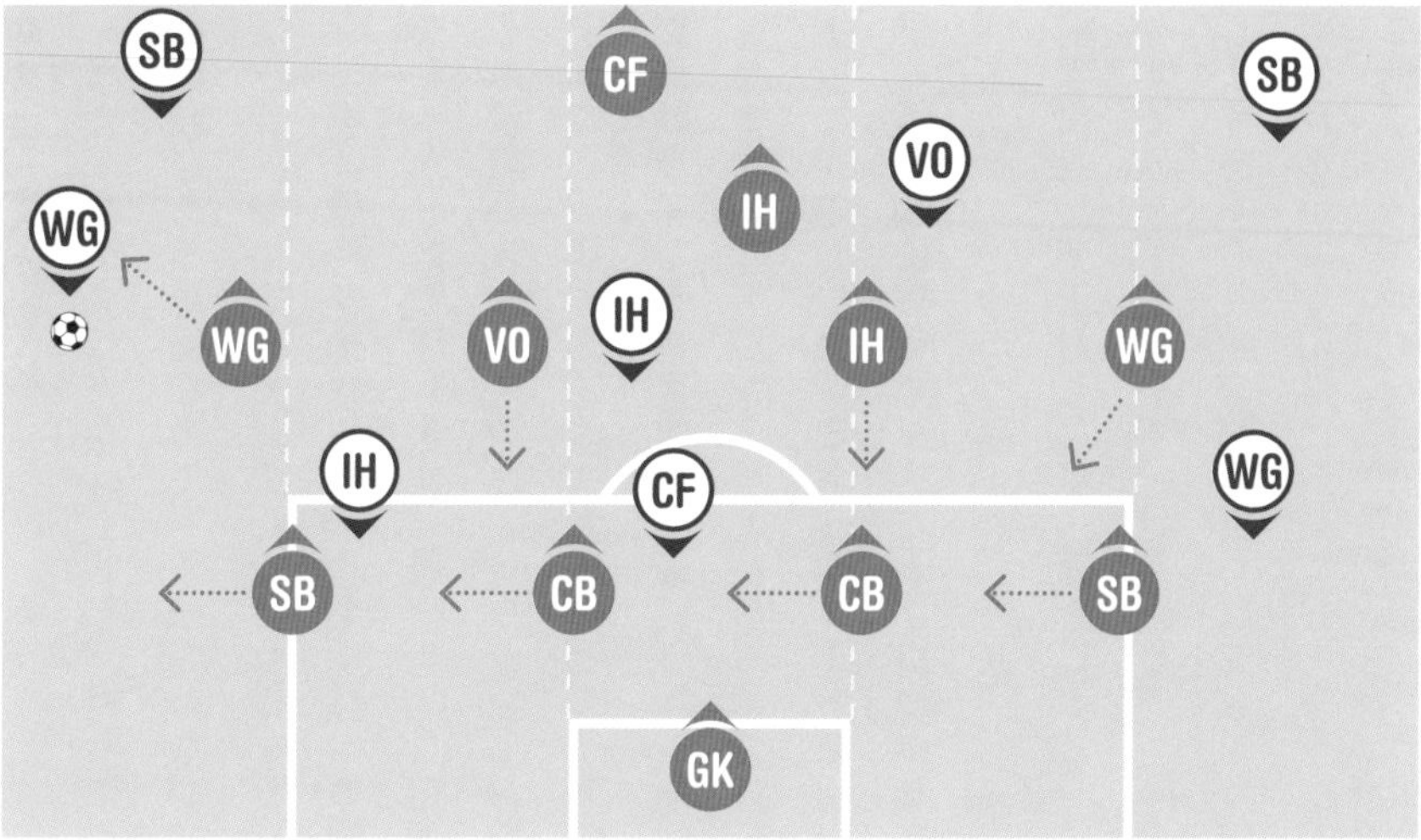

まずは中央を突破されないように固める。そしてサイドにおいては、相手のサイドアタックからのクロスを上げさせない守備、クロスを上げられてしまった後のセンターバックやセカンドラインの選手による守備、といったクロス対応が多くなる。

【図3】ゴールキーパーがいることを頭に入れながらポジションを取る

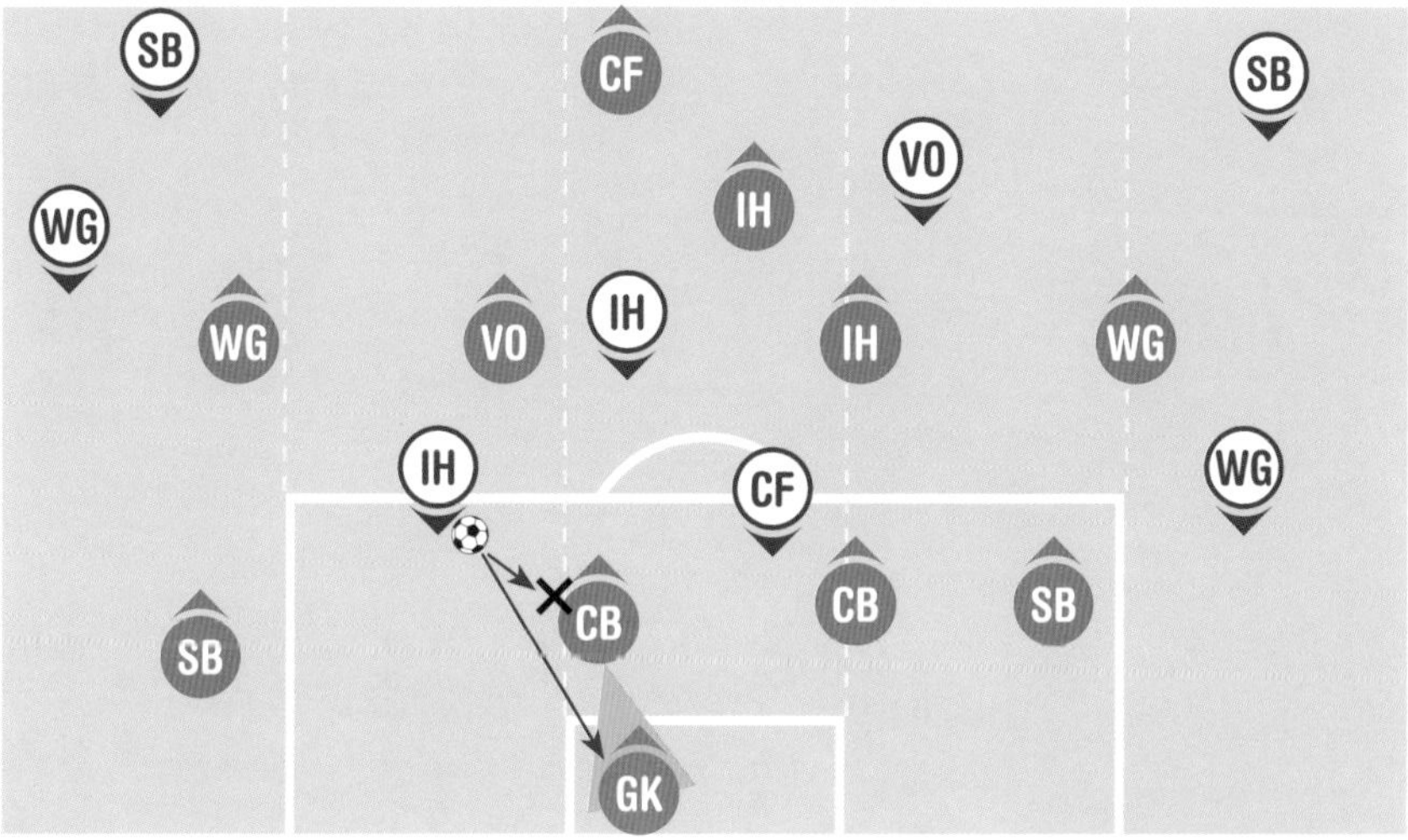

シュートを打たせないことばかり考えるのではなく、シュートを打たせることを前提にシュートコースを限定しつつ、ゴールキーパーと共同で守ることも心がける。守備者は自分の立ち位置からゴールがどこにあるのか、ゴールキーパーがどこに立っているのかを常にイメージしておく。

中央突破への対応

パス、ドリブル、シュートと、相手にとって3つの選択肢がある局面なので、予測をしながらも基本はリアクションの守備で対応しなければなりません。

まずは**最終ラインとゴールキーパーの間のスペースをしっかりと管理**します。最終ラインを下げ過ぎるとその手前のスペースからミドルシュートを打たれてしまうので、基本的には**ペナルティエリアのライン付近に最終ラインを構えます。**最終ライン背後のスペースをケアするゴールキーパーとともに、スルーパスや裏抜けに対応しつつ、**ミドルシュートを狙いにきたら素早くボールに寄せてシュートブロックします。**

120ページの【個人戦術】でもお話ししますが、相手に対して正対しながら面を作ってシュートブロックすることが重要です。足を出してシュートブロックしようとすると股の間を狙われてしまうので、股下を通されないように常に消しておくようにします。極端な話、股下を消しながら正対してボールとゴールを結

【図1】相手に正対してシュートコースを限定する

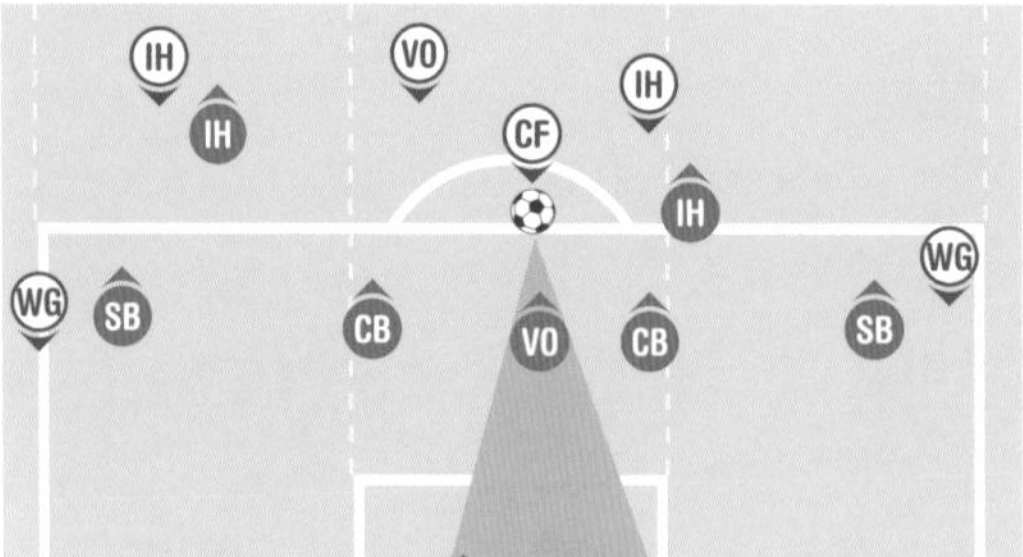

シュートブロックする際には、ゴールキーパーの位置も意識する。相手に正対して面を作ってシュートブロックすることで、シュートコースは限定される。ゴールキーパーは消されたシュートコース以外をカバーすることで対応しやすくなる。

リアクションの守備
相手の攻撃に合わせて対応する守備。

最終ライン
20ページ参照。

ペナルティエリア
32ページ参照。

スルーパス
60ページ参照。

ミドルシュート
62ページ参照。

シュートブロック
120ページ参照。

んだ線上に立っている、というのが最良のシュートブロックです。ゴールキーパーもシュートコースを消したと判断して守ることができるからです。

ペナルティエリアに入られた場合は、ＰＫを取られないように、不用意なファールは絶対に避けなければなりません。ペナルティエリアの外であっても、直接フリーキックを決められかねない位置なので、同様にファールを犯さないように気をつけます。

最終ラインでラインコントロールするので、自分のマークする相手がオフサイドポジションにいる時は最後までマークする必要はなく、ボールが出てこなければ切り捨てて構いません。

ドリブルについては、スペースがないエリアであることと、近くにカバーリングする選手もいますのでそれほど恐れる必要はありません。それよりもドリブルによって横の揺さぶりを入れて抜ききらずにシュートを打ってくるケースがあるので、常に警戒してシュートブロックできるようにしておきます。

【図2】ゴールキーパーとディフェンスの共同作業

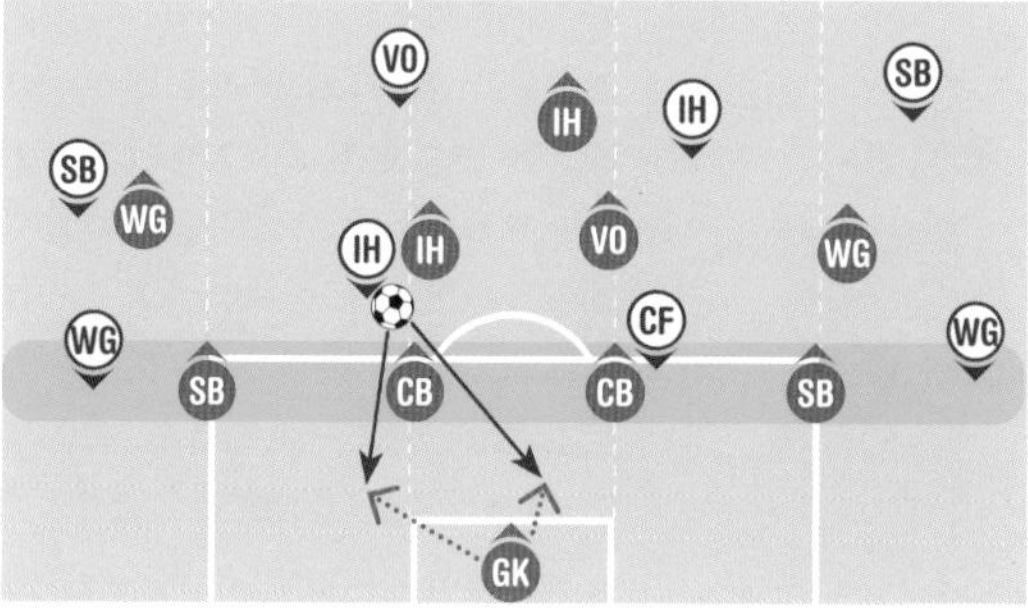

センターバックがシュートブロックしつつ、ディフェンスラインとゴールキーパーの間のスペースをゴールキーパーがカバーしやすいように、ポジションを取っている。最終ラインのラインコントロールを含め、ゴールキーパーとの共同作業によって失点を防ぐことができる。

ＰＫ（ペナルティキック）
71ページ参照。

オフサイドポジション
56ページ参照。

シュートブロック
１２０ページ参照。

サイドアタックへの対応

サイドに攻め込んだ相手に近い守備者、主にサイドバックやウイングバックに求められるのは、**クロスを上げさせない**ことです。

状況的に1対1なのか、カバーリングがいる状況で守っているかによって、誘導するコースやクロスのコースの消し方も変わってきます。サイドの深い位置ではカバーリングすることは難しいので、基本的には1対1での対応になります。

まず考えるべきは、ゴールライン近くの深い位置に入られないように、**縦方向のコースを消す**ことです。縦方向にドリブル突破され、深い位置からフリーでクロスを上げられることが最も危険な状態です。カットインなど、中央方向にドリブルされるならばボランチやセンターバックも対応できるので、そこに人がいる場合はその方向に誘導し、2対1でボールを奪いにいきます。あとは相手の選手との力関係、どれくらいのスピードがあるのか、右利きか左利きかによっても対

【図1】縦方向のコースを消す

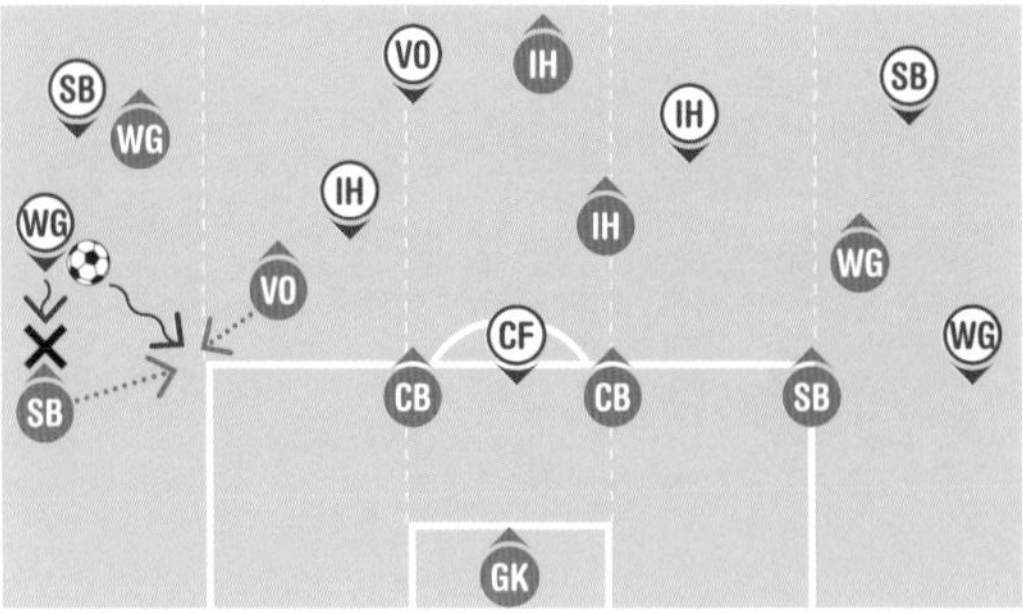

自分たちのディフェンスライン背後のスペース、特にニアゾーン（ポケット）までボールを運ばれてクロスを上げられると大ピンチになる。【図1】ではボランチがカバーリングにこられる状況なので、相手ウイングが縦方向に突破するコースを消し、内側にカットインするように誘導して、2人でボールを奪いにいっている。

クロス
57ページ参照。

カバーリング
102ページ参照。

深い位置
守備の場合、自陣ゴールライン近くの位置。

カットイン
58ページ参照。

応が変わってきます。

クロスが入ってきた場合は、センターバックの対応になります。守り方はゾーンディフェンスとマンツーマンディフェンスの2つがあり、対応方法は変わってきます。

ゾーンディフェンスの場合、チームのプレーモデルによりますが、センターバックはカバーリングで外には出ずに、**中央の危険なエリアでスペースを消して、入ってくるクロスを弾き出す**という対応が望まれます。マンツーマンディフェンスの場合、マークした相手にどこまでも徹底的についていき、自由度を奪うようにします。

もうひとつ、クロス対応で重要なことは、ボランチを中心とするセカンドラインの選手がどれくらい最終ラインの前のスペースを埋められるか、ということです。クロスが上がった時、セカンドラインの選手が戻るべき場所をプレーモデルで決めておくことで、マイナスのクロスにも対応することができます。

【図2】入ってきたクロスに対するセンターバックのポジショニング

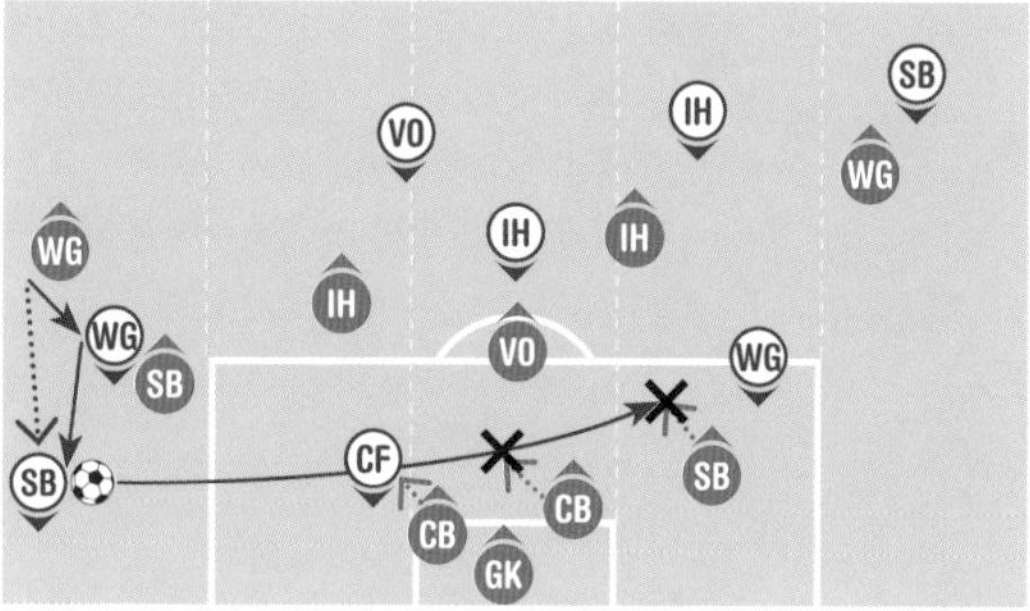

入ってきたクロスに対してセンターバックのポジションは、ボールに近いセンターバックがニア、遠いセンターバックが中央からファーのスペースを消すポジショニングを取る。また、自分のエリアに相手選手がいる場合は、その選手を捕まえるマンツーマンディフェンスをした方がよい。

ゾーンディフェンス
84ページ参照。

マンツーマンディフェンス（マンマーク）
85ページ参照。

セカンドライン
20ページ参照。

ライン間のスペースを消す

ゴール前のグループ戦術として最も重要なことは、**センターバックの最終ラインとボランチのセカンドラインの間のスペースを消す**ことです。最終ラインはペナルティエリアのライン付近に構えますが、セカンドラインは2ラインが吸収されるぐらいに近づいて、ライン間を圧縮します。かといって1ラインにするのではなく、必ず2ラインは維持して二段構えにしておきます。そうすることで中央が固められ、ドリブルもスルーパスのコースもなくなるので、**サイドに誘導して中央から追い出す**ことができます。

この2ラインの間が広いと、相手のセンターフォワードがライン間に入り込んでしまい、誰が捕まえるのか、あやふやになりかねません。入ったとしても自由にプレーできないくらいに圧縮するのが理想です。そうすることで2ラインで形成するブロックの手前でプレーさせることになります。ブロックの外でボールを持たせている間は、それほど怖くありません。

【図1】2ラインを圧縮して相手フォワードを無力化する

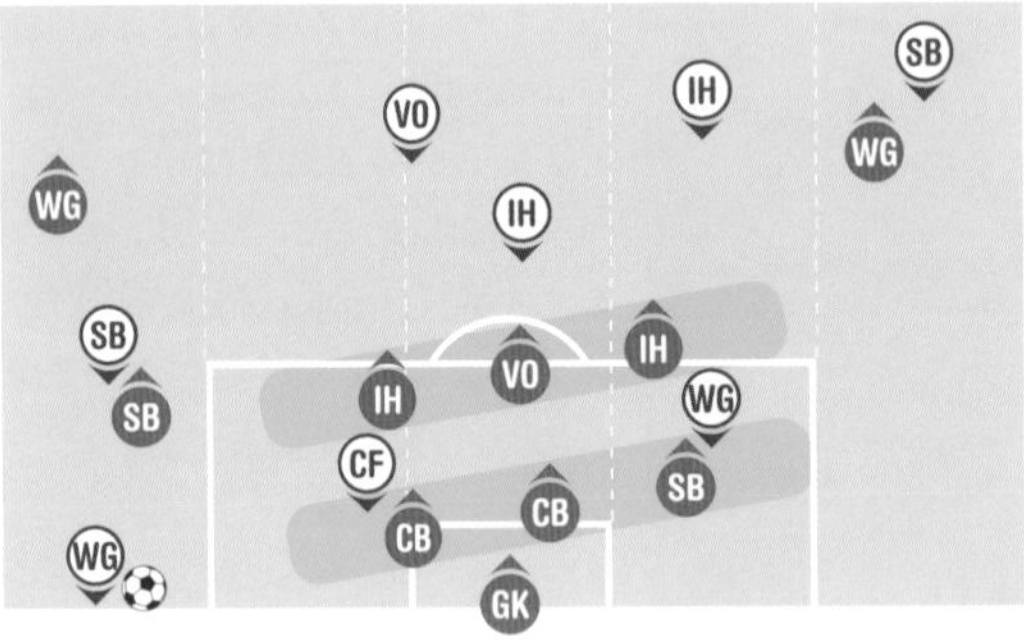

センターバックを中心に形成する最終ラインとボランチを中心に形成するセカンドラインの間のスペースを圧縮し、相手のフォワードを無力化する。ただし、中盤の選手は最終ラインに吸収されないように2つのラインを保つことが重要。

最終ライン
20ページ参照。

ペナルティエリア
32ページ参照。

セカンドライン
20ページ参照。

スルーパス
60ページ参照。

ブロック
20ページ参照。

クロスへの対応

114ページでお話ししたとおり、クロスを上げさせないことが一番重要です。**サイドのボールホルダーに近い守備者がクロスのコースを消します。**その時、中央の守備者は**ボールと自分がマークする相手を同一視野に入れてポジションを取っておきます。**

守備範囲の広いゴールキーパーならばクロスに合わせて動き、パンチングやキャッチングをしてくれるので、守備者はゴールキーパーの能力も踏まえてポジショニングを設定します。

クロスを入れられてしまったら、タイトにマークして相手の自由を奪います。ゴールを守ることを第一に考えて競り合い、ボールに触られたとしても自由にシュートを打たせないようにします。クリアする場合は、最悪コーナーキックになってしまっても構いません。ゴールを割らせないことを最優先に考えたアクションを心がけます。

【図2】クロスのコースを消し、中央では同一視野を意識する

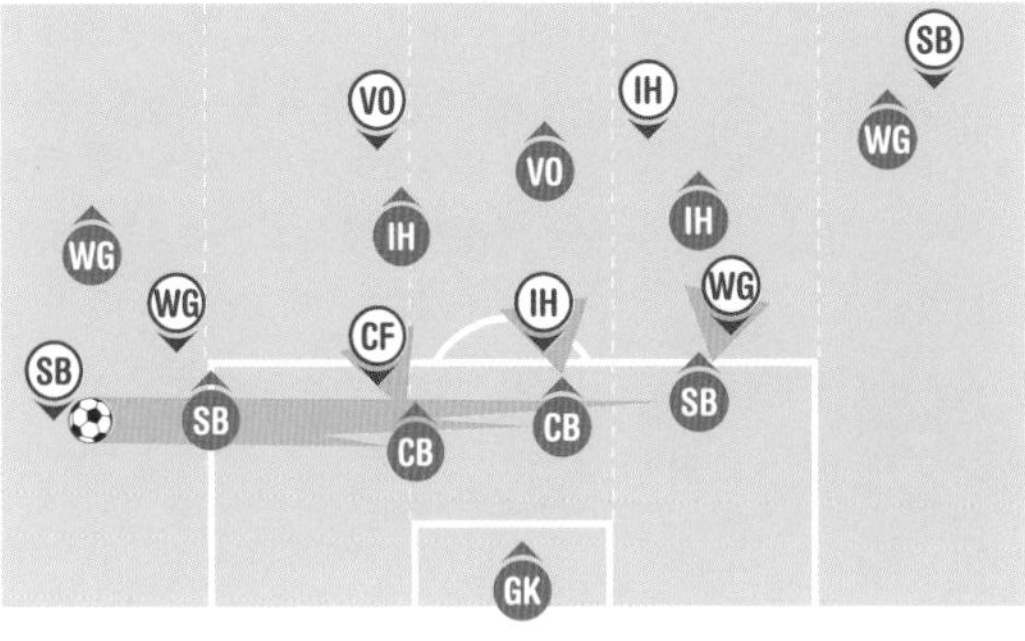

クロスを上げさせないことが一番重要。【図2】ではボールホルダーに近いサイドバックがクロスのコースを消している。センターバックと逆サイドのサイドバックは、ボールと自分がマークする相手を同一視野に入れたポジションを取って、クロスが上げられた場合に備える。

パンチング
ゴールキーパーが手でボールを弾くこと。

キャッチング
ゴールキーパーが手でボールをつかむこと。

クリア
ボールをゴールから遠ざけるためのキックやヘディング。

ニアゾーン(ポケット)へ侵入された時の対応

59ページでお話ししたとおり、ニアゾーン（ポケット）へ侵入してからの攻撃は、最もゴールが決まる確率が高くなるので、守備では最も警戒が必要です。

ニアゾーン（ポケット）へ入られると守備者はボールと相手を同一視野に入れることが難しくなります。そのため、**ニアにストーンを置いてシュートコースを消し、マイナスのクロスのコースにも人を置く**という二段構えで守らなければなりません。ボランチが戻ってクロスのコースを消すべきですが、戻れない場合は逆サイドのセンターバックが入り、空いたポジションにはサイドバックがスライドします。この時、2センターバックとサイドバックが同ラインにいるので、往々にしてマイナスのクロスのコースが空いて、フリーでシュートを打たれることが多くなります。ニアゾーンからマイナスのクロスが入ると、ゴールを奪われる可能性がかなり高まるため、ニアゾーンのケアはとても重要になります。

【図1】ニアにストーン、マイナスのクロスにも人を置く

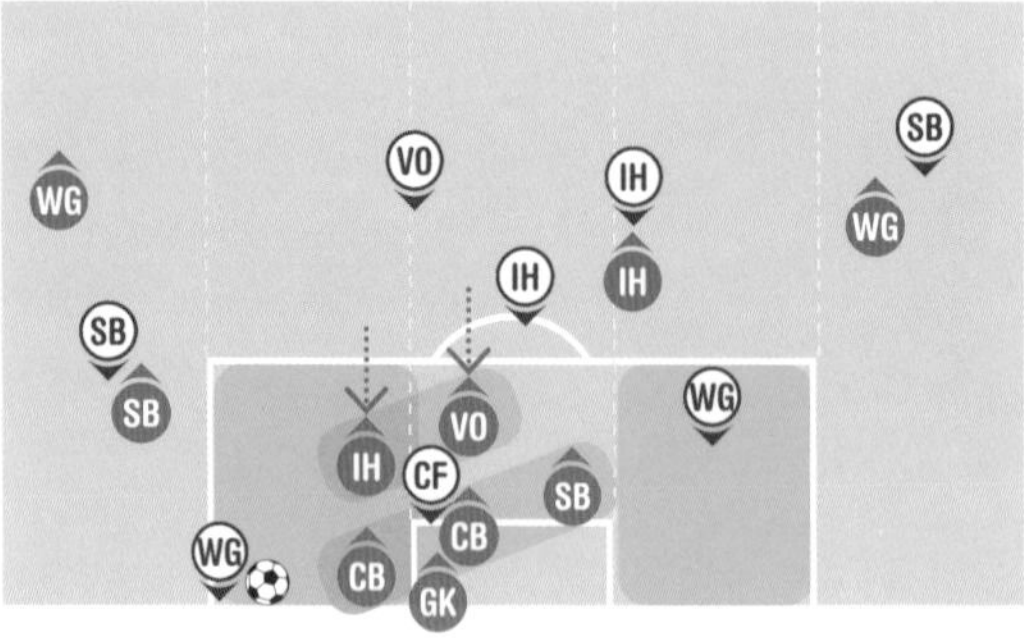

【図1】ではストーンとしてニアサイドにセンターバックが入り、マイナスのクロスにはインサイドハーフとボランチが戻って対応している。2023-2024シーズンのマンチェスター・シティなどは、ニアゾーン（ポケット）へ侵入された場合、ゾーンディフェンスで対応している。

ストーン
124ページ参照。

マイナスのクロス
ゴールラインから後ろ方向に向かうクロス。

スライド
105ページ参照。

シュートブロック
120ページ参照。

スローインへの対応

ゾーン1で相手ボールのスローインになった場合、ボールに近い相手からマークをして、**スローインを遅らせる**ことが最も重要になります。**その間に守備組織を整えた上で、その他の相手にもマークにつく**ことができます。そこまで時間を稼げれば、受け手にプレッシャーがかかるため、スローインから一気にピンチを迎える危険性はほとんどなくなります。

スローインのボールは直接インターセプトしにくいのですが、ボールを受ける相手の手前にタイミング良く入り込むことで、奪い取ることもできます。

スローインの場合、相手はゴールに対して後ろ向きにボールを受けることが多くなるので、しっかりとマークについていれば一発でゴールに結びつくことはほとんどありません。

スローインでもロングスローは別の守り方になります。ゾーン1でのロングスローに対しては、コーナーキックの守備と同じ考え方になります。

【図2】スローインの受け手をマークして投げるのを遅らせる

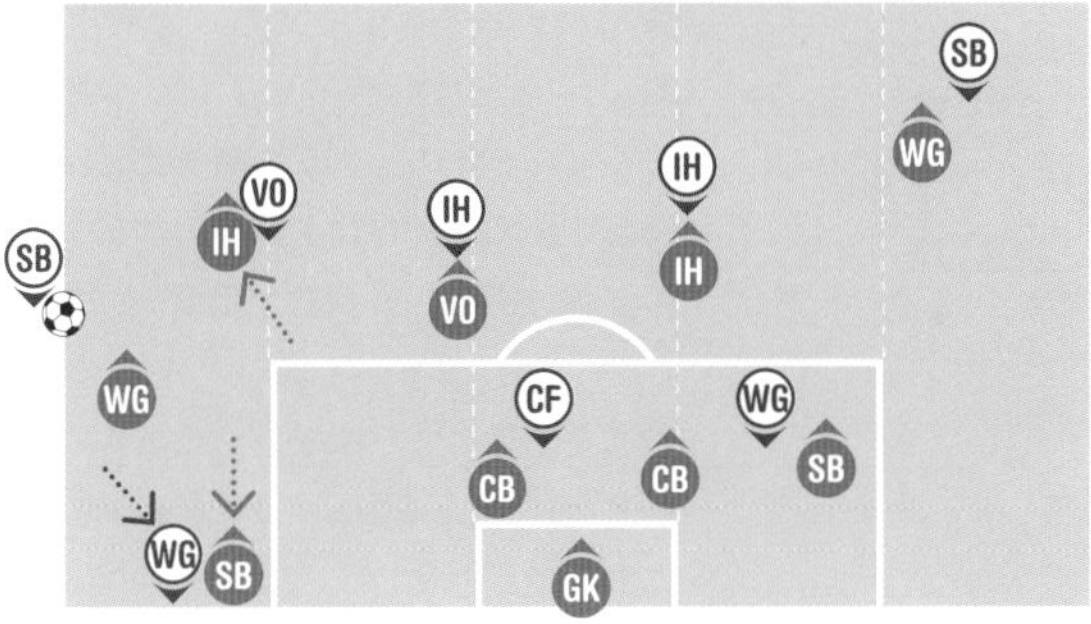

スローインではオフサイドの反則を取られないため、まずは自分たちの背後のスペースを使われないように意識する。また、スローインの受け手になり得る相手選手をしっかりとマークすることによって、クイックリスタートを防ぐ。そうすることで守備組織を整える時間を稼ぐ。

インターセプト
相手のパスを奪うこと。

ロングスロー
70ページ参照。

シュートブロック

シュートブロックする場合は、体を使ってきちんと**面を作って対応**することが重要になります。相手に正対して面を作るイメージです。最後の手段として、体を投げ出して止めなければならないシーンもありますが、そこは見極めて、いきなり体を投げ出したり、簡単にタックルで足を出したりしないことです。ましてやタックルが遅れてＰＫを取られたら一大事です。

目の前でボールを蹴られると、どうしても顔をそむけたり体を反らせたりしてしまいますが、できる限り相手に正対してシュートを止めます。正対して面を作りつつ、股下を抜かれないように股を閉じて防ぐことで**シュートコースを限定**できます。

あと、現在はハンドに対するジャッジが厳しくなっています。ＶＡＲが入る試合もありますので、**しっかりと腕を体の後ろで組む、しっかりと体につける、不用意に手を出さない**ということは、当然ながらシュートブロックにおいては重要なことになります。

【図1】面を作ってシュートブロックする

特にペナルティエリア内では不用意に足を出したり、タックルをせずにシュートブロックの体勢を取る。シュートブロックは相手に正対して体全体で面を作る姿勢が重要。正対していると、ボールを蹴られた瞬間に顔をそむけたり体を反らせたりしがちだが、できる限りそうしないようにする。

タックル
ボールに対してスライディングすること。

ＰＫ（ペナルティキック）
71ページ参照。

ＶＡＲ
ビデオ・アシスタント・レフェリー「Video Assistant Referee」の頭文字をとった略語。

ドリブルやカットインの止め方

突破のドリブル（レガーテ）への対応としては、自分の左右どちらかにボールが出てくるので、**足を出すのではなく体を入れます**。そして、すぐに反転できるようにします。その際、下を見ながら腰を落として立つのではなく、相手の胸元あたりを見て、**重心を高くしておきます**。守備の時は重心を下げるイメージがありますが、それは間違いです。低い重心からいったん腰を上げる動作が入ると、素早い反転はできません。

カットインはサイドから中央に向かってに横ずれしてくるドリブルなので、隣の味方とマークの受け渡しがうまくいかず、譲り合っている間にシュートを打たれてしまうことがあります。対応策としては**タイトにマーク**にいくことと、シュートブロックと同じように**すぐに足を出さない**ことです。人間の体はいったん足を出したら、すぐに次のアクションに移れません。カットインに対しては股を閉じながら体の軸を横に移動させてシュートを打たせないようにします。

【図2】カットインに対するディフェンス

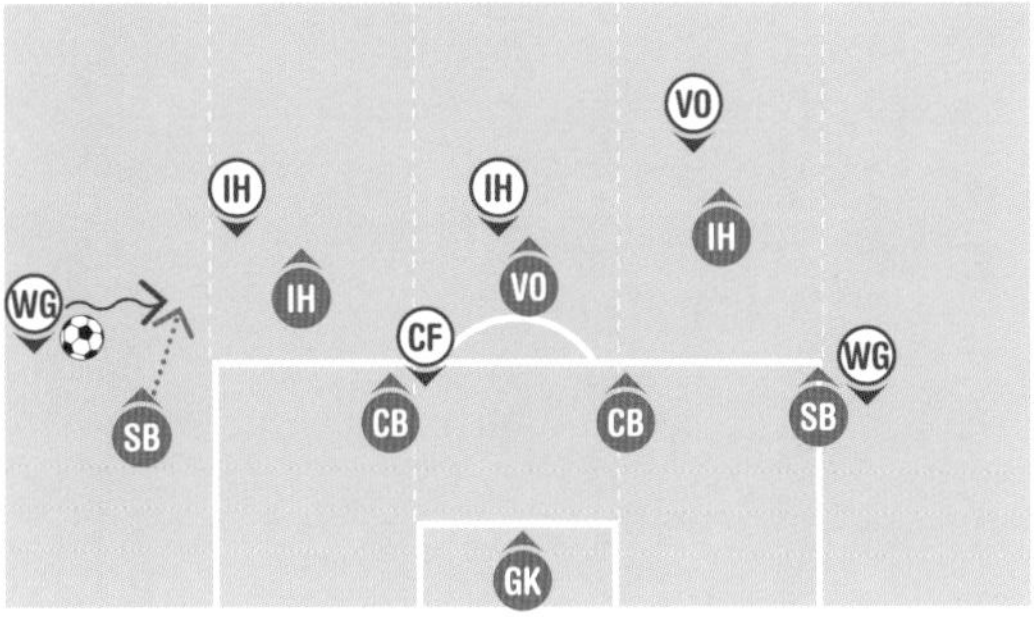

カットインに対するディフェンスの基本は足ではなく、相手のドリブルの進行方向に体を入れることが重要となる。また、対応する姿勢として重心を高く保って、相手の胸元あたりを見ておくこと。そうすれば相手の切り返しにも対応しやすくなる。

突破のドリブル（レガーテ）
14ページ参照。

カットイン
58ページ参照。

マークの受け渡し
106ページ参照。

セットプレーの守備

03

Defense

セットプレーの守備のポイント

セットプレー、主にコーナーキックに対する守備でもマンツーマンディフェンスとゾーンディフェンスがありますが、プロレベルのチームではほとんどが両方をミックスさせた守り方になっています。相手の**競り合いに強い選手4～5人に対してはマンマーク**、それ以外は**ゾーンディフェンスでスペースを消す**守り方をします。ニアに入ってくるボールに対してはストーンを置いて、ゴール前中央にはフリーマン的に誰のマークにもつかない、背の高い選手を置くという守り方が一般的です。

ボールが蹴られてから相手が助走するコースもふさぐようにします。ファールになってはいけませんから、相手を引っ張ったりすることはできませんが、なるべくボールに向かって入ってくる相手の侵入スピードを落とすような立ち位置と間合いを取ります。

競り合いにおいて大切なことは、少しだけ**相手よりも早く跳ぶ**ことです。逆に言うと、相手を先に飛ばせないことが技術的なポイントになります。先に飛んでしまえば、相手に高さで負けたとしても自由を奪えるので、最高打点でのヘディングシュートを許すことはありません。

セットプレー
64ページ参照。

マンツーマンディフェンス（マンマーク）
85ページ参照。

ゾーンディフェンス
84ページ参照。

ニア
サイド攻撃の時、ボールから近いサイドのこと。

ストーン
124ページ参照。

フリーマン
23ページ参照。

ファール
相手を制する時、相手を押すとプッシング、相手をつかむとホールディングの反則を取られる。

【図1】コーナーキックの守備

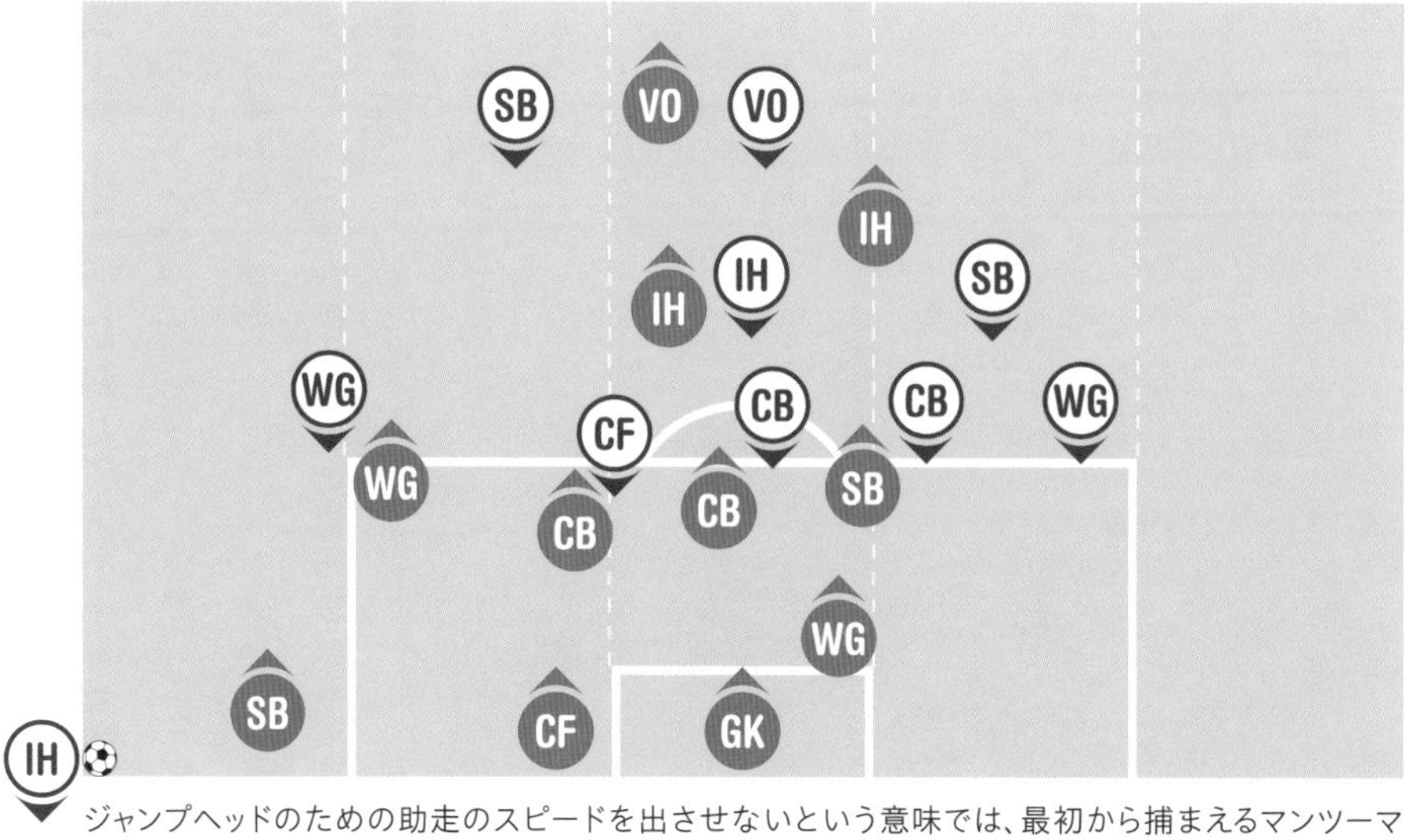

ジャンプヘッドのための助走のスピードを出させないという意味では、最初から捕まえるマンツーマンディフェンスの方が相手の動きを制限させることができる。とはいえ、マンツーマンディフェンスでもシュート直前になってから捕まえる形は推奨できない。

【図2】直接フリーキックの守備

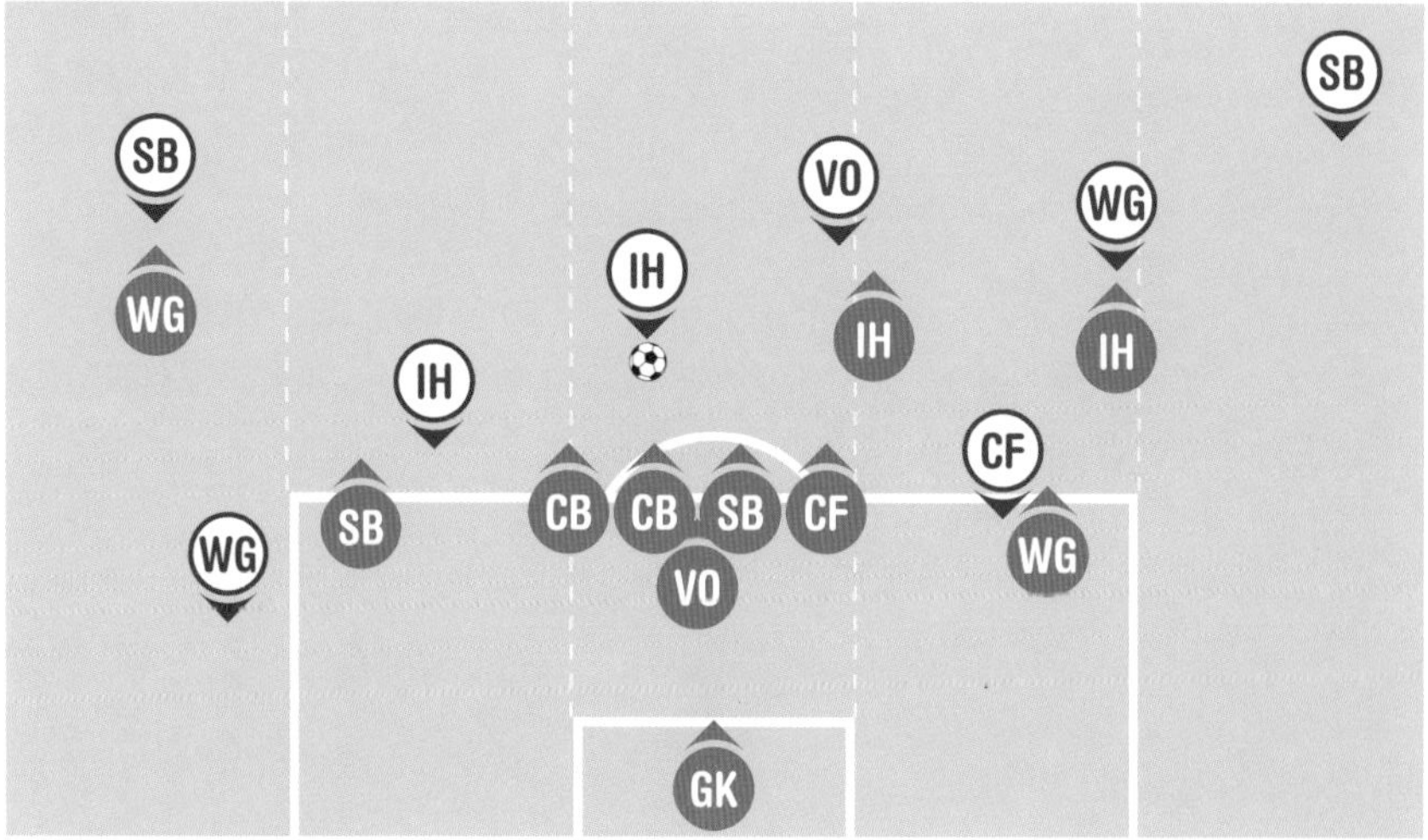

ゴールからの距離に応じてキーパーから壁の枚数の指示があるため、その枚数をセットする。壁をジャンプさせる場合は、ジャンプした足の下のスペースを埋める選手を壁の後ろに寝かせるような姿勢で配置しておく。【図2】ではボランチが壁の後ろに入っている。

コーナーキックに対してストーンを置く

ストーンとはセットプレーの際に**ニアに立ってボールを跳ね返す**役割のことです。ストーンを置くことによって、**ゴールキーパーの立ち位置も変えることができます**。ニアを消すことでゴールキーパーがニアポストに張りつく必要がなくなり、出られる範囲が広がるからです。

ストーンの人数は1枚か2枚ですが、相手の配置によって変えます。コーナーキックで相手がゴールキーパーを取り囲むように人を配置した場合、ゴールキーパーの移動エリアが限定されてしまうため、ストーンを2枚にします。

【図1】ストーンを1枚配置した状態

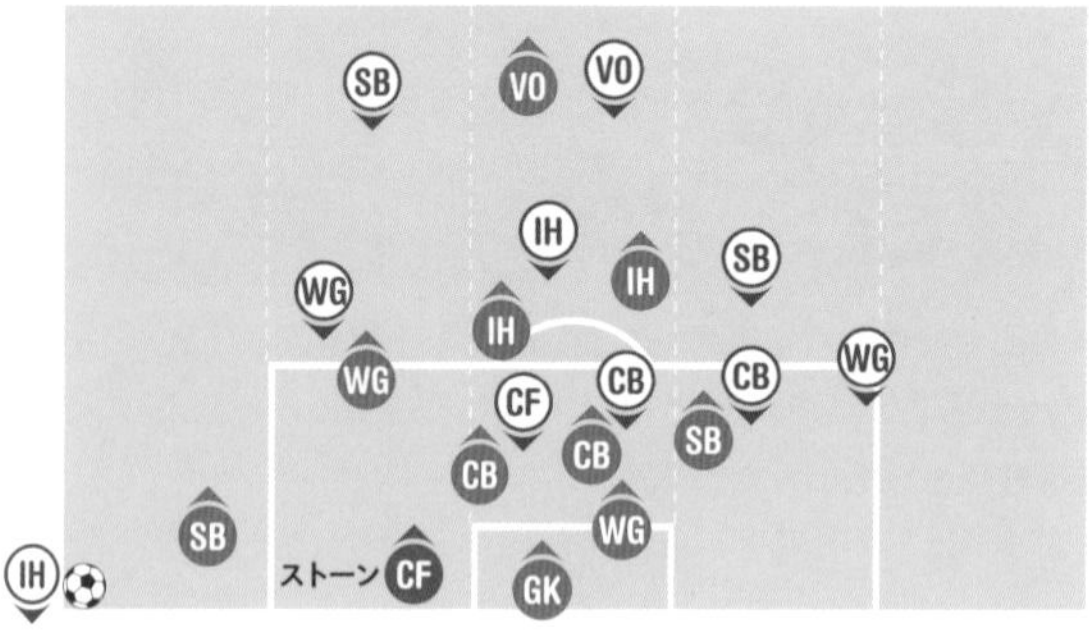

【図2】ストーンを2枚配置した状態

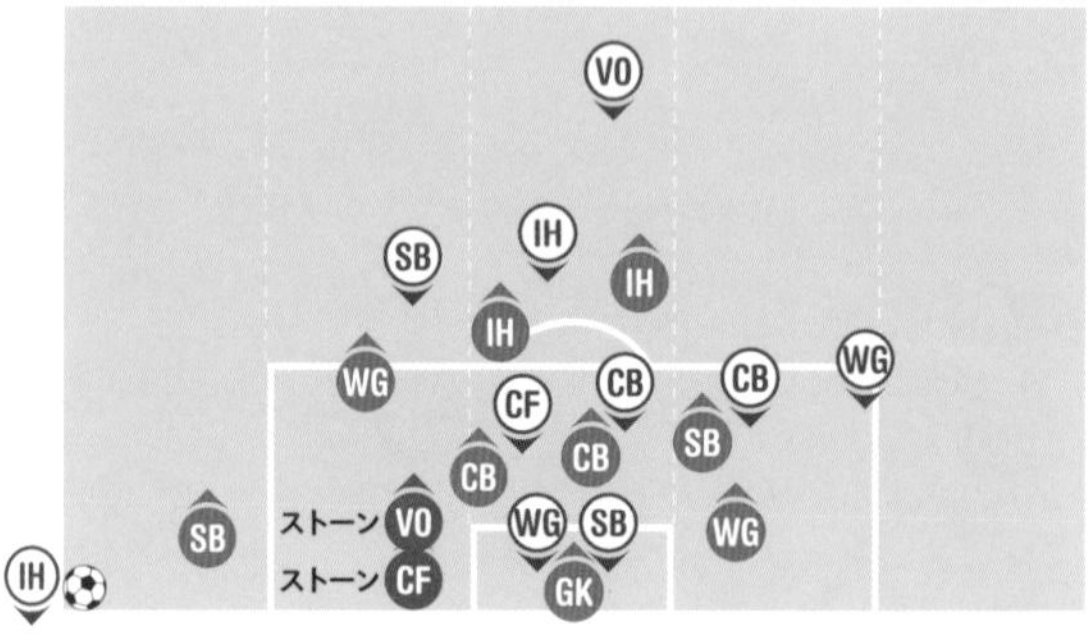

【図1】と【図2】ではストーンを青色で表示している。ストーンをニアに置くことで、ゴールキーパーのニアへの警戒を軽減し、中央やファーへの対応をしやすくできる。ストーンはキーパーの守備範囲や、クロス対応のレベルに応じて置く位置や枚数を調整する。

ニア
サイド攻撃の時、ボールから近いサイドのこと。

ニアポスト
ゴールポストのうち、ボールに近い方のポスト。

コーナーキックに対してフリーマンを置く

フリーマンとは、マンツーマンディフェンスで**誰のマークにもつかせず、余らせておく**守備者のことです。ペナルティエリア内の危険なポイントに、**高さで弾き出せるような選手をフリーマンとして置いておく**戦術があります。

フリーマンを置く位置に決まりはありませんが、基本的にはニアのストーンよりも中央付近が一般的です。そうすればゴールキーパーがニアから中央をカバーできます。相手がファーを狙ってきても距離があるので、他の守備者によるマンツーマンディフェンスで対応できます。

【図1】フリーマンの配置位置

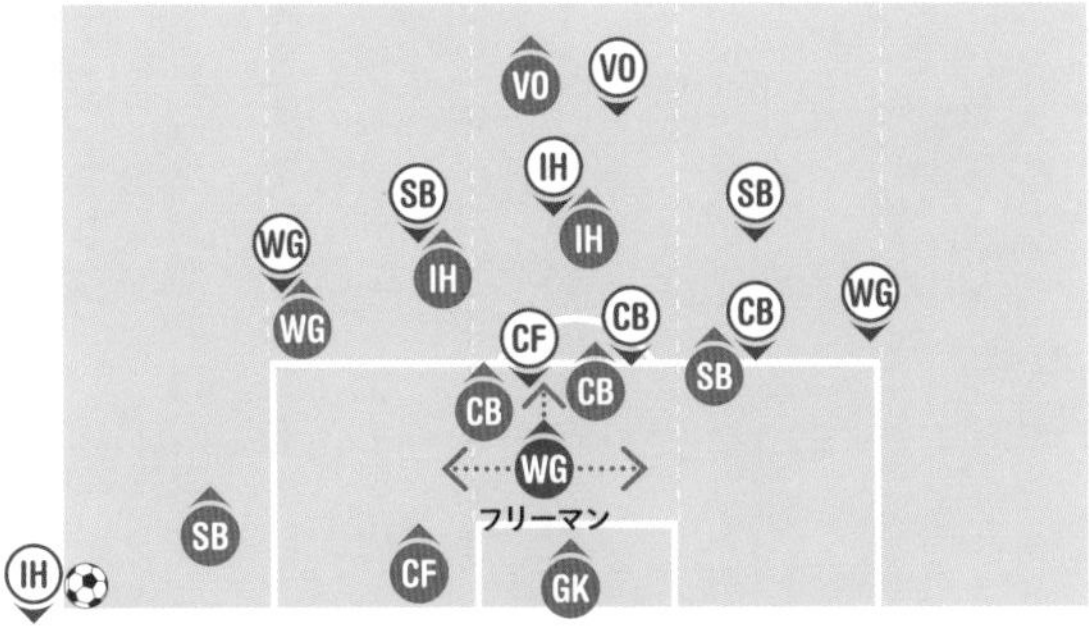

【図2】フリーマンがコーナーキックをクリア

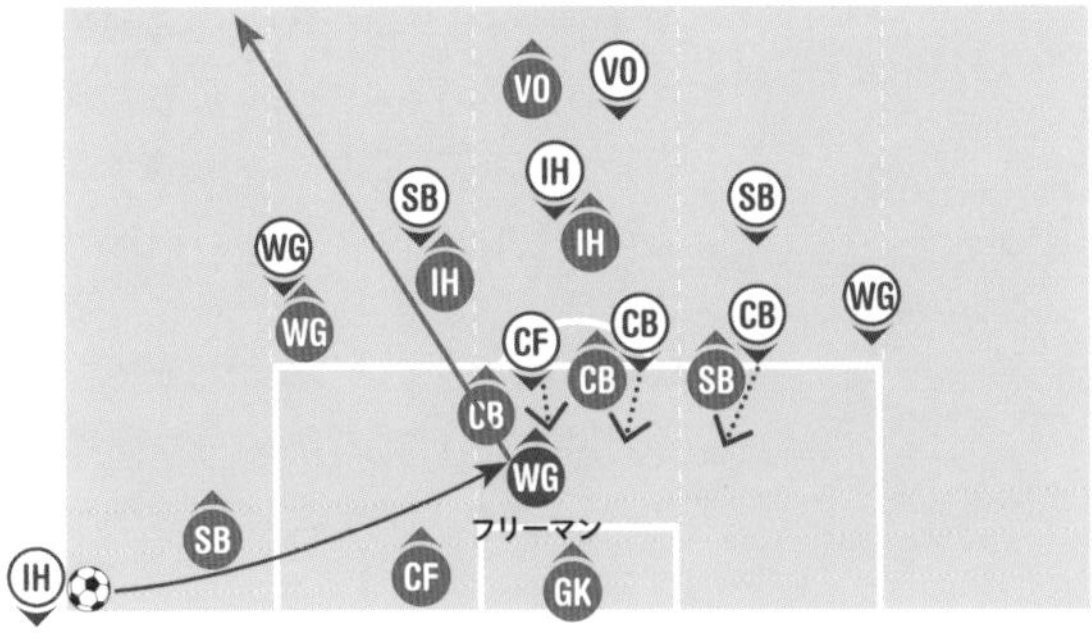

特にマンツーマン主体で守備対応する場合、危険なエリアあるいは相手の一番強いターゲットの近くにフリーマンを配置しておく。それによって数的優位を作ることができる。基本的にはファーではなく、ニアのストーンを越えたあたりにフリーマンを置くことが多い。

フリーマン
23ページ参照。

マンツーマンディフェンス（マンマーク）
85ページ参照。

ファー
サイド攻撃の時、ボールから遠いサイドのこと。

ショートコーナーに対するディフェンス

相手がショートコーナーを選んできた場合は、基本的には**ゾーン1の守備と同じ考え方で、クロスを上げさせない**ようにします。相手がショートコーナーを行う時には、コーナーエリア近くに相手選手が必ずもう1人立つことになります。ゴールから遠い位置なのでマンツーマンでマークすることはしませんが、必ず**守備者を1人コーナーエリア付近に出す**ようにします。キッカーを含めて相手は2人いるのですが、ゴール前の人数が少なくなってしまうので、守備側としては数的同数にはせず、可能であれば1人で対応することになります。

【図1】アーリークロスへの対応

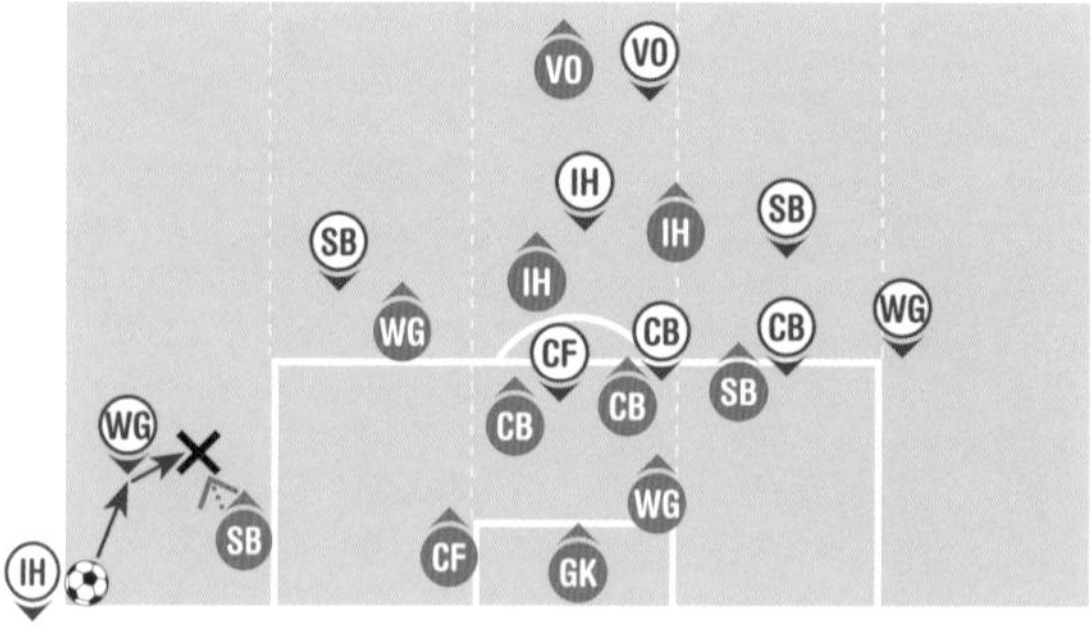

【図2】パス回しされた場合、深い位置まで入れさせない

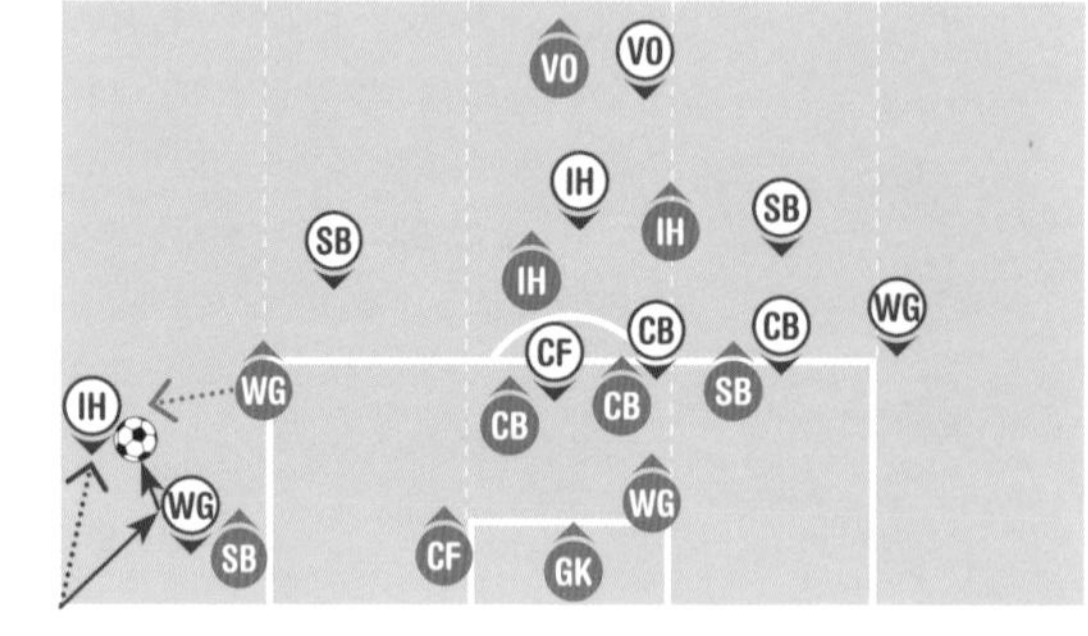

相手がショートコーナーをするかどうかは分からないため、初めからコーナーエリア付近に2人配置することはできない。基本的には1枚を置いて、ショートコーナーされた時に、1対2ではなく2対2の対応ができるように、2人目が入れるような配置を取っておく。できる限りクロスを上げさせないようにする。

ショートコーナー
69ページ参照。

クロス
57ページ参照。

直接フリーキックの守備

直接フリーキックには**キッカーが直接ゴールを狙うケース**と、**他の選手に合わせるケース**の2種類があります。

守備者はボールから9・15メートル離れなければならないので、そこに壁を作って守ります。**正面で直接狙ってくる場合は4〜5枚、サイドから他の選手に合わせる場合は1〜2枚**で対応します。

正面に作った壁では、高さを出すためにキックに合わせてジャンプします。その時にグラウンダーのシュートで下を抜かれないために、壁とは別に寝そべるように守る選手を1人置きます。

【図1】正面から狙ってくる場合の壁の作り方

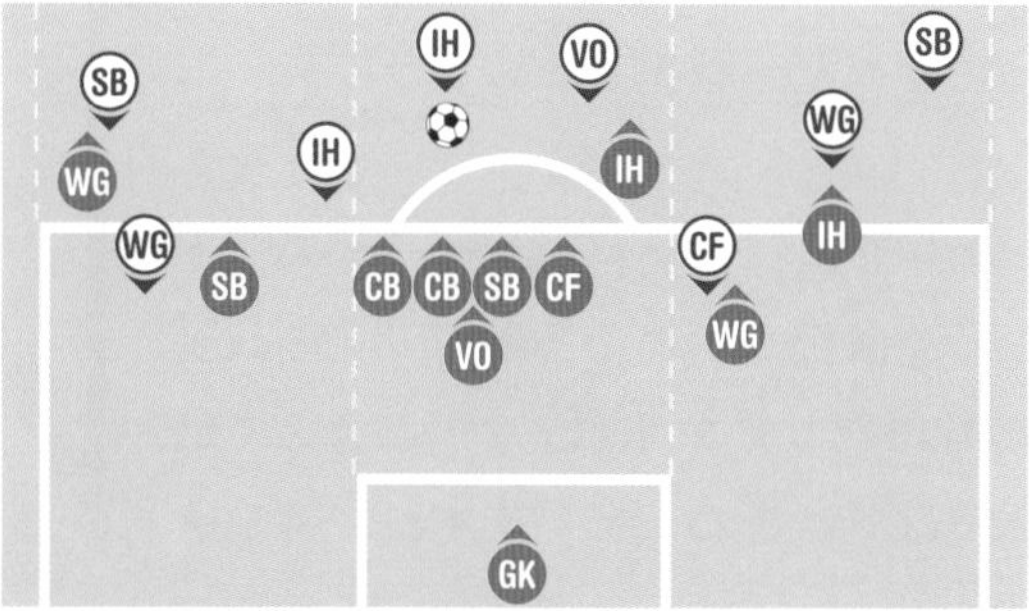

【図2】サイドから合わせてくる場合の壁の作り方

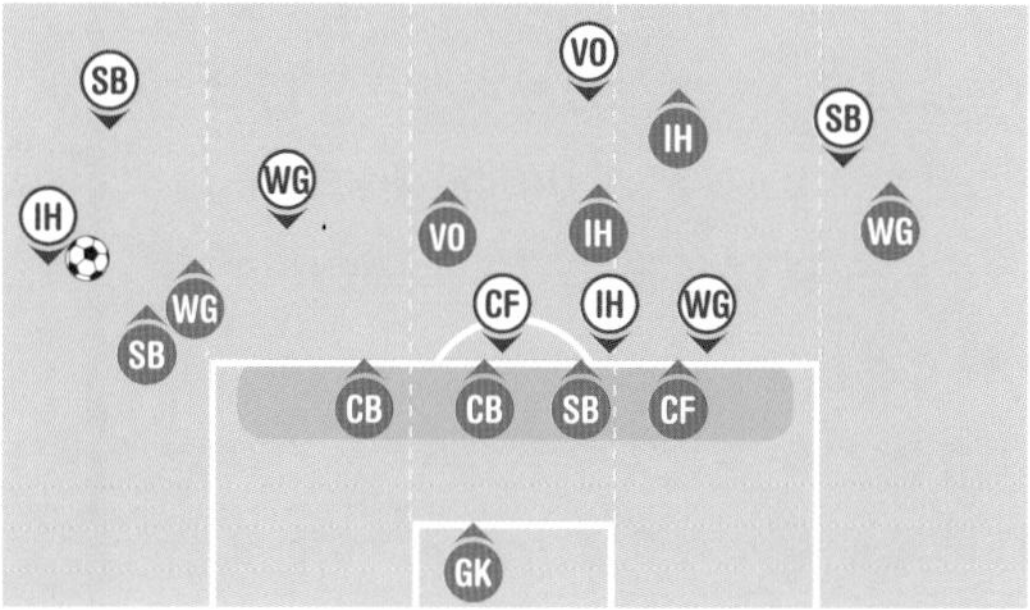

相手が直接狙ってくる場合、壁の人数は4〜5枚【図1】。壁に入る選手の中でも、ボールとゴールを結んだ線上に一番背の高い選手を置くようにする。ジャンプする場合、手を振ってハンドの反則を取られないように気をつける。フリーキックから他の選手に合わせてくる場合、壁の人数は1〜2枚【図2】。

直接フリーキック
64ページ参照。

グラウンダーのシュート
地面から浮いていないシュート。

これから先、サッカー戦術はどうなるのか

完璧なポゼッションサッカーによってペップバルサ（72ページ参照）が黄金時代を作った後、カウンタープレス（50ページ参照）の登場によって戦術が変わり、さらにポゼッション（保持）とカウンター両方を得意とするチームが現れています。これからのサッカー戦術はどのように変化していくのでしょうか。

私はボールゲームの中でもバスケットボールやハンドボール、フットサルなどで研究されている最新の戦術が、これからのサッカー戦術に取り入れられていくと考えています。すでに一部のチームでは行われていますが、押し込む時にはゴールキーパーがハーフウェーラインの手前まで上がり、センターバックが中盤や前線でプレーをする形です。今までセンターバックが行ってきたカウンター対応は、ゴールキーパーが行います。ペップバルサの戦術にゴールキーパーが加わったイメージになります。フットサルのパワープレーのような状態ですね。

極論ですが、ボールを失わないというチームとしてのロジックがあれば、これは可能になります。バスケットボールはボールを失わないという前提でハーフコートゲームを行いますが、これと同じ理論です。前線は5トップや6トップ、ゴールキーパーがミドルシュートを打つこともあるかもしれません。サッカー戦術が今後行き着く先の、究極の形ではないでしょうか。

Chapter 4 Positive Transition

ポジトラ

ポジトラのプレーモデル

04
Positive Transition

ポジトラとは

相手からボールを奪った瞬間がポジティブ・トランジション（以下、ポジトラ）の局面になります。相手は守備組織が整っていないので、その状況をどう攻略するかということが、ポジトラのプレーモデルになります。大きく分けて、**ボールを奪った瞬間に素早く相手ゴールに向かう速攻（カウンターアタック）**と、態勢を整えて意識的な**遅攻（組織的な攻撃）への移行**があります。

最初から組織的な攻撃への移行を選択するケースは、少なくなっている印象です。攻撃のプレーモデルで保持型を基本とするチームであっても、ポジトラの局面ではカウンターアタックをすることが増えており、**「ポジトラ＝まずはゴールに向かって攻める」という傾向**になっています。なぜならば保持型のチームの多くが、引いた相手に対して勝ちにくくなっており、ボール保持率が高くても試合の優位性を反映しないようになりつつあるからです。もちろん、ボールの周辺状況によって、再度ボールを失った時にプレッシングできないリスクがある場合は、組織的な攻撃に移行すべきですが、ポジトラにおいてはゴールに直結させるカウンターアタックをいかに行うか、ということが最優先になります。

速攻（カウンターアタック）
手数をかけず、素早くゴールに向かう攻撃。

遅攻（組織的な攻撃）
時間をかけて相手を崩す攻撃。

保持型
26ページ参照。

ポジトラのプレーモデル（例）

速攻（カウンターアタック）	速攻の例
奪った瞬間に素早くゴールに向かうプレーを優先する	奪った瞬間にFWは①相手センターバックの背後、②相手サイドバックの背後の優先順位で裏抜けを行いそこに素早くパスを出す
パスの優先順位はゴールから逆算する	①でFWがボールを受けた場合は原則シュートで終わる（後方支援を考えない）
相手の守備組織が整う前に攻撃を完結させるべく時間と手数はかけない	②でFWがボールを受けた場合はもう一人のFWはエリア内でクロスからのワンタッチシュートが狙えるポジションに動く
後方から攻撃参加できる選手はスプリントでボール周辺か敵陣エリアまで素早く到達する	2トップでのカウンター成立が難しい場合は中盤から1枚が前線に顔を出して3人でのフィニッシュワークを試みる

遅攻（組織的な攻撃）

相手に即時奪還されないようまずはボールを失わないこと、
安全なプレーで密集を抜け出すことを優先

密集を抜け出す状況が確認できれば各選手が攻撃時の配置につく

カウンターアタック

04
Positive Transition

カウンターアタックのポイント

カウンターアタックにおいて一番のポイントは「**スピード**」です。一瞬を逃すとチャンスはなくなります。相手が組織的な守備に戻る前に攻めきらなければなりません。奪った瞬間からボールを前向きに、ゴール方向に出すこと。ポジトラでのカウンターアタックで理想的な形は、前向きの状態でボールを奪ってワンタッチでスルーパスを出すことです。**少ないタッチ数、少ない人数でゴールを奪うということを目指します。**

基本的には**ゴールに近い中央から攻めるというのが優先**です。相手は中央を締めてサイドに押し出すことを狙ってきますが、中央にパスコースがあれば迷わずスルーパスを出します。ゴールキーパーがポジションを上げていたら多少遠くからでもロングシュートを打ってもいいでしょう。

サイドで奪った場合でも中央のゴール前にスルーパスを出せるのであれば、そこにフォワードを走り込ませます。相手の中央の状況にもよりますが、スルーパスとなるアーリークロスを早めに入れることが、サイドからのカウンターアタックにおける最優先の戦術として挙げられます。

スルーパス
60ページ参照。

アーリークロス
58ページ参照。

【図1】カウンターアタックはゴールに近い中央から攻める

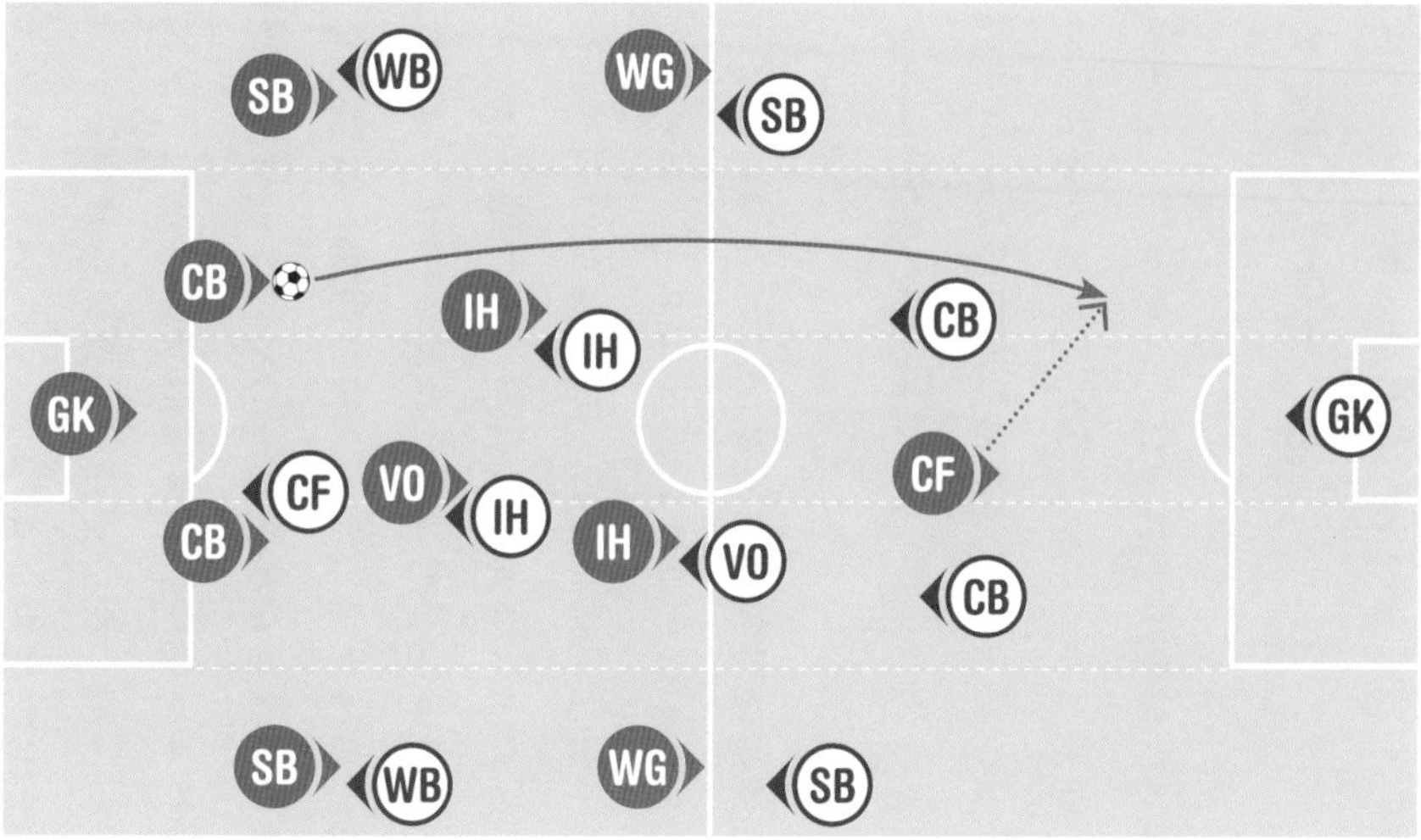

カウンターアタックで重要なのはスピード。相手に守備をする時間を与えないこと。ゴールから逆算し、できる限りゴールに近い中央から攻めることが重要だ。ボールを失うリスクがあったとしても、果敢にチャレンジをしてボールを入れていく。

【図2】サイドで奪った場合でも中央に出せるならば早めにスルーパス

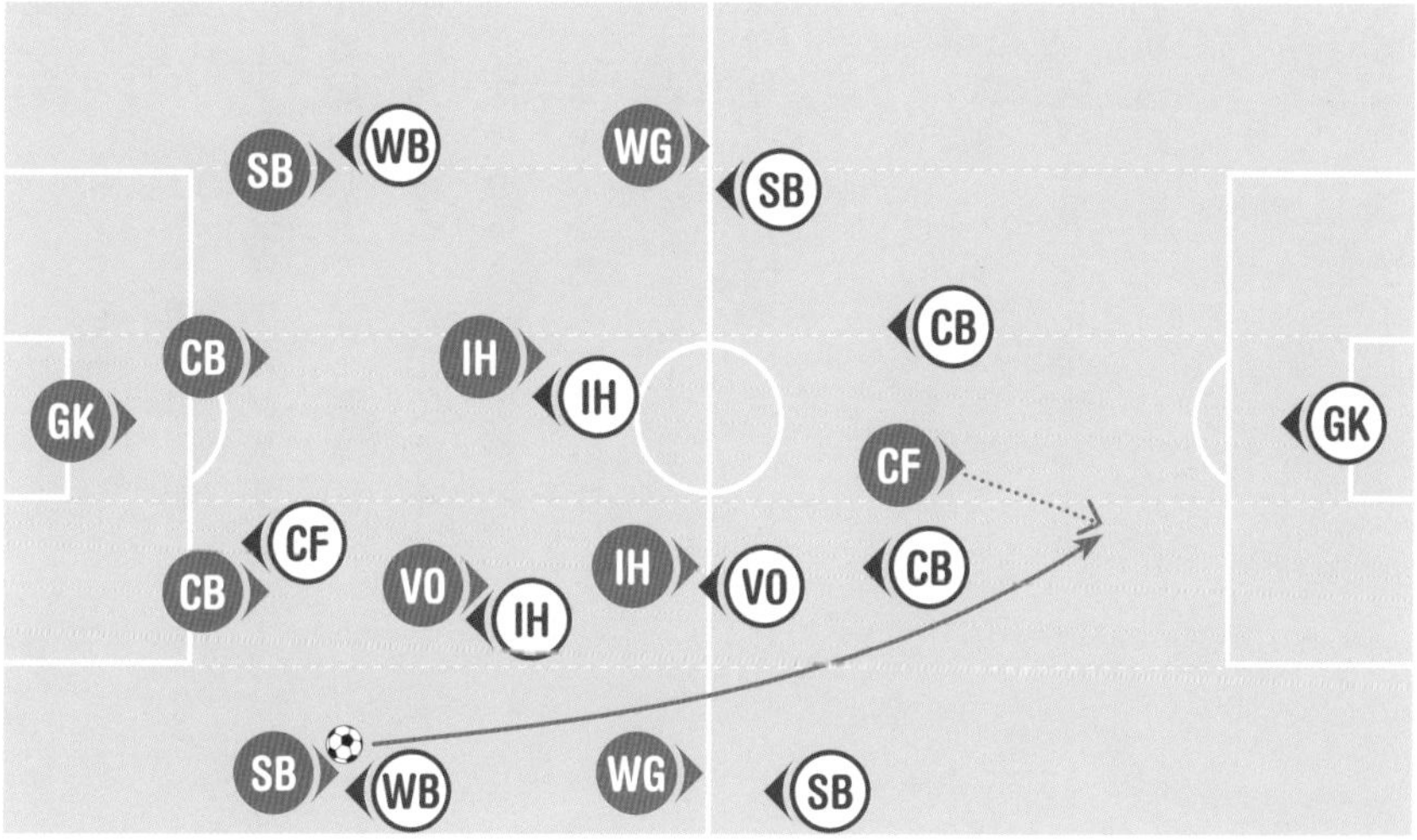

サイドで奪った場合でも、中央のゴール前にスペースがあれば、積極的にスルーパスやロングフィードを入れ、そこに走り込ませる。ここでも重要なのはスピードで、手数や時間をかけないカウンターアタックが求められる。

カウンターアタックで大事なのは周辺状況

ボールを奪った瞬間は相手も形を変えて攻めてきているので、ゾーン1であってもロングボール一発で裏を狙うこともできます。奪った場所というよりも、**相手の形や出方によってカウンターで攻めるかどうかが決まります。**ポイントは**ディフェンスラインの高さ（背後のスペース）**で、大事なのは**奪ったボールの周辺状況**です。基本的には密集の状態が起こりやすいのですが、そこからロングボールを蹴ることができるかなどを判断しなくてはいけません。背後にスペースがなかったり走り込む選手がいなかったりした場合は、近いエリアでボールを前進させるパスコースがあるかがカウンターアタックをする基準になります。それがなければサイドにボールを回しつつ、カウンターアタックを諦めて組織的な攻撃の局面に移行することになります。

ショートカウンター

相手ゴール前に近いエリアのゾーン3でボールを奪取できた場合、スルーパスが出せない状況であれば突破のドリブルで相手を抜いてシュート、抜ききれない場合はそのままシュートなど、**ゴールから逆算した素早いプレー**が求められます。

ミドルカウンター

ゾーン2で奪った場合、ある程度ゴールから近い距離でもあるので、サイドに広げて攻めるよりも**多少リスクを冒してでも中央方向へのプレーを優先**します。シュート、スルーパス、ドリブルのどれを選択するにせよ、守備組織の薄いところを狙っていきます。

ロングカウンター

ゾーン1まで攻め込まれた状態で奪った場合、相手ゴールまでの距離はありますが、相手の背後に広いスペースができています。なので、最優先すべきは相手のゴール方向、**中央の背後を狙ったパス**を出すことです。それが無理ならばフォワードがサイドのスペース、**相手のサイドバックの背後に流れて起点を作ります**。それすら無理な場合はフォワードの足元へのパス、またはヘディングに合わせたパスからフリックをしたり、セカンドボールを狙ったりすることになります。

　奪えたとしても、クリアするしかない状況もあります。その場合もクリアボールをどの方向に蹴るか、プレーモデルでデザインしておく必要があります。

【図1】クリアをロングカウンターに繋げる

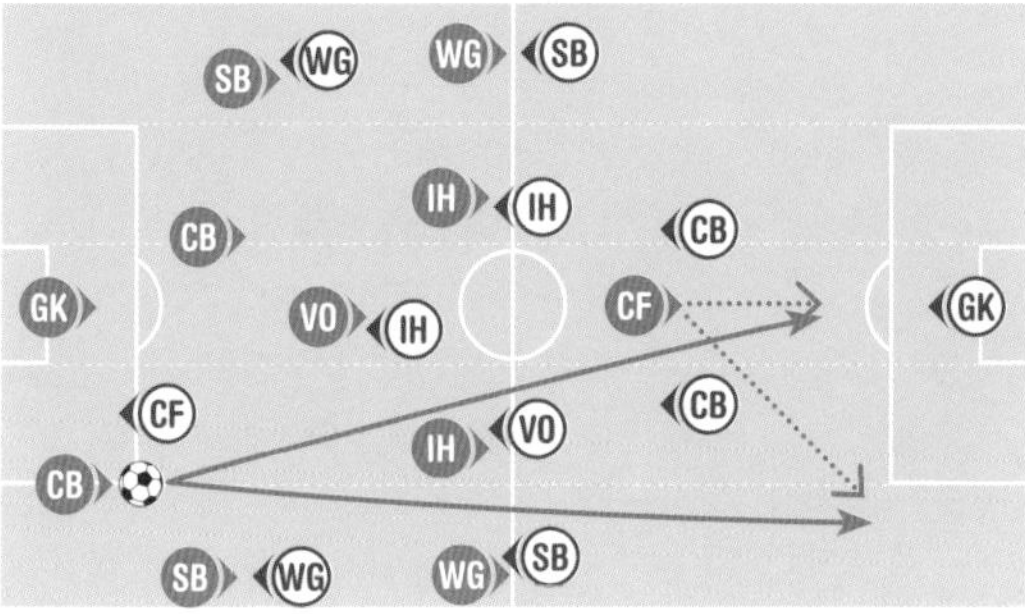

FIFAワールドカップカタール2022での日本代表。ドイツ代表やスペイン代表と対戦した際、押し込まれることは想定しながらも、クリアする時には相手のサイドバックの背後に蹴ることを徹底していた。そこにフォワードが走り込むことも戦術として用意していたので、ロングカウンターが成功し、ゴールに繋げることができた。

足元へのパス
現在いる位置にパスを出すこと。

フリック
61ページ参照。

セカンドボール
競り合いの結果、どちらのチームも保持していない状態のボール。

クリア
ボールをゴールから遠ざけるためのキックやヘディング。

組織的な攻撃への移行

04
Positive Transition

組み立て直しのポイント

ポジトラの局面では、理想的にはカウンターアタックによりゴールを決めたいところです。しかし、時間がかかり相手が組織的な守備に戻ってしまったら、カウンターアタックを中止しなければならず、やむを得ず組織的な攻撃へ移行しなければなりません。

特に、ゾーン1でボールを奪いながらロングカウンターができなかった場合などは、後ろや横のフリーな選手にボールを預けて、**味方が広がる時間を作るための「安全なパス」**を出します。または、フリーでボールを持てているならばドリブルのスピードを落としたり、後ろ向きにターンしたりして、**味方が広がる時間を作るための「時間を使うドリブル」**でボールをキープします。このようなアクションを行っている間に全体を整え、組織的な攻撃に移行します。

【図1】組織的な攻撃への移行

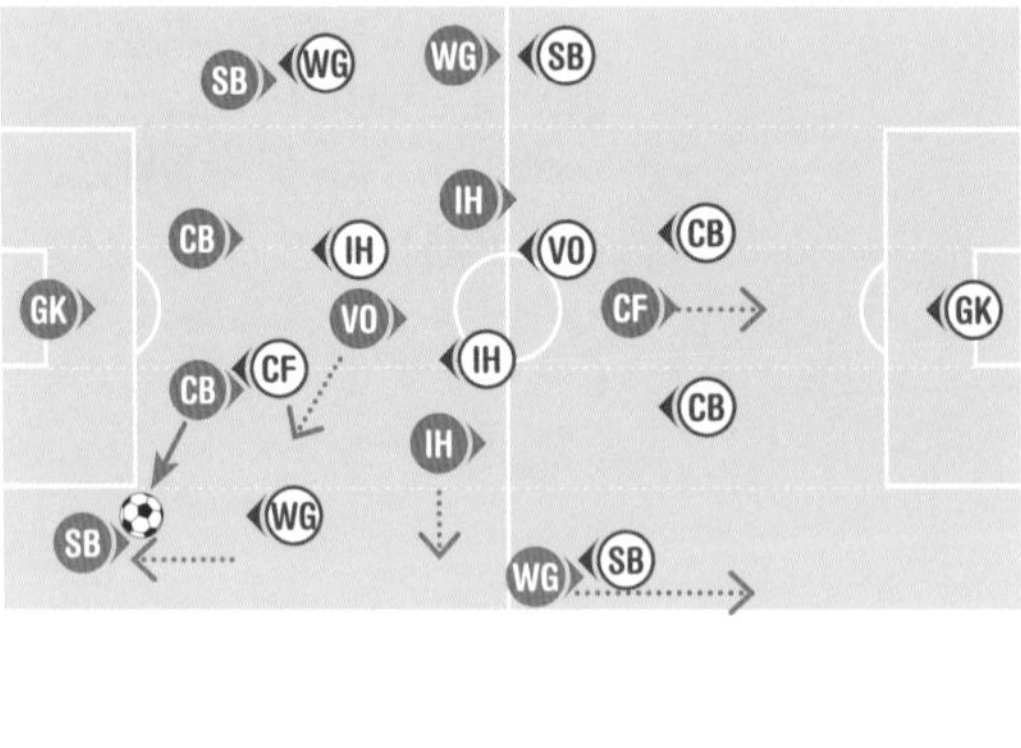

相手が素早くカウンターへの対応をして、組織的な守備を構築してしまった場合や、前方向へのプレーを制限されるようなプレスをかけられた時は、組織的な攻撃へ移行する。この時に重要なのは、ボールを失わないこと。安全なパスを出したり、周囲の状況を整えるためにドリブルをしたりして時間を使う。

Appendix
サッカー戦術のまとめ

4局面を流れの中で見てみよう

ここまで、4局面それぞれの戦術を解説してきましたが、1つの試合を取り上げて、流れの中で4局面がどのように展開されているか、試合実況のように戦術を解説してみます。右下のQRコードから私の解説動画を見られますので、合わせてご覧ください。

今回、取り上げるのは2010－2011シーズンのエル・クラシコ。FCバルセロナがホームにレアル・マドリーを迎え、5－0のマニータで快勝した試合です。FCバルセロナを主語に攻撃・ネガトラ・守備・ポジトラの4局面を解説します。フルマッチは下のQRコードからご覧いただけます。

マニータ(Manita)
スペイン語で「手」。指が5本あることからサッカーでは5得点の意味。

【前半キックオフ】　0:00

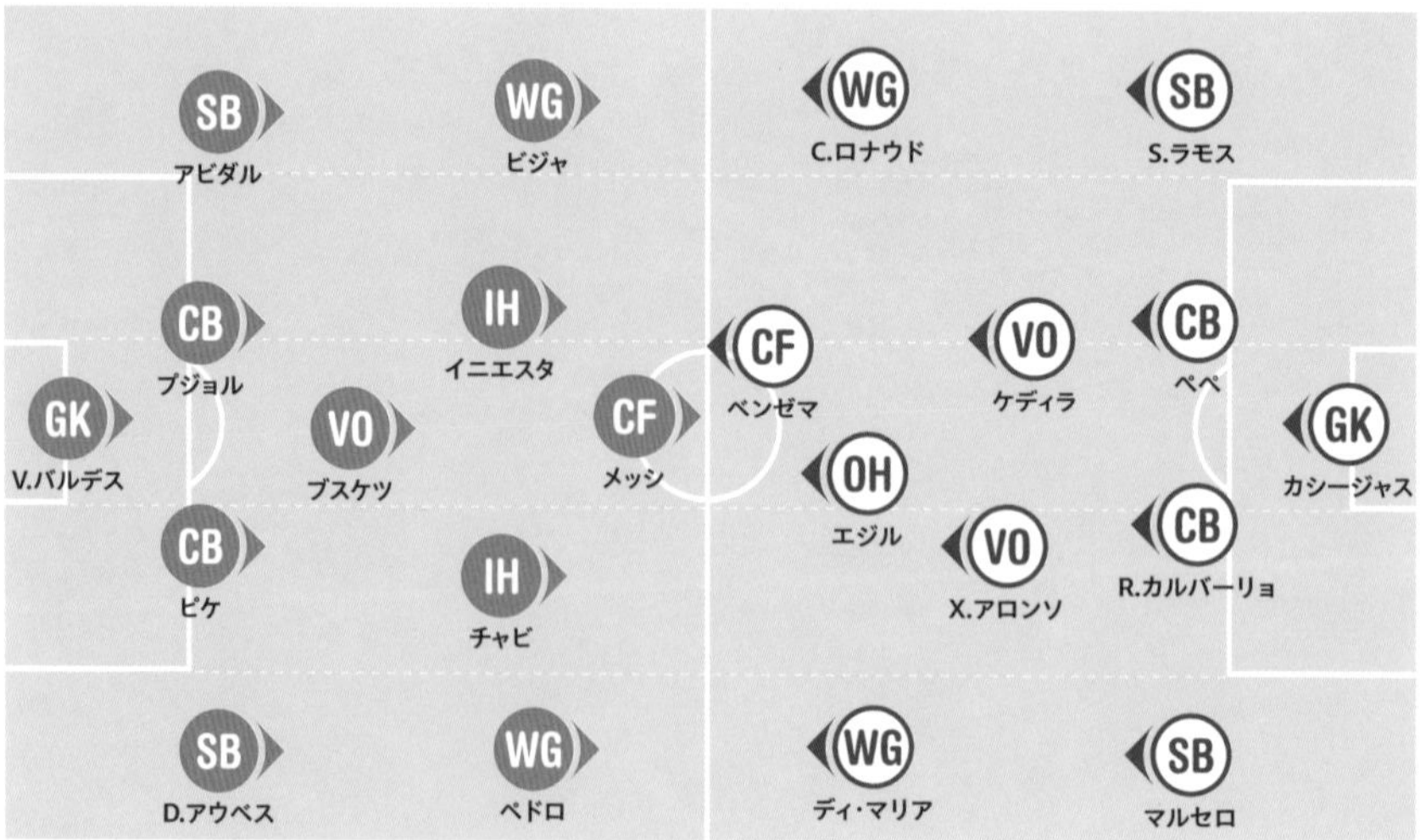

前半キックオフ時点でのシステムはこのような形だった。左のホーム、FCバルセロナは4-3-3。対するレアル・マドリーは4-2-3-1。動画の中ではスペイン語のポジションで解説しているが、「ピボーテ」はボランチ、「インテリオール」はインサイドハーフのこと。

【攻撃】FCバルセロナのビルドアップの動き

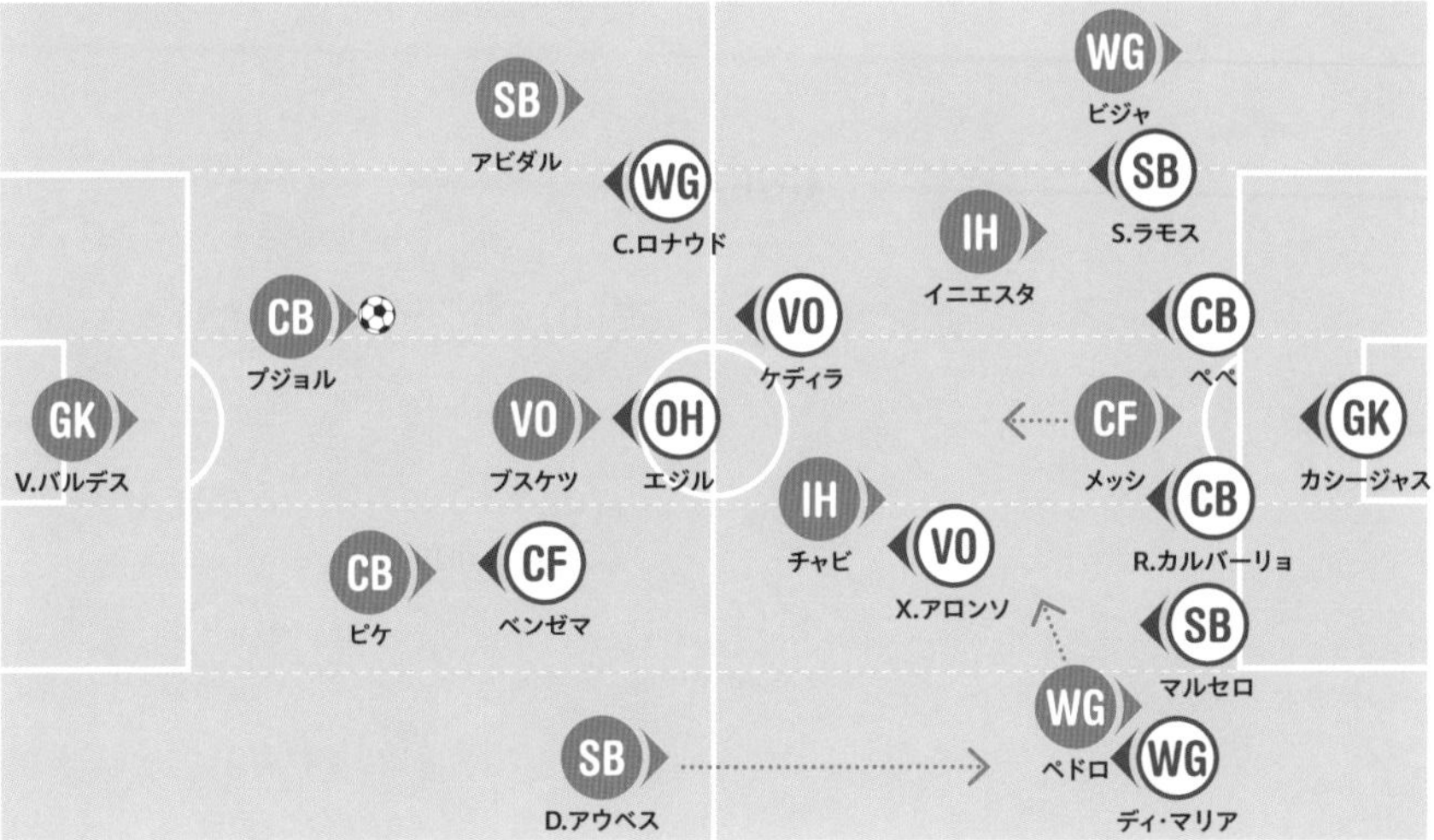

攻撃時、FCバルセロナは両ウイングを上げ、メッシがファルソ・ヌエベ（偽9番）として少し下がりながら中盤のダイヤモンドの頂点に入る。その時に右サイドバックのD.アウベスが高い位置まで上がり、ウイングのペドロが内側のレーン（ハーフスペース）に入ってくる。

【攻撃】5トップが5レーンを埋め、それに対抗する5バックのレアル・マドリー

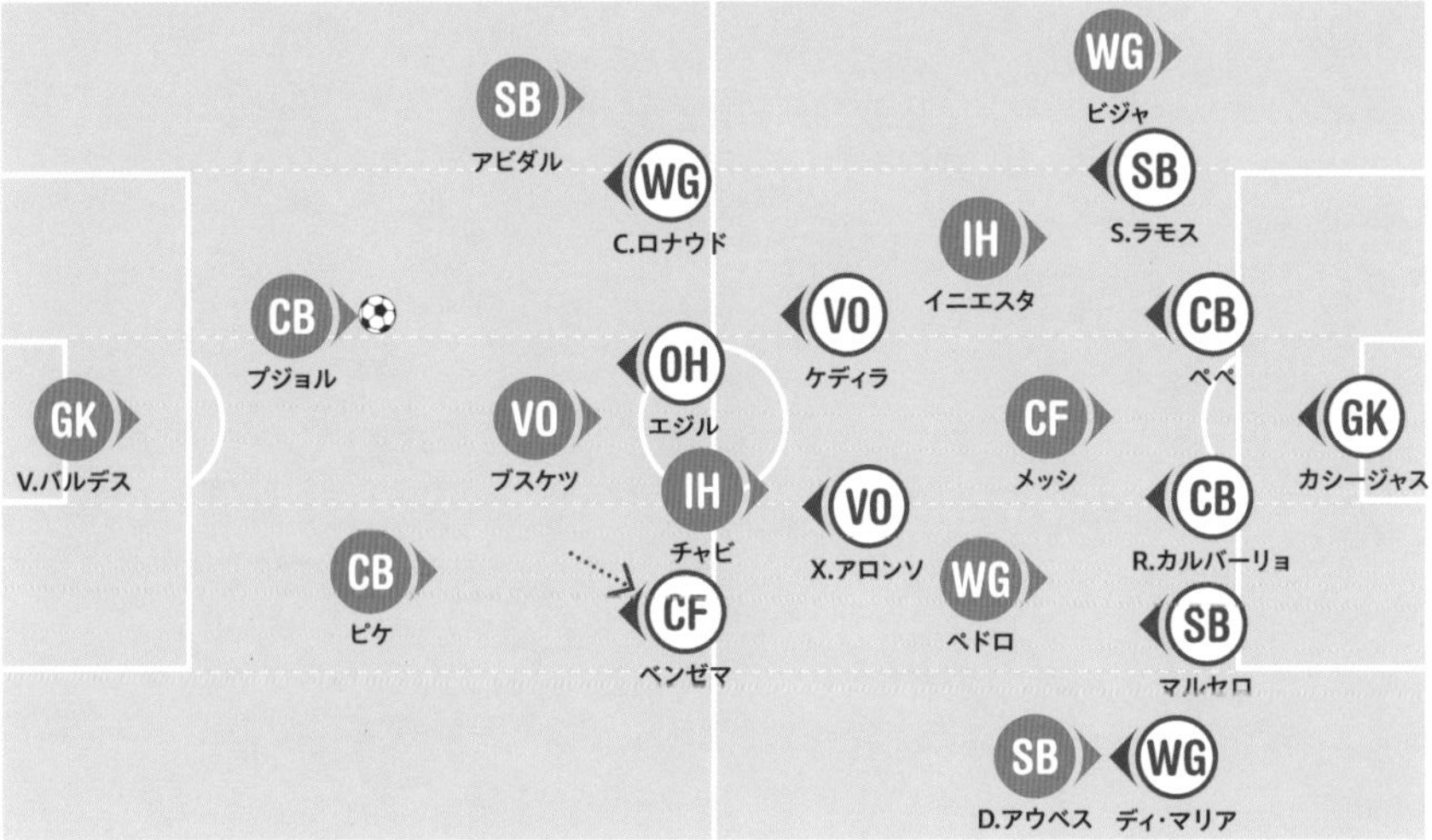

5トップ状態が作られたところ。この当時からFCバルセロナは5レーンをきちんと埋めている。レアル・マドリーも対抗策としてディ・マリアをディフェンスラインに下げて5バックを形成。センターフォワードのベンゼマを少し下げて守備の局面では5-2-3のようなシステムを設定した。

【攻撃】中央からのビルドアップ　9:08

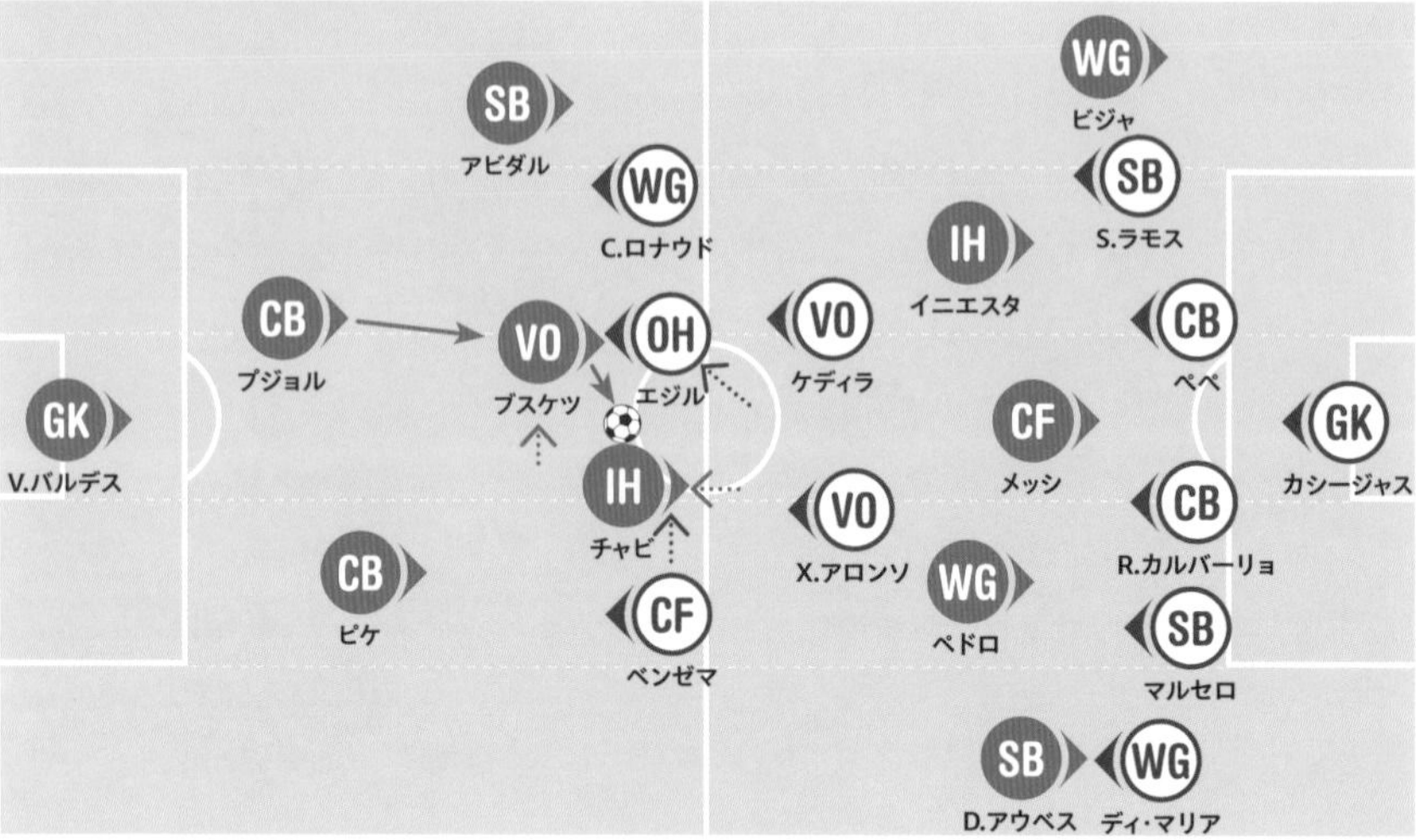

簡単に外循環せず、中央からビルドアップを行っていくFCバルセロナ。ブスケツがエジルの目の前に入り、縦パスを受ける。食いつくエジル。エジルとベンゼマの間が空いたところへチャビが入り、ブスケツからパスを受ける。ベンゼマはチャビについていく。

【攻撃】中央からの前進　9:14

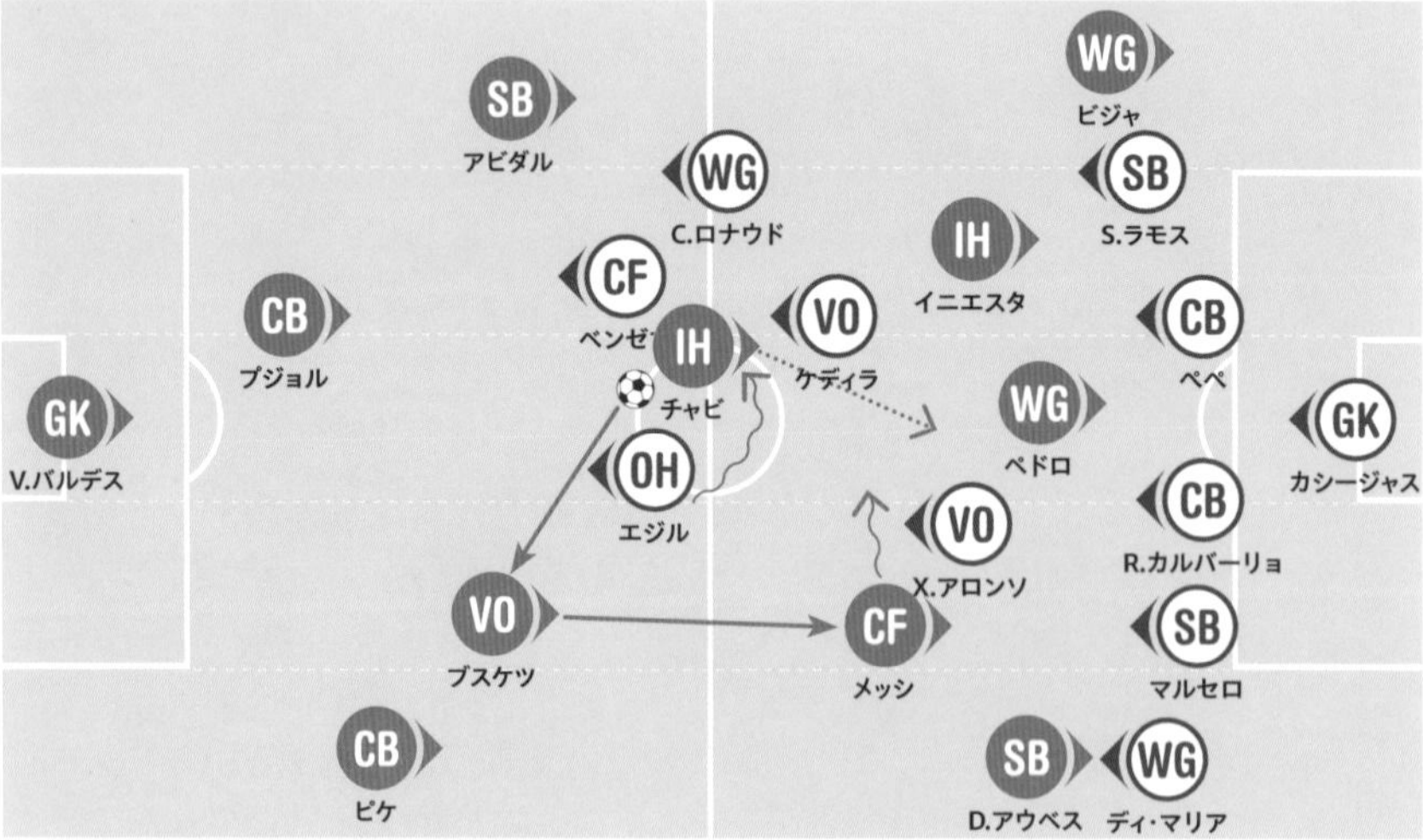

チャビは回旋のドリブルでベンゼマを振り切り、エジルがカバーリングにきたためフリーになったブスケツにパス。その間、メッシとペドロがポジションチェンジをしていたので、ブスケツはメッシにワンタッチパスを通す。メッシは内側にカットイン。そのタイミングでチャビが上がる。

【攻撃】外を意識させながら中央でのフィニッシュへ　9:20

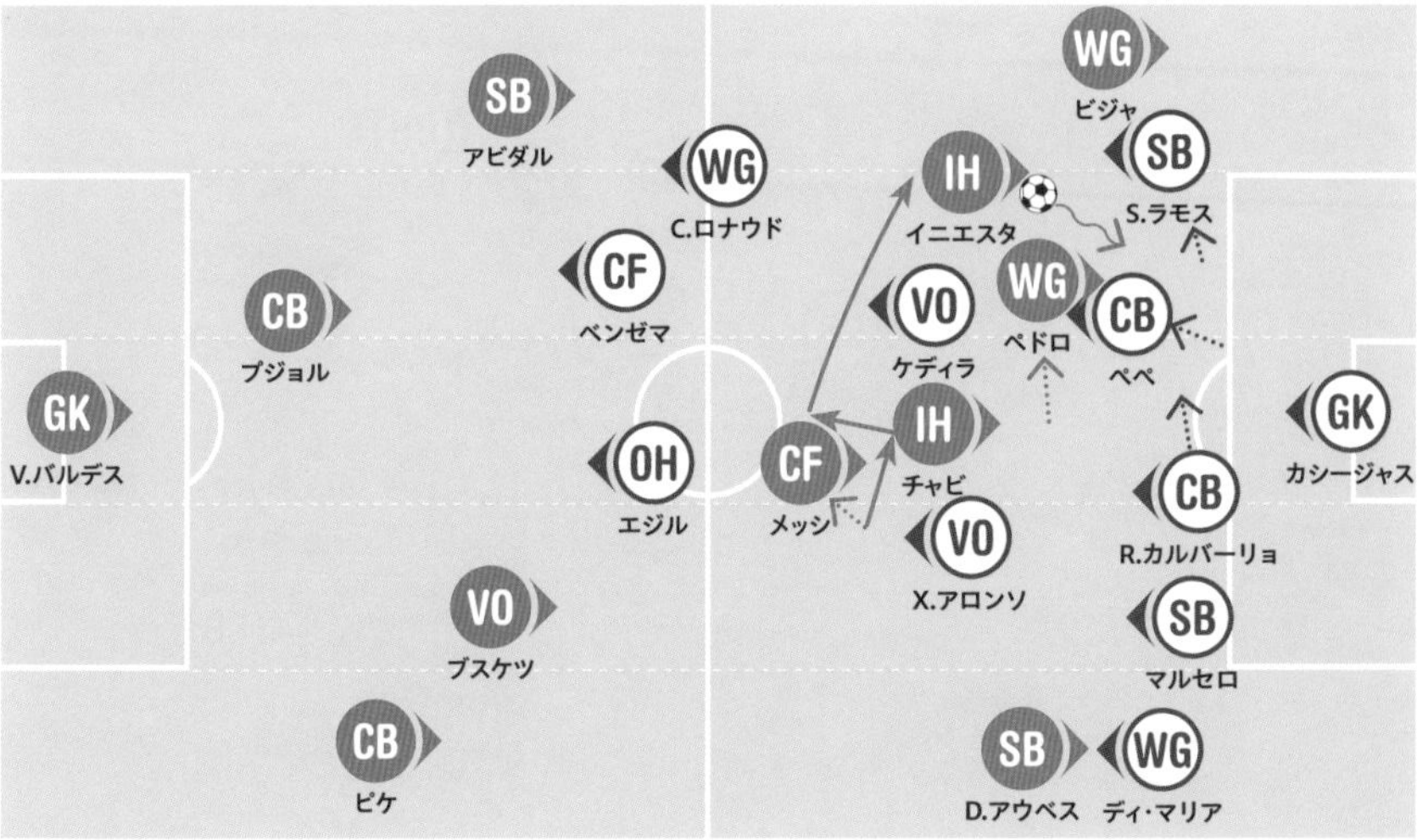

メッシは上がってきたチャビにパス。チャビはワンツーでメッシに返す。このスクリーンプレーによって、メッシは左側に複数のパスコースができたが、イニエスタへのパスを選択。S.ラモスはビジャを、ペペはペドロをマークするためにディフェンス全体が左サイドへ。イニエスタはその間を持ち運ぶ。

【攻撃】スルーパスからのループシュートでゴール!　9:25

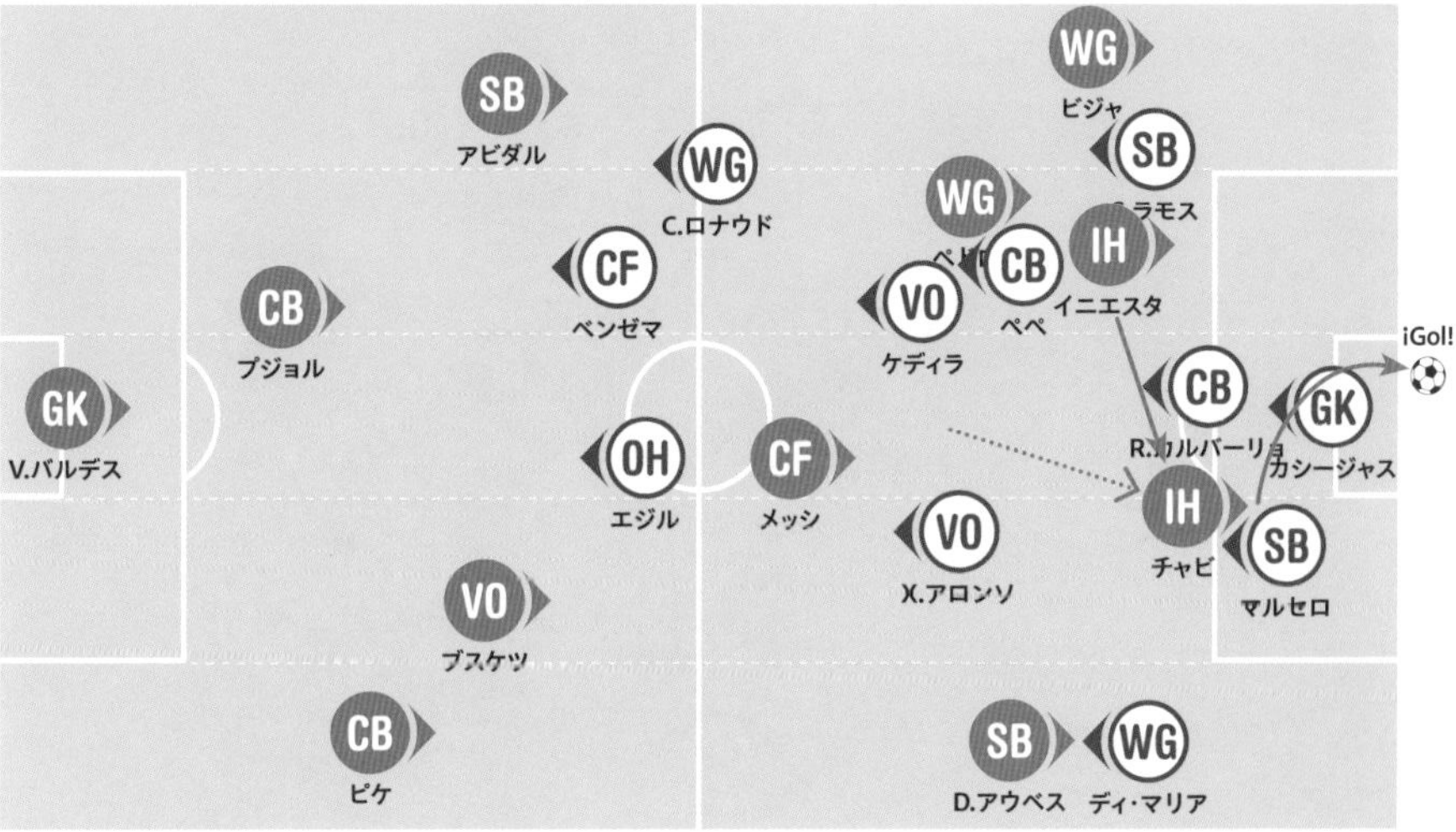

イニエスタが内側にスルーパス。守備陣の間をすり抜けるように上がってきたチャビに渡る手前でマルセロが足を出すが、チャビの目の前にボールがこぼれ、そこからループシュート。当時のFCバルセロナらしい、相手の意識を外に向けながら中央からのビルドアップ、前進、フィニッシュの形だった。

【ネガトラ】スルーパスを奪われる

13:40

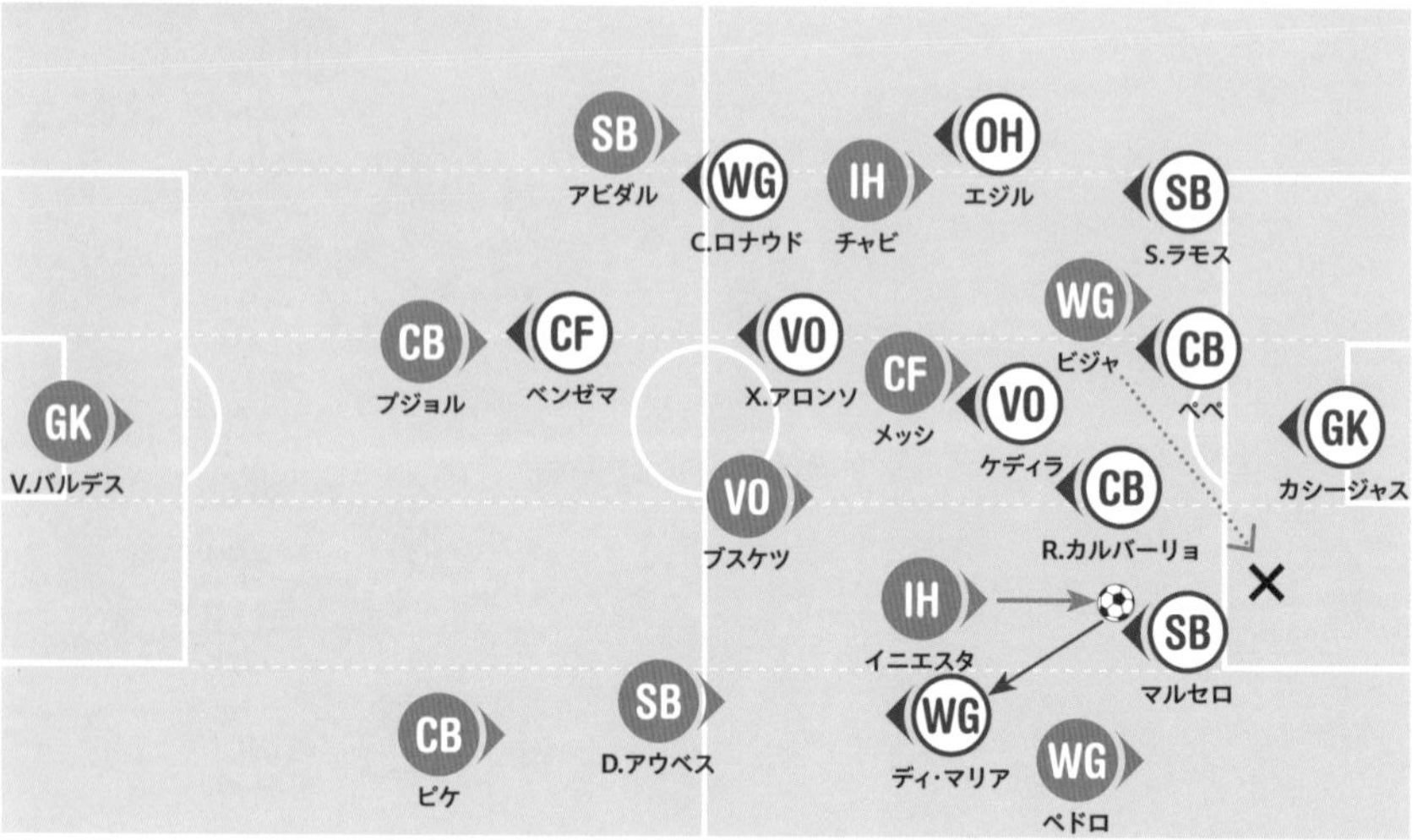

当時のFCバルセロナであっても、現時点のサッカーと比べてネガトラについては物足りなさがある。なので、あえて選んだシーン。イニエスタのスルーパスをマルセロが引っかけ、ディ・マリアへパス。レアル・マドリーがカウンターアタックに移行する。FCバルセロナはネガトラの局面に入る。

【ネガトラ】プレッシングが次々とかわされる

13:44

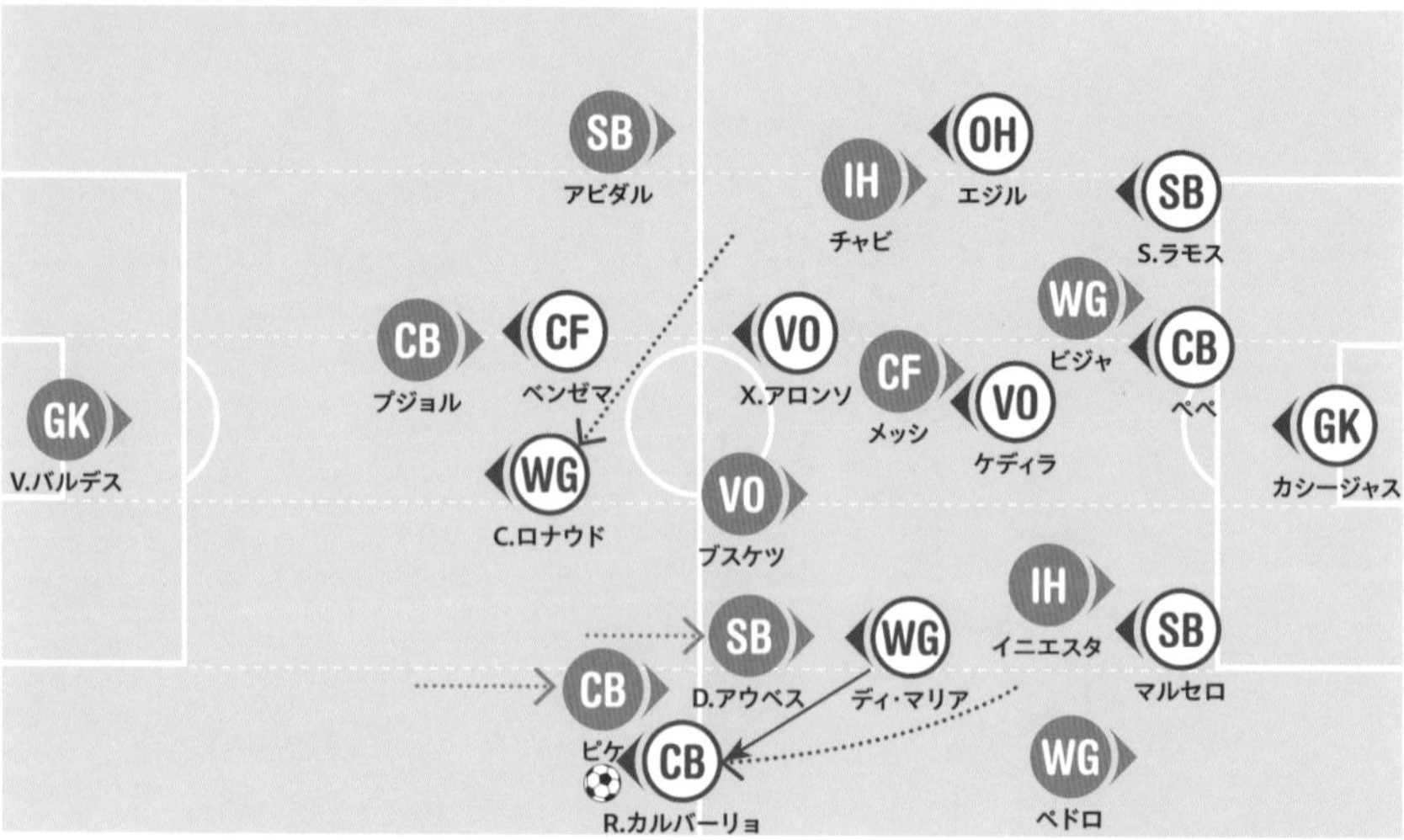

ディ・マリアにボールが渡った時、D.アウベスの対応が遅かった。イニエスタがパスを出した瞬間、D.アウベスはディ・マリアへの距離を詰めておくべきだった。ディ・マリアからサイドを駆け上がったR.カルバーリョへパス。ピケがイエローカード覚悟でR.カルバーリョへスライディングするもかわされる。

【ネガトラ】素早く撤退の守備

13:50

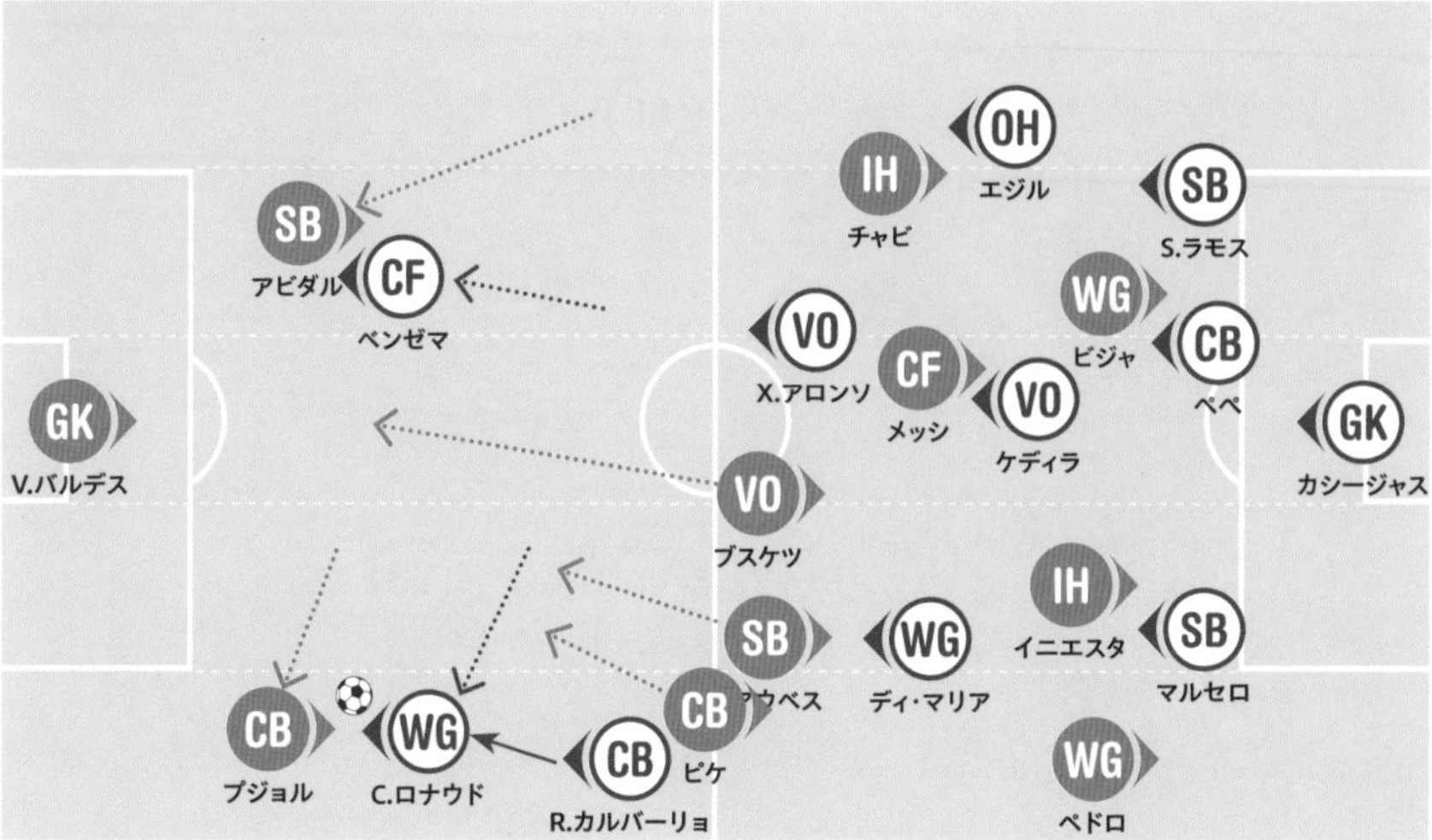

R.カルバーリョが出したボールに対して、C.ロナウドが受け、プジョルが対応。逆サイドではベンゼマが待ち構えて、それにアビダルが対応。2対2の状況になりかけたが、FCバルセロナはここからの対応が早かった。ブスケツとD.アウベス、ピケが素早く戻り、プラス3の状況を作った。

【ネガトラ】カウンターアタック阻止に成功

13:54

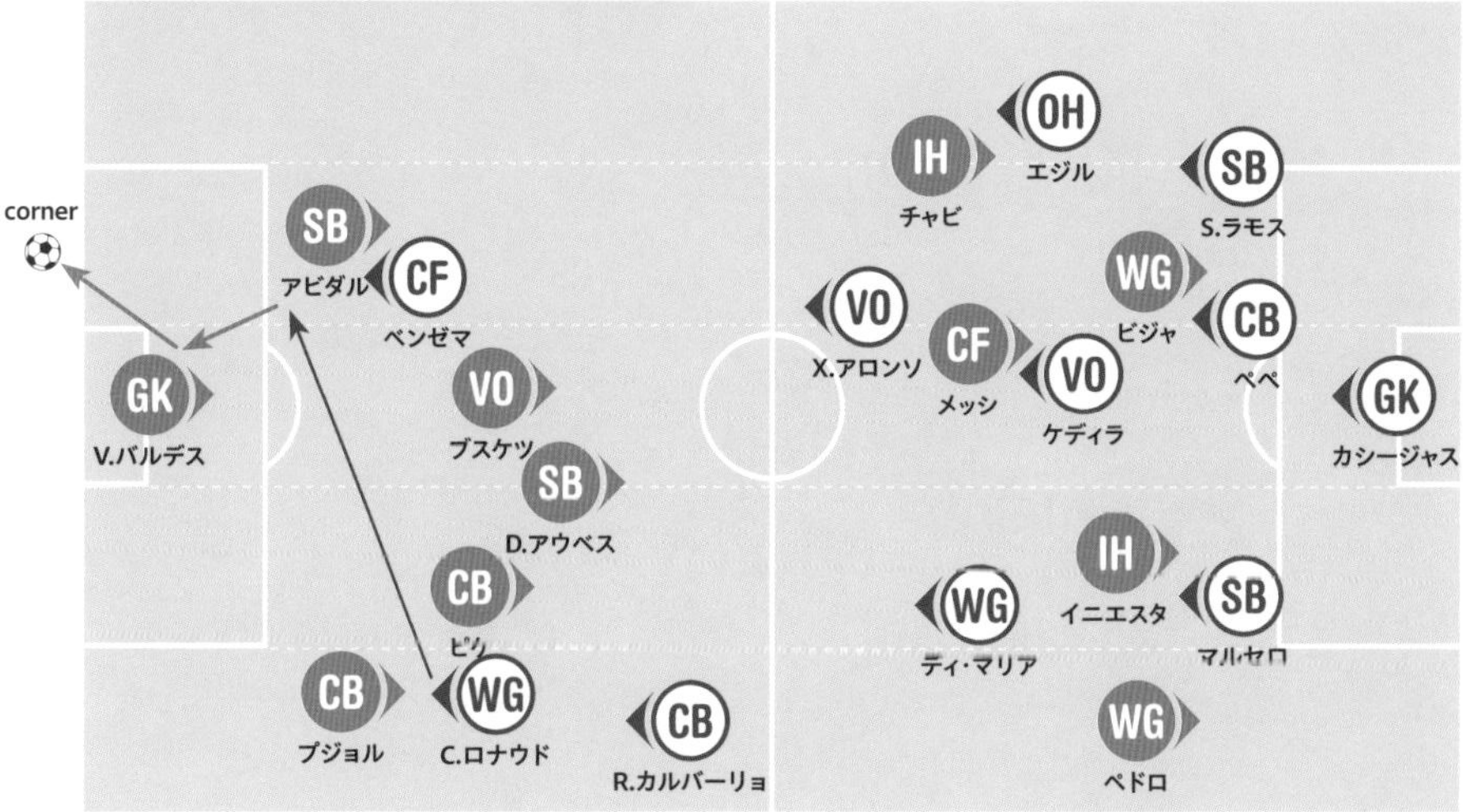

C.ロナウドがスルーパスを狙うが、ベンゼマに通らず。アビダルのクリアがV.バルデスに当たり、レアル・マドリーのコーナーキックに。現在の戦術であれば2人だけでなく、もっと人数をかけた迫力あるカウンターアタックに対応しなければならないが、当時のネガトラの処理としては十分な結果になった。

【守備】プレッシングの開始 40:53

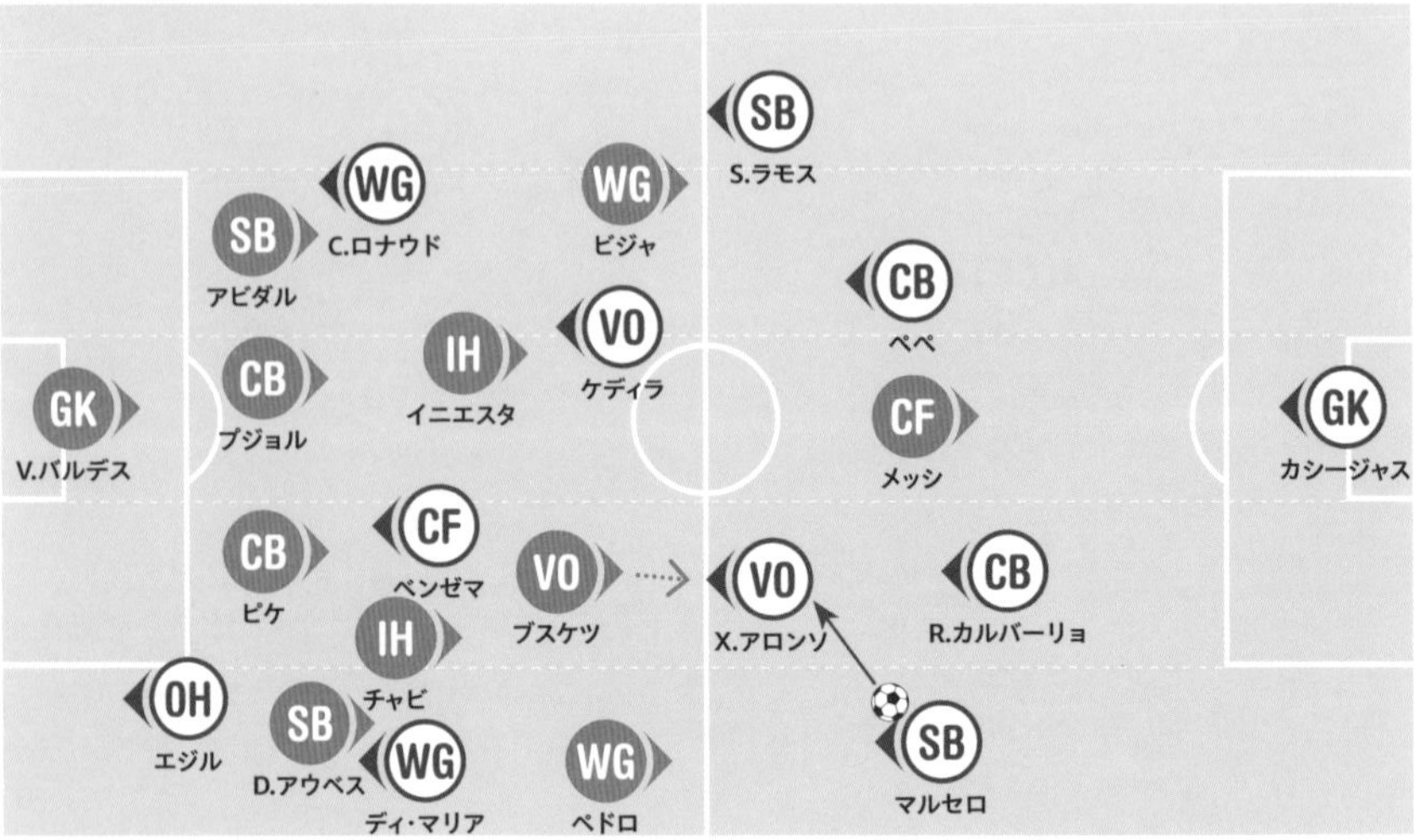

守備の局面。本書の中でプレッシングは正面から縦方向に向かうと、相手にとっては圧力を感じると解説したが、それが分かるシーン。マルセロからX.アロンソにボールが渡ると、ブスケツが正面からプレッシングを開始する。

【守備】素早くマークにつく 40:55

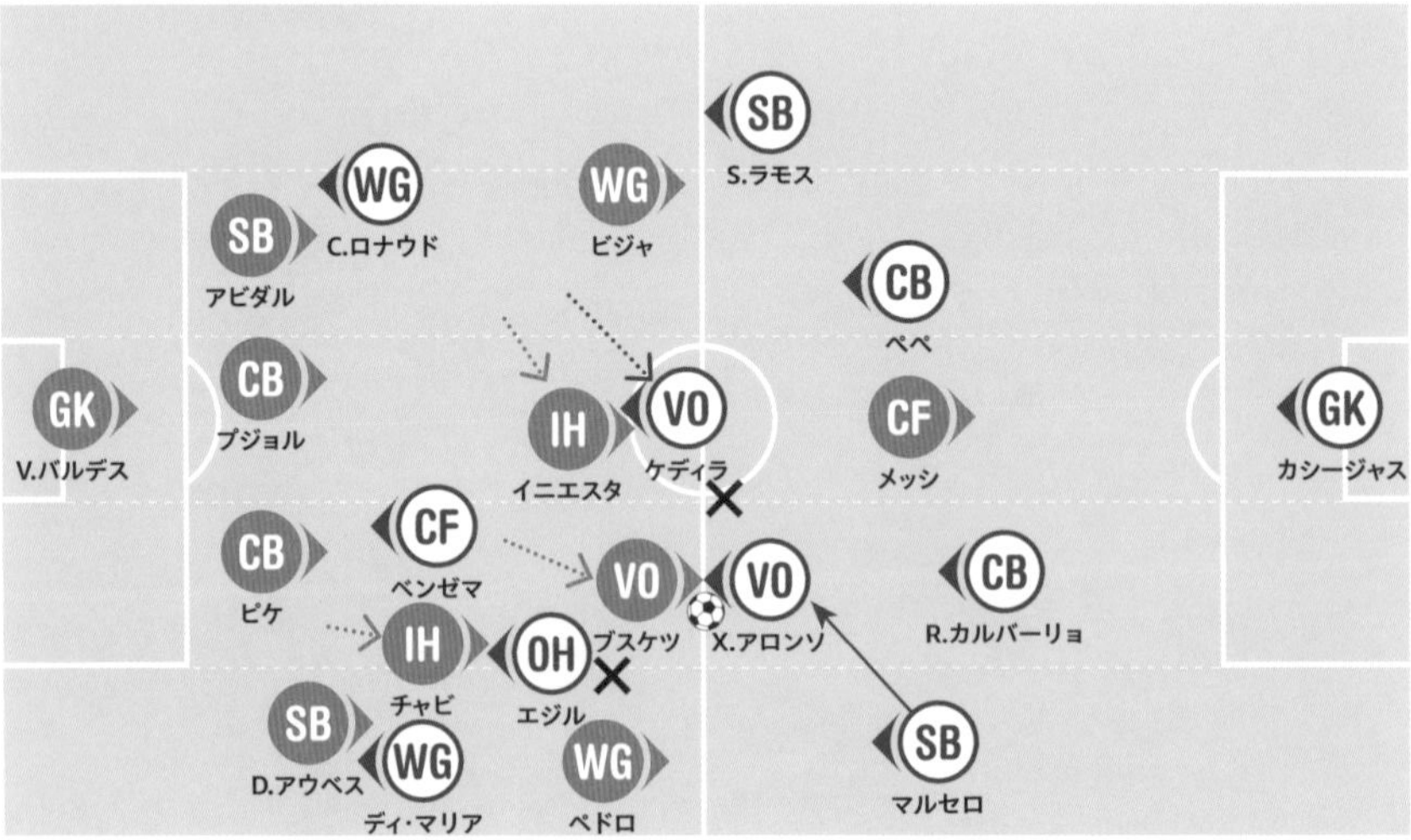

X.アロンソはパスを出そうとするが、サポートに入れそうなケディラにはイニエスタ、エジルにはチャビが素早くマークにつく。ボールの周辺状況に合わせて、マークするのか、ポジションを取るのか正しくかつ素早く判断できたことが、この当時のFCバルセロナの強さの元となっていた。

【守備】ゴールキーパーへのバックパスに追い込む　41:03

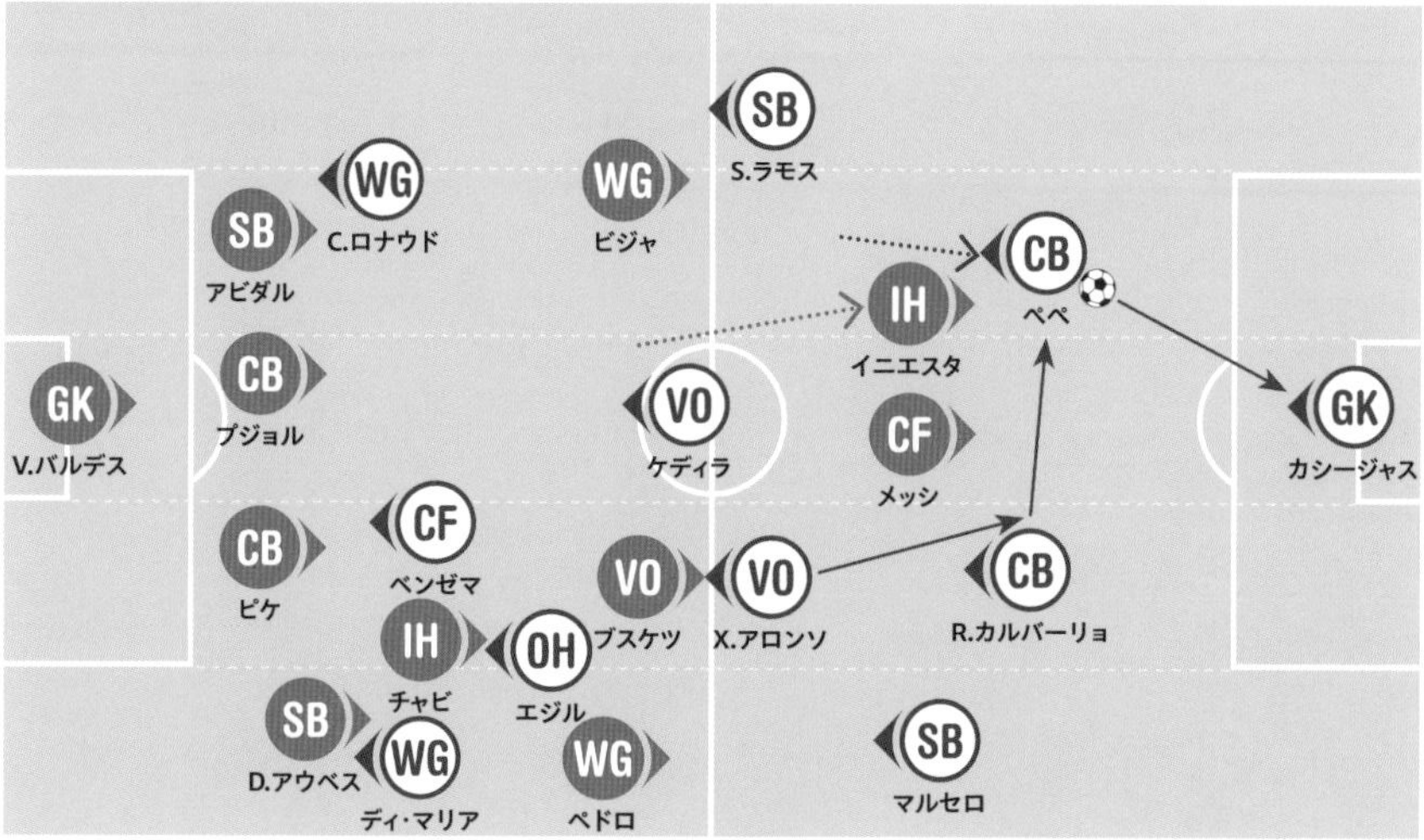

X.アロンソは仕方なくR.カルバーリョにバックパスを出す。メッシは積極的なプレッシングはしないが、サポートに入ったペペに対し、イニエスタがケディラのマークを捨てて正面から前向きにプレッシングにいった。その結果、ペペはプレーを制限されてしまい、カシージャスにバックパス。

【守備】ラインを上げ、クリア的なロングボールを回収　41:11

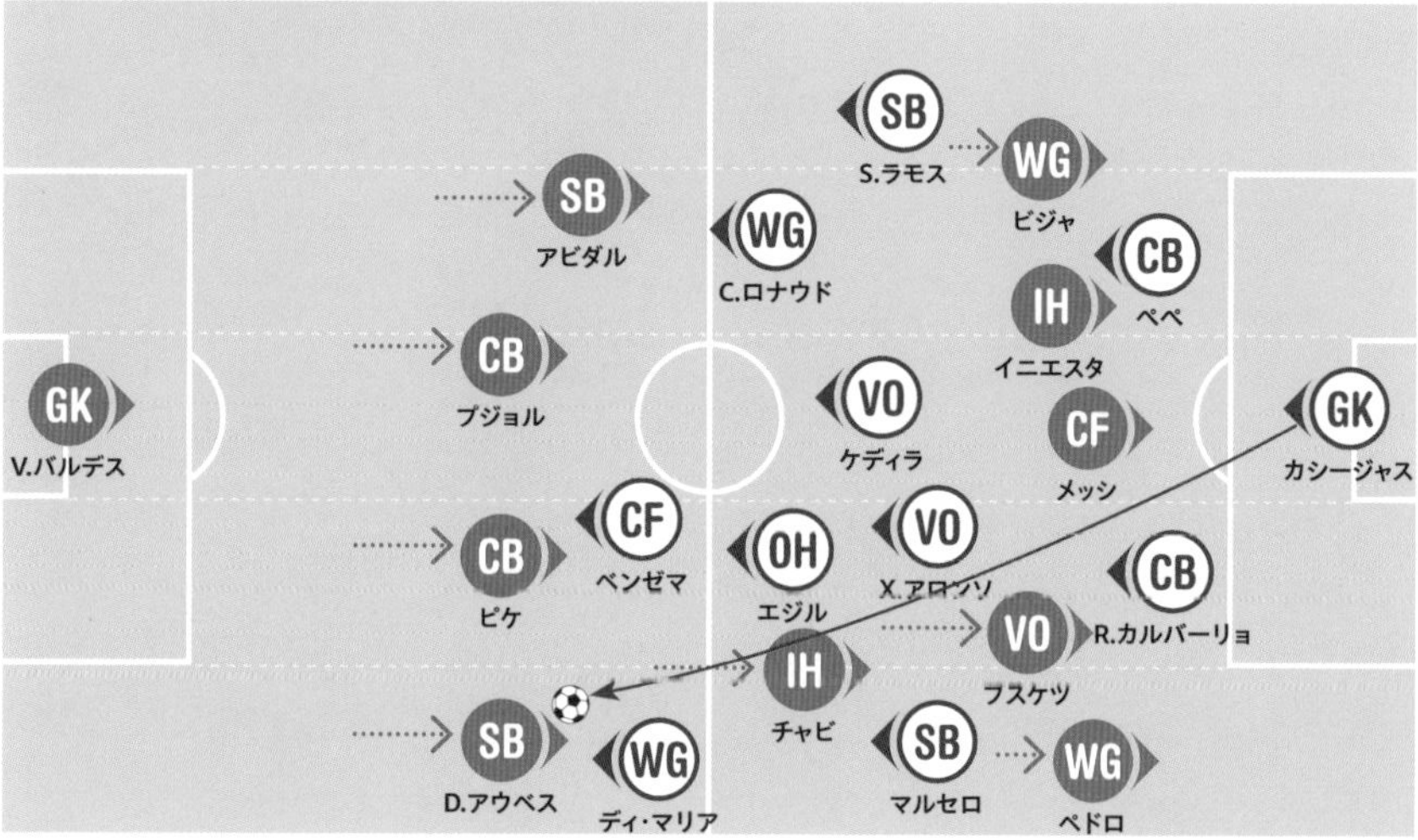

カシージャスにバックパスが入った瞬間、全体が前向きにラインを押し上げた。最終的には、カシージャスがディフェンスラインの背後を狙ったロングボールを蹴ったが、D.アウベスが簡単に回収した。前向きに直線的なプレッシングが成功した守備のシーンだった。

【後半キックオフ】 45:00

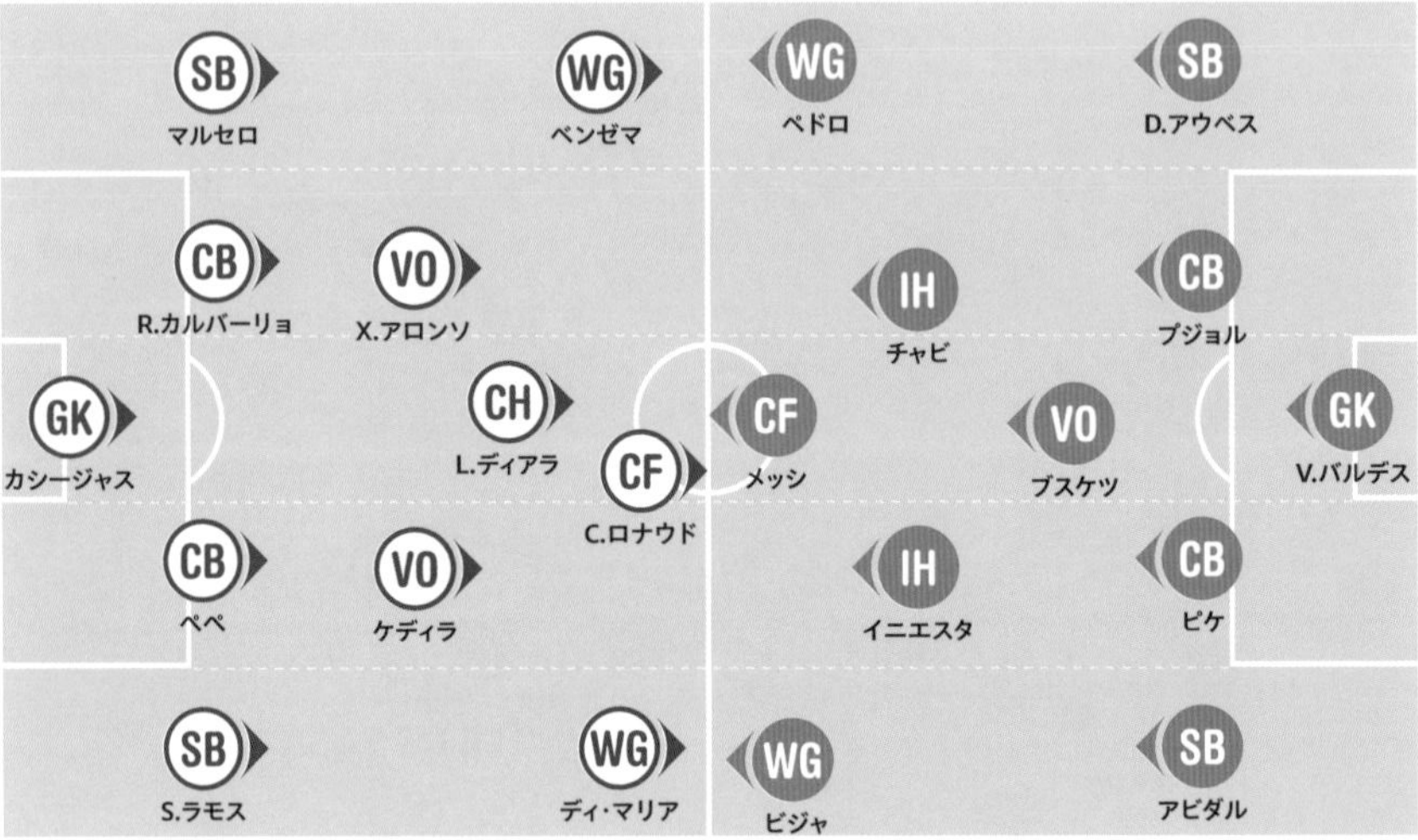

ハーフタイム後エンドが替わり、左がレアル・マドリー、右がFCバルセロナ。2-0でリードされて迎えた後半、レアル・マドリーが4-2-3-1気味の4-3-3に変更し、C.ロナウドをワントップに。しかし、この後、54分にFCバルセロナが3点目を挙げ、レアル・マドリーがさらに攻めなければならない局面となる。

【ポジトラ】ボール奪取からポジトラに移行 56:52

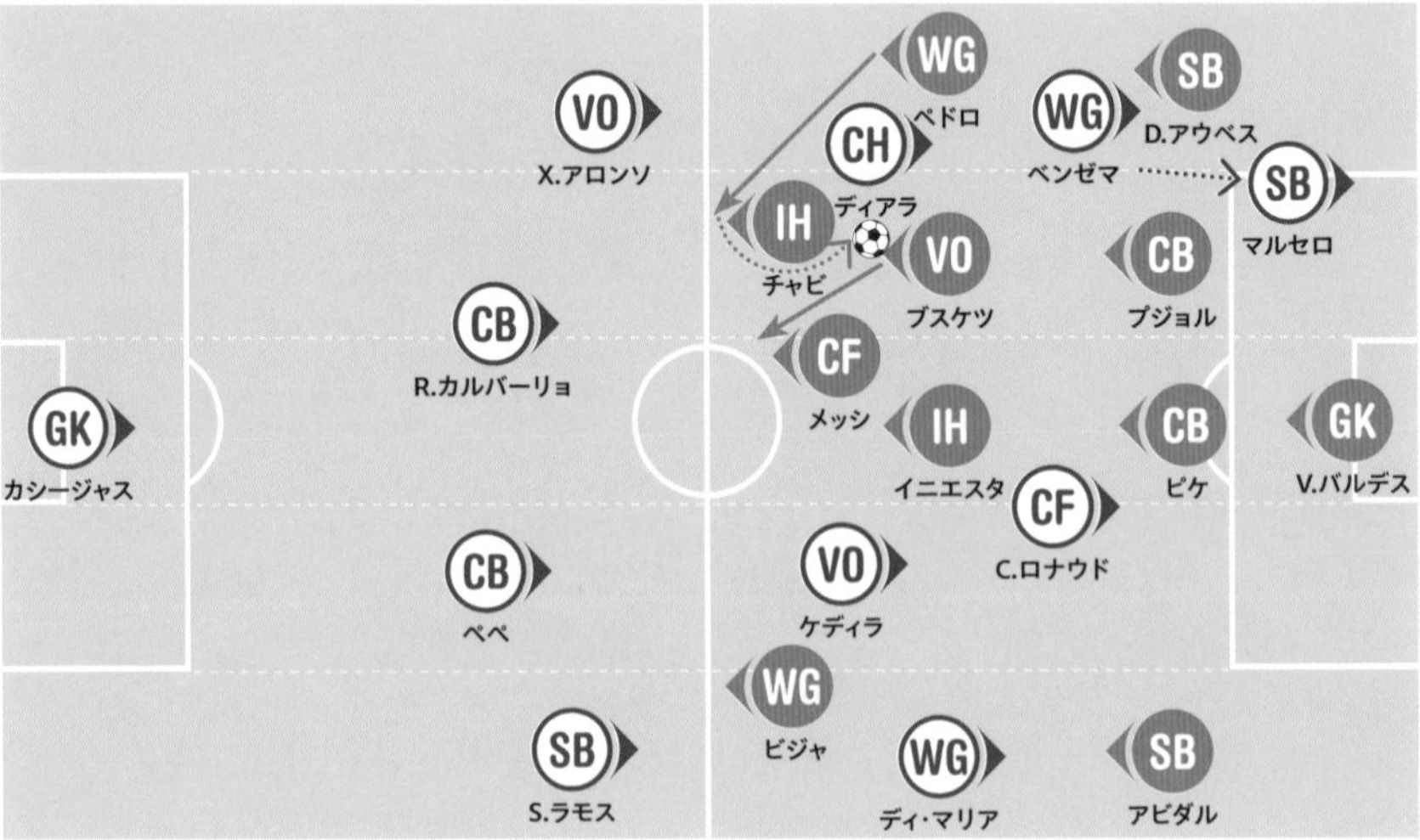

裏抜けしようとしたマルセロにL.ディアラがスルーパスを出そうとしたが、チャビがボールを突いてペドロがボールを奪う。ここからポジトラが始まる。ペドロからチャビにパスが通り、チャビは回旋してL.ディアラを振り回す。そこからこぼれたボールをブスケツがワンタッチでメッシに出す。

【ポジトラ】カウンターアタック発動

57:00

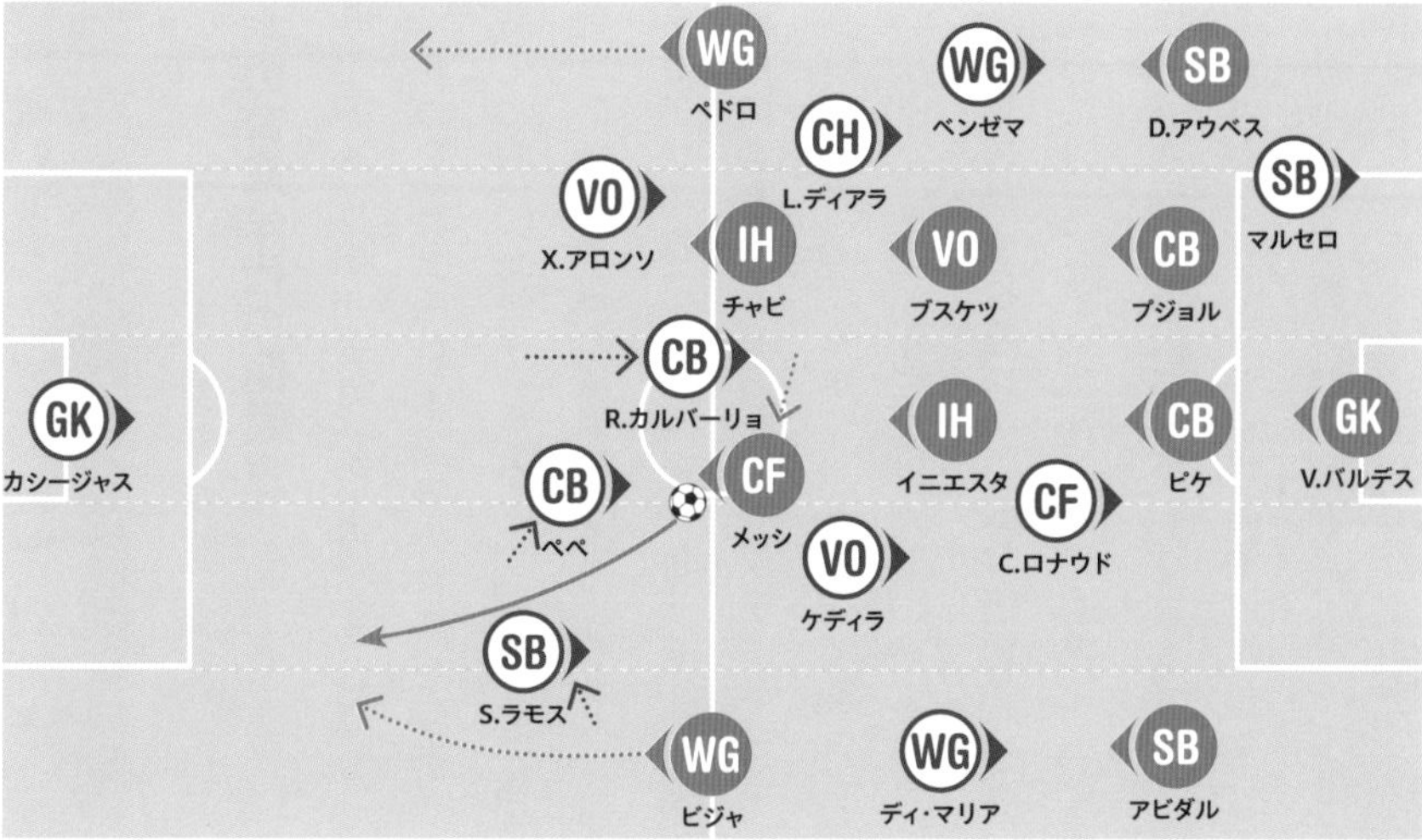

ファルソ・ヌエベのメッシがライン間で前向きでボールを受けたことで、一気にカウンターアタックを発動。R.カルバーリョがメッシに寄せてくるが、メッシがそれをかわす。それを見たペペとS.ラモスが中央に絞ってくる。その背後では、メッシがR.カルバーリョを抜いた瞬間にビジャが裏に走っている。

【ポジトラ】冷静にゴールを決め、カウンターアタック成功！

57:05

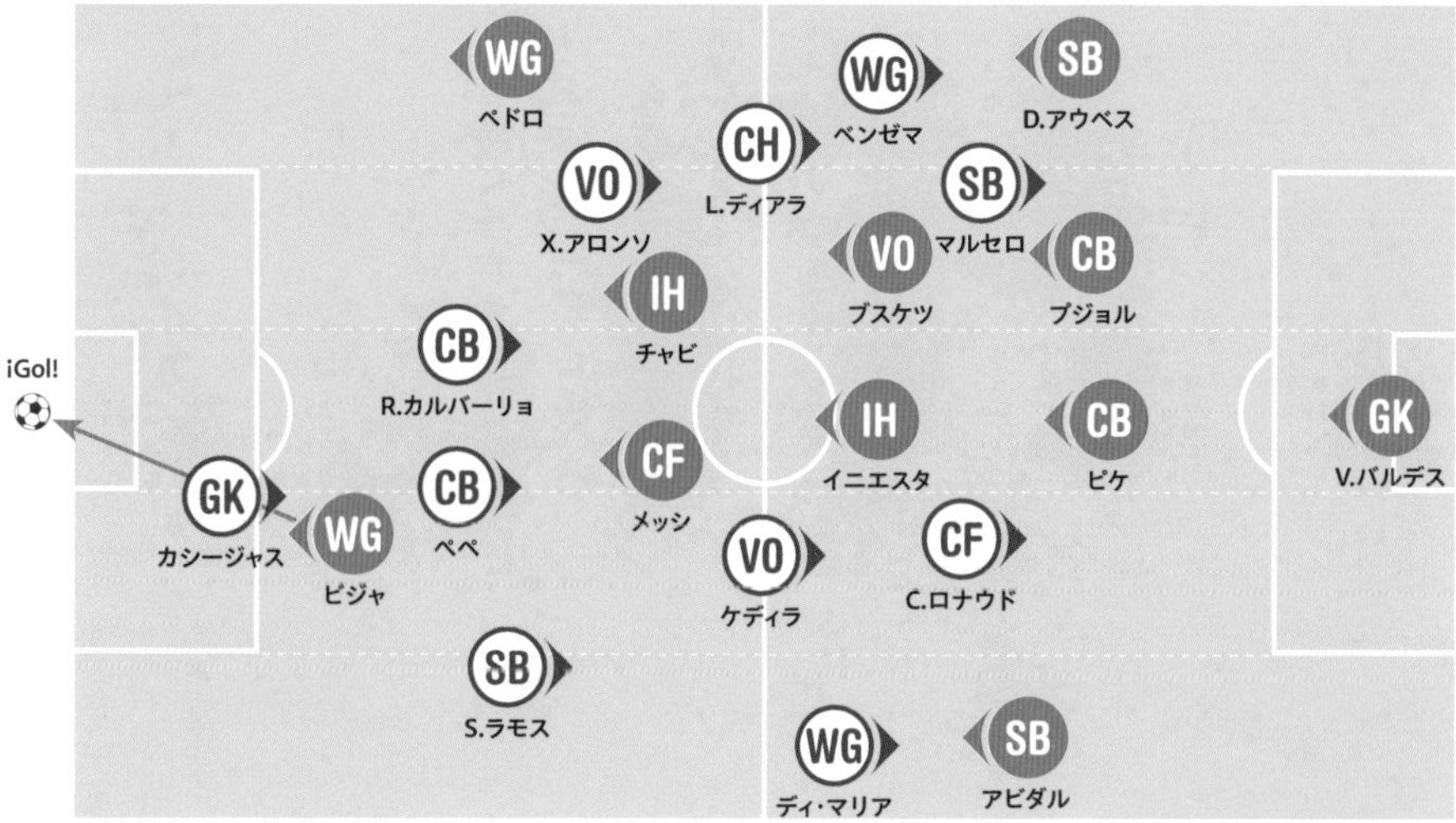

裏抜けしたビジャにスルーパスが通り、カシージャスと1対1の状況に。カシージャスが間合いを詰めて出てきたが、ビジャがワンタッチで冷静に股下を通してゴールを決め、カウンターアタック成功。この後、FCバルセロナがもう1点決め、5-0で試合が終了した。

サッカー戦術は育成年代から指導を！

Appendix

日本の育成年代の問題点

FIFAワールドカップカタール2022で日本代表がドイツ代表とスペイン代表に勝ったことで、日本国内の育成が評価されているようですが、特に小学生年代（第4種）の育成の現場を見ると、劇的に改善されているとは思えません。指導者がかつて受けていた指導方法やサッカー観を昔のまま変えずに、今でも戦術を考慮しない指導をしている様子を多く見かけます。小学生が自分で戦術を理解するのは難しいので、やはり指導者が教え方をアップデートする必要があります。コーチの多くが別の仕事を持っていて週末にボランティアで教えているため、忙しくてサッカーの勉強に時間をかけられないのは仕方ないことではありますが……。

小学生年代では強いチームは伝統的に変わっておらず、その多くがフィジカル任せで試合に勝っている状況です。前線に足が速くて背が高いフォワードを置き、そこにロングボールを放り込んでゴールを狙うようなサッカーです。足の速さ、背の高さ、体の強さなど、フィジカルの優位性がない子供は「うまい」という評価を得られにくく、サッカーを好きになれずにやめてしまうケースが多々あります。

小学生の中ではフィジカルの優位性だけで「王様状態」であっても、その先の中学、

小学生年代（第4種）
小学校在学中の選手、12歳未満の選手で構成されるチーム。

高校生年代で同じようなサッカーを続けてプロになれるかというと、実現できていない子供が多いのが現状です。

サッカーは勝つためにやるものですが、小学生年代までは勝利やタイトルを取ることが目的であってはならないと思います。**全指導者が考えるべきは、いかにサッカーを楽しんでプレーしてもらうか、サッカーを続けてもらうか、**ということです。勝ち負けも大事ですが、子供が**「サッカーは楽しい」と思う瞬間は、うまくプレーできたかどうかを理解できた時です。**それは足の速い選手がドリブルで抜けたり、体の大きい選手が強引にヘディングシュートを決めるだけではないはずです。

スペインでは全選手に出場機会がある!

スペインでは全選手がサッカーを楽しめる環境があります。私が指導していたアンダー12の年代では7人制サッカーなのですが、当時は**15人を超えるチームはもう1チーム作らなければならない**、というルールがあり、1つのクラブで複数チームを持っていることが当たり前という状況になっていました。しかも、**試合の出場時間の40%以上を全選手に与えなければならない**、というルールも私が指導していたクラブ内でありました。つまり、万年補欠の選手はいません。私がスペインで指導していたのは2008年頃ですが、その時からすべての選手がサッカーを楽しめる環境が整えられていました。

スペインの7人制サッカー
スペインでは12歳未満は7人制、12歳を越えると11人制となる。

一方、日本の少年サッカーの環境はどうでしょうか。試合自体は増えていますが、毎週末、わざわざ遠くまで遠征しながら1分も出場できずに帰ってくる選手が、全国各地に存在しているのが現状であると、日本サッカー協会のレポートに記されています。しっかりと大人がガイドラインを作り、子供たちがサッカーをする時間を作ってあげる必要があると思います。日本でもスペインと同じように全選手を40％以上の時間出場させるようにしたら、**「この選手を使うならば、システムはどうしよう？」「この選手が活きるポジションは？」と、指導者は考えるはず**です。

12ページでもお話ししましたが、スペインでは背の低い子、体の細い子、逆にふっくらしている子など、さまざまな身体的なバリエーションの子供たちが楽しそうにサッカーをしています。これも**全員が試合に出る機会があり、指導者がその子供たちに合った戦術を考え、子供たちも試合の中での役割をそれぞれ理解しているからです。**

ただ、完全な補欠はいなくなるとはいっても、常に先発してフル出場する選手と、40％ルールによって出場はするが、あまり活躍の場がない選手も出てきます。その問題を解決するために、スペインでは移籍の流動性が担保されており、「レギュラーで出られないな」と思った子供は、**自らの意思でチームを変えることができます。**日本では移籍したら半年間、公式戦に出られないというローカルルールが存在している地域もあり、セレクションを受ける時に「移籍してはいけない」という覚書を書かせるクラブもあるくらいです。どちらがプレーヤーズファーストだと思いますか？

移籍のルール
筆者がスペイン在住当時、アンダー11であっても残り5節までは移籍できる自由があった。

サッカーを続けてもらうために大切なこと

もう少しスペインの育成についてお話しします。スペインでは、サッカーを始めたばかりの6歳くらいから、レベルごとに階層化されたリーグ戦が組まれています。実力が同じくらいのチーム同士で試合ができるので、10対0とか20対0のような一方的なスコアを見ることはありません。そのようなワンサイドゲームは、どちらにとっても意味がありませんよね。拮抗したレベルで**1点を争う試合をやってこそ、はじめてサッカーの醍醐味を味わうことができ、ゲームにおける知的な駆け引きも身につけることができます。**

レベルごとに階層化されたリーグ戦環境を整えられていると、うまくなった選手が上位のリーグに引き抜かれることはもちろんなのですが、上がれない選手が下位のリーグで主力として活躍し続けることで実力をつけ、そこから上がっていくというケースが生まれるのです。

日本でも少子化が進み、子供のスポーツ人口が減る中で、サッカーを当たり前に選んでもらえない時代がくるかもしれません。その中で一度サッカーを選んでもらった以上は、戦術的な駆け引きも含めたサッカーの醍醐味を体験してもらえないまま、やめていくのはもったいないことだと思います。

先ほどお話ししたように、日本の小学生年代のサッカーでは、フィジカル的に早熟の子供だけが優遇される傾向にありますが、これでは背の低い子供や足の遅い子供は

「サッカーに向いていないな」と思ってしまいます。往々にしてそういう子供が中学・高校で背が伸びたり足が速くなったりすることもありますので、続けて欲しいのです。

先日、レアル・ソシエダの元コーチと話をする機会があったのですが、グリーズマンやスビメンディ、オドリオソラが育成組織にいた当時、高校3年生になるくらいまで「彼らはとてもプロにはなれない」と言われていたそうです。現在、トップクラスの選手たちですら、高校2年生頃までは芽が出ず、高校3年生になってようやく才能が開花したのです。どのタイミングで選手が化けるかなど誰にも分からないし、どこに伸び代があるか分かりません。

なので、指導者としては各選手に**常に最適なレベルで競争してもらって、サッカーを続けてもらえる環境を用意することが大事**だ、ということを彼は話していました。スペインでもトップクラスの育成組織を持つクラブの元コーチの言葉ですので、真剣に受け止めるべきだと思いますし、サッカー界全体で考えていくべきだと思います。

小さい頃はマルチスポーツを体験するべき

レアル・ソシエダの本拠地サン・セバスティアンは、スペインのバスク州ギプスコア県にあるのですが、その県の教育法では12歳以下の子供に1つのスポーツだけをやらせない、と定められているそうです。12歳まではいろいろなスポーツを楽しんでもらうというマルチスポーツの考え方です。そのため、レアル・ソシエダは12歳以下の

レアル・ソシエダ
スペインのプロサッカークラブ。本拠地はサン・セバスティアン。

アントワーヌ・グリーズマン
フランス出身のミッドフィルダー(1991年〜)。親元を離れ、レアル・ソシエダのユースに所属していた。

マルティン・スビメンディ
スペイン出身のミッドフィルダー(1999年〜)。

アルバロ・オドリオソラ
スペイン出身のディフェンダー(1995年〜)。

チームは持っていません。中学生年代からでしかチーム編成できないにも関わらず、レアル・ソシエダの育成組織はプロサッカー選手を多数輩出しているのです。

日本では、お受験と同じように、いかに早くプロクラブのアカデミーに入れるか、ということばかり考えて、小学生になる前からサッカーだけを詰め込もうとする親がいますよね。バスク州はスペインの中でもさまざまなスポーツが盛んな地域で、バスク特有のスポーツもあります。そうすると、大人になってからそのスポーツをプレーするだけでなく、観て楽しむ文化ができるのです。サッカーを観て楽しむことも、そこから繋がっていきます。日本もサッカーの発展を考えるならば、バランス良くスポーツを楽しむ文化を育てるべきで、スポーツ全体の発展に繋がるように、幼い頃からサッカーだけ詰め込むのはやめた方がいいと私は考えています。

幼い頃からサッカーだけをやらせるもうひとつの弊害として、怪我のリスクがあります。サッカーだけをやっていると特定の筋肉や関節を酷使するので、大人になってから怪我が増えていきます。大人になる前でも、日本で小学生からサッカーを詰め込ませているクラブでは、ジョーンズ骨折（第5中足骨疲労骨折）になっている低学年の子供を見かけることがあります。高校生くらいで本格的にサッカーをやっている選手ならともかく、小学生でジョーンズ骨折になるなど、世界的に類を見ないことです。

そして、日本では毎日休みなく週7日間サッカーをやらせていることがありますが、スペインではレアル・マドリーやFCバルセロナなどの名門クラブでも小学生年代

ジョーンズ骨折（第5中足骨疲労骨折）
足の甲にある「中足骨」の小指側に起こる疲労骨折。

は基本週3日は休みます。多いところでは週4日も休ませています。中学生年代でも週1回試合があったら、土日のどちらかは必ず休ませています。怪我のリスクを考えてのことと、バランス良く人生設計してもらうという考え方から、そのようなスケジュールが組まれているのです。そして、限られた練習時間で強くなるためには、**量より質を重視**しなければなりません。体だけでなく、**頭を使ってサッカーをする必要**が出てくるのです。

子供のサッカーにこそ戦術は必要

そのためには無闇に練習するだけでなく、日本国内ならばＪリーグの試合を現地観戦しにいったり、配信サービスで海外サッカーの試合を観たりして、観る楽しみを覚えながらプロの戦術やプレーを学ぶことも必要です。サッカーをやっている子供たちがＪリーグを観にいったことがない、ということも多いようです。スペインでは育成年代でサッカーをやっていた子供たちが、プロになれなくても大人になってからもプレーすることを楽しんだり、ファンとしてサッカーの試合を見にいったりしています。このようにしてサッカーファンの裾野が広がれば広がるほど、サッカーの育成組織のピラミッドも上に上に高くなっていきます。そのようなことを改めて考えるべき時期になっていると思います。

そのために大事なことは、「小学生には戦術は難し過ぎる」などと言うのではなく、その**年代に応じて戦術を教えながらサッカーをやらせる必要がある**と思います。小学校1年生には戦術が理解できないから、という理由で「団子サッカー」を推奨している指導者がいます。団子のようにボールに群がり、その中から抜け出るドリブル技術が必要だという指導方法です。それだけでは、先ほどお話ししたような体の大きい子供や足の速い子供以外は面白くなりません。

人と当たるのは苦手だけど、周りを見ることが得意な子供が「ここにボールがこぼれてきそうだな」と考え、団子から離れた逆サイドで待っていたとします。そこで「良いポジションを取っていたね！」と認めてあげることが育成年代の指導では必要なことだと思います。そうなってくると戦術的なサッカーになってきますよね。そういう方向にもっとシフトして、知的に戦術的なサッカーを楽しめるような環境を作っていかなければなりません。

練習は試合で起こることを想定し、それをシミュレーションすることだと思います。しかし、それができていない指導者が多いのが現実です。例えばキックオフはどこに蹴ればいいのか、前なのか後ろなのか、試合開始の時になっておろおろしてしまう子供を見かけることがあります。本編でも何度も解説しましたが、サッカーはゴールから逆算して攻撃の戦術を設計し、守備ではゴールを守ることから逆算して戦術を設計します。それを教えないでコーンドリブルばかりさせていては、知的に戦術的なサッカーを楽しむことからは大きくかけ離れることになります。

団子サッカー
フィールドプレーヤー全員がボールに群がるサッカー。

コーンドリブル
複数のコーン標識を置き、その間をドリブルしながらボールを運ぶ練習。

11ページでもお話ししましたが、スペインでサッカーは知的なスポーツで、サッカーを習っていると賢くなると認識されています。受験勉強と両立している子供にとっても、頭が良くなるスポーツだと思って欲しいですし、実際に受験にも役に立つと私は思っています。勉強だけしていても効率が悪くなるでしょうから、週に2日でも体を動かしながら知的なサッカーをすることによって、心身ともにリフレッシュすることもできます。スペインに限らず、ヨーロッパ諸国ではサッカーを体のぶつかり合いとしてではなく、チェスと同じような頭を使った知的なスポーツと捉えています。

サッカーで学んだことを活かすために

育成組織は、プロのサッカー選手にすることだけが目的ではありません。プロになれるのは全在籍選手の1％にも満たない数です。2010年に、当時FCバルセロナの育成組織でトップのダイレクターをしていたアルベルト・プッチさんにインタビューする機会がありました。その時に彼が自慢したことは、トップチームに育成出身の選手が何人いるということではなく、FCバルセロナのBチームの選手の半数以上が大学に通っていて学士号を取れそうだということでした。

その時、ラ・マシアと呼ばれる寮の寮長さんにもインタビューをしたのですが、FCバルセロナの育成組織に入ってくる子供たちの保護者に対してまず話すことは「ラ・マシアに入って、将来はバルサの選手になる。順風満帆だ！　と思っていると

アルベルト・プッチ
スペイン出身のサッカー指導者（1968年〜）。

ダイレクター
チームの編成・強化に関する役職のトップ。

Bチーム
FCバルセロナのリザーブチーム。選手を育成しトップチームへ送り出すことが目的。

ラ・マシア
FCバルセロナの育成組織の選手寮。

バルサ（Barça）
カタルーニャ語でのFCバルセロナの愛称。

ころ心苦しいのですが、あなたの息子さんはバルサの選手にはなれません。プロ選手にはなれないことを想定した人生設計をする必要があるので、寮では厳しく学業を管理します」ということだそうです。

統計的にも、FCバルセロナの育成組織からトップチームに定着できる選手は3〜4年に1人いるかどうか、という確率です。Bチームまで上がれれば、FCバルセロナ以外のチームでプロにはなれるでしょうが、そういう選手であっても大学に通ってサッカー以外の学問にも興味を持っているのです。イニエスタは体育大学で学士号を取りましたが、体育に限らず経営学などスポーツ以外の分野を専攻している選手も多くいます。

2023年、短期間ながらヴィッセル神戸に在籍した元スペイン代表のマタを、彼がバレンシアCFに所属していた頃に何度か取材したことがあります。彼はレアル・マドリーのカンテラ出身なのですが、Bチームに所属していた当時からマドリーの大学でスポーツビジネスを専攻していて、バレンシアCFに移籍した後も週1回月曜日にはマドリーに戻って大学に通っていました。すでにトップのプロ選手だったので年収は日本円で数千万から1億円くらいは得ていたと思うのですが、それでも学士号を取るために休みを返上してまで勉強を続けていたのです。当時から日本文化に興味を持っており、村上春樹の『ノルウェイの森』についても感想を話してくれました。日本のチームに移籍したのも、そのような知的なバックボーンがあったからです。

アンドレス・イニエスタ
スペイン出身のミッドフィルダー(1984年〜)。

ファン・マタ
スペイン出身のミッドフィルダー(1988年〜)。

バレンシアCF
スペインのプロサッカークラブ。本拠地はバレンシア。

カンテラ(cantera)
スペインにおいてプロサッカークラブの育成組織のこと。スペイン語で「人材の出るところ」という意味。

マタのようにサッカー以外のことも話せると、アスリートの社会的地位も高まります。世の中で起こっていること、社会で課題として挙げられていることに敏感になって、政治や社会問題に対して意見を述べることもできます。マタは2017年に「コモン・ゴール」という団体を立ち上げました。サッカー選手の年俸の1％を寄付し、貧困やジェンダー不平等、環境問題などの社会課題の解決に向けた活動を行うことが目的です。現在では賛同する多くの選手や監督から寄付が集められています。

このような活動は、社会的にもリスペクトされます。しかし、サッカーしかやってこなくて、サッカーしか関心がない選手では、SNSで発信することはできても、社会問題に踏み込んだ発言はできません。ヨーロッパでサッカー選手の社会的地位が高いのは、マタのような活動をする選手が多いことが理由です。

最後にもう一度育成の話に戻りますが、子供の頃から戦術を学ぶ、頭を使うことでサッカーだけではなく、いろいろなことに興味を持って勉強できるようになります。サッカーは足でボールを扱うという特性上、ミスが起こりやすいスポーツです。戦術はミスが起こることを前提に設計されています。**予期せぬことが起きた時にも冷静に対応するための設計図が戦術、プレーモデルです。**大人になった時、マタのように一流のプロ選手になったならば、その知名度を活かして活動することもできますし、プロになれなかったとしても社会に出た時にサッカーで学んだ戦術は活きるはずです。

Periodista
小澤 一郎（OZAWA Ichiro）

1977年、京都府生まれ。サッカージャーナリスト。早稲田大学教育学部卒業後、社会人経験を経て渡西。バレンシアで5年間活動し、2010年に帰国。日本とスペインで育成年代の指導経験を持ち、指導者目線の戦術・育成論やインタビューを得意とする。専門媒体に寄稿する傍ら、ラ・リーガ（スペインリーグ）、UEFAチャンピオンズリーグなど欧州サッカーの試合解説もこなす。これまでに著書7冊、構成書4冊、訳書5冊。株式会社アレナトーレ所属。

@periodista_ozawa

サッカー戦術の教科書
プレーモデルが試合を決める

2024 年 1 月 31 日　初版第 1 刷発行
2024 年 7 月 30 日　初版第 6 刷発行

著者　小澤一郎
発行者　角竹輝紀
発行所　株式会社マイナビ出版
〒101-0003
東京都千代田区一ツ橋 2-6-3 一ツ橋ビル 2F
TEL：0480-38-6872（注文専用ダイヤル）
TEL：03-3556-2731（販売部）
TEL：03-3556-2735（編集部）
MAIL：pc-books@mynavi.jp
URL：https://book.mynavi.jp

デザイン・DTP　AIRE Design
編集　園田省吾（AIRE Design）
校正　鷗来堂
印刷・製本　シナノ印刷株式会社

ISBN 978-4-8399-8486-1 Printed in Japan